Memorias y Relatos del Deporte Paralímpico Colombiano

Mgtr. Jenny Ortiz Cárdenas

La intención de este libro es recoger las voces de aquellas personas que han aportado, de una u otra forma, al establecimiento y reconocimiento del deporte paralímpico colombiano. De ninguna manera se plantea como la única y verdadera versión de la historia del deporte paralímpico en Colombia, sino como una memoria escrita de las experiencias vividas por los relatores. Así, la autora de esta obra no es responsable por las opiniones aquí expresadas en las diferentes historias que hacen parte del libro.

Copyright © 2023 Jenny Ortiz Cárdenas

Todos los derechos reservados. No se permite la reproducción, transmisión o almacenamiento total o parcial de las imágenes o textos de este libro por cualquier medio (físico o digital) sin permiso escrito del propietario de los derechos de autor. La única excepción es en citas breves en revistas impresas o reseñas de libros.

Producción Ejecutiva: LNG LLC.

Revisión y edición literaria: Viviana Andrea Fontecha.

Diseño y edición gráfica: Carlos Felipe González.

Imagen de la portada cortesía de Aida Huard

ISBN: 978-1-943255-71-9

Relatores directos

Baudilio Nemojón Mesa
Aida Huard
Pedro Mejía
Néstor Hernández
Armando Montañez
Vitelmina Mateus
Octavio Londoño Giraldo
Leonardo Cárdenas
Jorge González
José Domingo Molina Pineda
José Ignacio Bermúdez
Dean Lermen
Augusto Acuña
Elvira de Rojas
Ricardo Rojas

Relatores indirectos

Gladis Sáenz

Relatores terciarios

(Relatos obtenidos del grupo "viejas glorias")
Ruth Pardo
Mercedez Ortiz
José A. Rangel S.
Jaime Rodriguez Olarte
Oscar Saúl Cortés Cristancho
Isidro de Jesús Mora Barrios
Jorge Alberto González
Pablo Emilio Álvarez
José Ernesto Bernal
Héctor Peralta Berbesi

Memorias y Relatos del Deporte Paralímpico Colombiano

Una aproximación desde los relatos de los protagonistas y testigos vivos de todo el trasegar del deporte paralímpico en Colombia.

Lo que hoy llamamos deporte paralímpico colombiano en sus inicios tuvo muchas vertientes. Cada una de las discapacidades, en una posición apoderada de su propia situación y en la búsqueda de reivindicación tomó rumbo, valentía y espíritu de lucha para empezar a ejercer tanto su derecho al acceso al deporte, como a disfrutar de las mieles de mantener un cuerpo y una mente activa. Incluso cuando la sociedad y las circunstancias les hubieran puesto un rótulo.

Hoy podemos reconstruir parte de la historia del deporte paralímpico teniendo — por cuestiones de logística y disponibilidad de suministro de la información — un gran eje focalizado en el deporte para personas en silla de ruedas y la constitución de la Federación Colombiana de Deportes para Personas con Limitaciones Físicas – FEDESIR -. Asimismo, se incluyen dos ejes también fundamentales en la elaboración de este camino: el deporte para ciegos y personas de baja visión y el deporte para personas con parálisis cerebral. Quedaremos en deuda con la reseña del deporte para sordos y personas con hipoacusia, ya que no pudimos contar con relatores desde esta población.

Lo presentaremos en ese orden con el objeto de mantener la cronología reportada por nuestros entrevistados. Sin embargo, es importante recordar que la historia ha sido y será un eterno constructo. Es un ir y venir de relatos que nos ayudan a comprender el mundo y que nos aportan para conocer de dónde venimos, para establecer hacia dónde vamos.

Siendo esta nuestra primera edición, es posible que suscite entusiasmo en otros actores importantes que se quieran sumar a esta causa proveyéndonos sus propios relatos. Solo así podremos tener el insumo para elaborar más ediciones, con el fin de ofrecerle al lector mayor amplitud de la historia de nuestro amado deporte paralímpico.

Para todos los lectores, se sugiere leer este libro bajo la premisa de que la narrativa histórica se da desde la perspectiva, la vivencia, la percepción y la visión propia de cada relator. Por ello, es fundamental leer sin pasiones personales, asimilando las visiones propias de quienes se encuentran presentes en este escrito. Es importante resaltar que las entrevistas fueron realizadas durante el año 2020, de manera que algunas edades y fechas de cumplimiento en cargos no coincidirán con la fecha de publicación.

Las memorias se presentan con plena autorización de los relatores y son el fiel reflejo de su verdad, contada sin intervención de la entrevistadora. En el preludio hacemos un recuento de la información proveniente de algunas páginas de internet, con sus respectivas notas al pie, manteniendo la neutralidad ante lo compartido por cada actor.

El propósito de este ejercicio académico es mantener vivo el relato de memoria del sistema deportivo para personas con discapacidad del país, rescatando las vivencias de quienes dejaron la piel en la constitución del deporte paralímpico colombiano. Gracias a ellos, hoy podemos gozar de las maravillosas victorias de nuestros atletas que asistieron de los Juegos Paralímpicos Tokio 2020 y de los que se proyectan para París 2024.

Este libro es, además, un homenaje a todos los deportistas de antaño que, muy valientemente, decidieron ir contra viento y marea ante una sociedad excluyente, que en su tiempo lo era con más ahínco que ahora. Que, además, pusieron toda su energía, esfuerzo y tenacidad para echarse en los hombros la carga de un proyecto tan ambicioso, como lo era la conformación de grupos deportivos en representación de un país... así luego ese país les diera la espalda.

Nota de la autora:

Al decir de Alessandro Barbero*, "la memoria sirve para construir identidad", a pesar de que se pueda dudar de su origen y que con el tiempo cambie. De igual forma, "la memoria puede ser individual, familiar o grupal, no es compartida". Por esta razón no puede llamarse historia, ya que esta tiene un alto grado de fiabilidad y coincidencia basada en documentación y demás recursos replicables. Es por eso que este es un ejercicio de memoria histórica que respeta el relato de cada uno de los relatores y que no pretende, de ninguna manera, asegurar que lo aquí consignado sea una verdad absoluta, ya que obedece a la perspectiva de cada individuo.

*Scuola di Sopravvivenza Issis. Alessandro Barbero – historiador conferencista – 16 de febrero de 2021. Charla "Importancia de la Memoria de la Sociedad".

https://www.youtube.com/watch?v=SDq6zVjPAys&list=WL&index=145&t=18s

Deporte para personas usuarias de silla de ruedas.

Reseña previa[1]

El deporte para las personas usuarias de silla de ruedas remonta a los finales de los años 60 e inicios de los años 70. Sin embargo, también se cuenta que hubo unos primeros intentos en los años 20 y en los años 40 del siglo XX. Es difícil contar esa parte de la historia debido al encubrimiento en el que se pretendía mantener a las personas con discapacidad, sumado a que el deporte no tenía la difusión que tiene actualmente.

A partir de 1960 en adelante, se crean sinergias de profesionales de la fisioterapia como Valerie May Townsend; de licenciados en Educación Física, como Héctor Peralta Berbesi; de estudiantes de educación física que luego serían profesionales prestantes en el área, como Jorge Nuncira, Rafael Baracaldo, Willington Ortiz, Freddy Amazo; y, asimismo, de otros docentes de la Universidad Pedagógica Nacional.

También aparece la participación de usuarios de silla de ruedas con un ánimo incansable y el deseo de poner a andar la empresa que hoy, después de muchos oleajes, podemos reconocer como el deporte paralímpico.

Muchos cuentan que llegaron a la práctica del baloncesto a través de las invitaciones del profesor Héctor Peralta. En ese tiempo acudían al préstamo de unas sillas que estaban llenas de soldadura para que soportaran la práctica. Algunos como don Jorge Alberto llegaron para ser atletas, otros

---

[1] Los datos presentados en esta reseña de introducción hacen parte de los relatos recolectados en el grupo de WhatsApp "Viejas Glorias", creado por el señor Baudilio Nemojón Mesa. Hacen parte grandes figuras del deporte en silla de ruedas y algunos pioneros del deporte para personas ciegas y de baja visión. Todos sus nombres aparecen en los agradecimientos como lista de relatores terciarios.

como el profesor Jorge Nuncira llegaron para ser el equipo técnico que le daría soporte e impulso al grupo en formación.

1968

Valerie Townsend organizaba un evento llamado Abylimpics, en el cual se competía bajo un enfoque en habilidades laborales. Fue parte de sus primeros acercamientos a las habilidades de personas con discapacidad, como resultado de su visita a Stoke Mandeville, donde conoció lo que actualmente llamamos el movimiento paralímpico.

1972

De acuerdo con el relato de Ruth Pardo, Jorge Nuncira regresaba a su casa después de un día de trabajo. Al pasar frente al parque del barrio Boyacá Real, vio a dos hombres usuarios de silla de ruedas jugando con una pelota. Uno era Efraín Cárdenas, un expolicía quien había quedado parapléjico en un accidente automovilístico; con él Jairo Leguizamón, un muchacho muy joven. Inmediatamente Jorge habló con ellos, llegando al acuerdo de que los entrenaría y buscarían más integrantes.

Posteriormente llegó Ruth Pardo al grupo, una mujer de 34 años, quien llevaba 10 años siendo usuaria de silla de ruedas. En ese momento, no habrían más de cuatro o cinco integrantes. Entrenaban con gimnasia y otras prácticas deportivas guiadas por el profesor Jorge Nuncira, tanto en el parque Santa Helenita como en el parque del barrio Boyacá Real. Poco a poco fueron llegando nuevos integrantes hasta tener suficientes para formar un equipo de baloncesto.

Las carencias eran absolutas. Las sillas no eran aptas para la práctica deportiva, además de estar destartaladas o, en algunos casos, hasta dañadas. En ocasiones, tenían lesiones de las manos a causa del mal estado de las sillas y las caídas eran más frecuentes de lo normal. Eran pan de cada día los morados y los chichones; sin embargo, existía trabajo en equipo y apoyo persistente. Todas las personas llegaban rodando en sus respectivas sillas al entrenamiento con lo único que les sobraba en ese momento: coraje y voluntad.

Paralelo a los viajes y a las competencias deportivas, los participantes de estas gloriosas épocas tienen gratos recuerdos de las celebraciones que hacían porque, básicamente, festejaban la vida aprovechando todo tipo de acontecimiento. Este grupo que inició siendo el club Bogotá y que, posteriormente se transformó en Club Bogotá Policía Nacional, fue parte de las semillas sembradas para que hoy se tengan todos los triunfos que podemos ahora disfrutar de parte de nuestros atletas paralímpicos.

Dentro de la larga lista de personas pioneras de dicho club están: Baudilio Nemojón Mesa, Jaime Rodríguez, Ruth Pardo, Luis Urrego, Jorge Hipólito Moyanos, Segundo Mendoza, Ernesto Bernal, Mercedez Ortiz, Norberto Buitrago, quienes aún se encuentran vivos. Quienes hacían parte del grupo y ya no están con nosotros son: Efraín Cárdenas, Jairo Leguizamón, Gildardo Medina, Jaime Hernández, Carlos Olivo, Esperanza Gámez, Gabriel Rodríguez, Miguel Vargas, Rafael Amílcar, Rafael Rolón. Jaime Rodríguez Olarte fue cofundador del primer club deportivo en silla de ruedas, el club Parapléjicos de Bogotá, labor que realizó junto con el señor Baudilio Nemojon quién, para muchos y en especial para don Jaime, es el padre del deporte en silla de ruedas de Colombia.

Otros relatos cuentan que paralelamente se creó la fundación del club deportivo ASCOPAR. Allí se impulsaban actividades que realizaran las habilidades de las personas en silla de ruedas. Además, se conformó un grupo que viajó por el país mostrando las habilidades de los atletas, demostraciones que se hacían en colegios, escuelas, universidades e instituciones de toda clase, tanto en las ciudades capitales como en algunos municipios.

Este club tuvo sus iniciativas basadas en los contactos con el Dr. Ludwing Guttman y el trabajo de Valerie May Townsend, Alfonso Corredor, Alfonso Sánchez y el profesor Héctor Peralta Berbesi quien, además, era el encargado del área académica y la conexión que se dio con los estudiantes de la Universidad Pedagógica Nacional - UPN.

1973

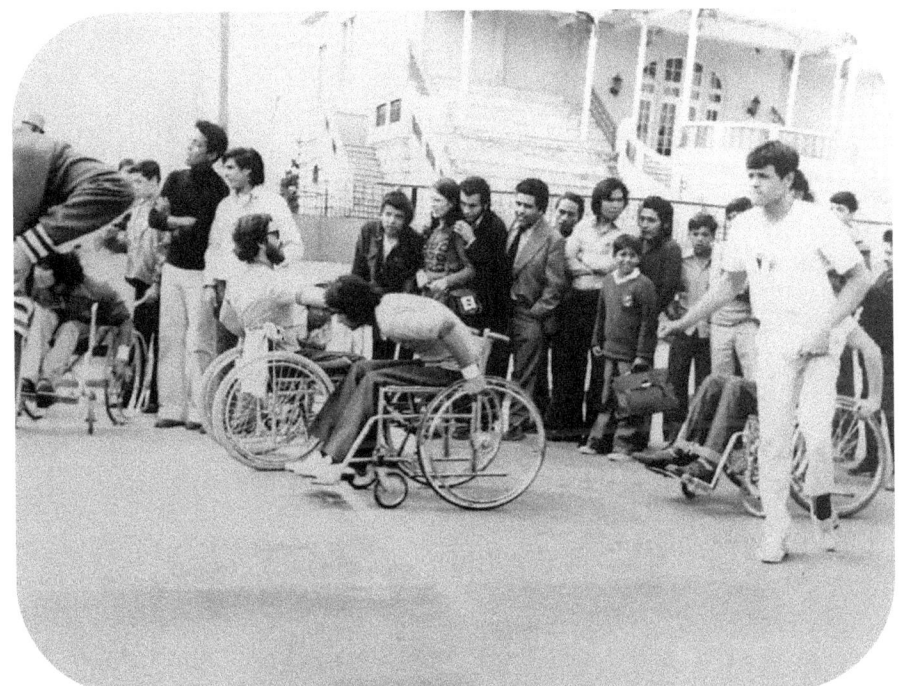

Imagen compartida por el grupo de Viejas Glorias del Deporte Paralímpico (Grupo de Whatsapp creado para recopilar la información aquí compartida).
IV Juegos Panamericanos sobre sillas de ruedas. Lima, Perú 1973.

Con mucho esfuerzo se seguía avanzando. También tuvieron situaciones muy especiales. Por ejemplo, no les era permitido a los deportistas entrenar en la cancha de baloncesto de madera de El Salitre, argumentando que las sillas de ruedas la dañaban. Otras veces ni siquiera les permitían utilizar la unidad deportiva El Salitre o eran sacados de dichas instalaciones, prohibiéndoles la entrada.

El club "A Escapar", que tenía un equipo de baloncesto en silla de ruedas donde estaban Jorge González, Juan Novoa, Libardo Reyes y José Malagón, fue el primero al que finalmente dejaron empezar a entrenar… pero a partir de las diez de la noche. El equipo lo dirigía Alfonso Acero y posteriormente entró Fernando Navarro.

En ese año también asistieron a los Juegos Panamericanos en silla de ruedas. Una anécdota curiosa es que fue el señor Juan Novoa quien le prestó la silla de ruedas al señor Jorge Alberto González para que él pudiera asistir y competir en dichas justas.

Ese mismo año nacieron los primeros juegos nacionales para deportistas en silla de ruedas en una reunión en la pedagógica entre tres médicos que dictaban clases, el Profesor Peralta y la invitación que le hicieron al Dr. Norman Rodríguez – quien era médico del Hospital Militar – debido a que los policías y militares eran atendidos allí. Los médicos son el español Torres y Baldo, el Doctor Sánchez y el Doctor Rodríguez, todos de la pedagógica, Norman y el profesor Peralta. Días más tarde (mayo o junio) invitaron a Alfonso Corredor, Alfredo Sánchez, la Fisioterapeuta Valerie May Townsend y el Mayor de la policía Álvaro Gómez – quien además era usuario de silla de ruedas –.

"Ellos viajaron a Londres por iniciativa de Torres y Baldo; se unieron los primeros deportistas José Malagón y Juan Novoa. Los señores Libardo Reyes, Corredor y Sánchez conformaron el primer equipo de baloncesto, perdiendo con Bélgica por marcador que conozco y no me quiero acordar", relató Jorge Alberto González.

Por: JORGE NUNCIRA M.

Los 20 años del Hospital Militar

El Hospital Militar Central, cumplió 20 años de inaugurado. Es una gran entidad hospitalaria que le ha prestado invaluables servicios al país. Con motivo de esta celebración, el doctor Norman Rodríguez Cualla, jefe del servicio de medicina física y rehabilitación durante los últimos 10 años, recibió la medalla al Mérito Médico.

El doctor Rodríguez Cualla nació en París. Bachiller del Liceo de Cervantes; hizo sus estudios médicos en la Universidad Javeriana y luego su especialización en el New York University-Bellevue Medical Center de New York. Ingresó al ejército norteamericano como capitán, alcanzando posteriormente el grado de mayor y sirvió en la guerra de la Era de Viet-Nam, como sub-jefe del servicio de rehabilitación del Fitzsimons General Hospital en Denver (Colorado) en 1968 y en el Brooke General Hospital de San Antonio (Texas) en 1970.

Vale la pena destacar en esta oportunidad, la gran labor que ha desarrollado el doctor Rodríguez Cualla en favor del deporte en silla de ruedas en Colombia. Fue fundador del Club Deportivo del Hospital Militar Central en Silla de Ruedas en 1972 y fue uno de los fundadores del Club de Militares y Asociados (Milasir) en 1975, que fue campeón de los V Juegos Nacionales celebrados en Bucaramanga en 1980.

Ha participado como médico de los VI Juegos Nacionales en Silla de Ruedas celebrados en el país hasta el momento y desde 1974.

Fue uno de los fundadores del Comité Nacional para Deportes y Recreación en Incapacitados en 1973 y actualmente es el médico de la Federación Colombiana de Deportes en Silla de Ruedas y miembro del Consejo Técnico Deportivo Nacional de Coldeportes.

Destacamos la colaboración que el deporte en silla de ruedas ha recibido de todos los médicos rehabilitadores de planta y egresados del Hospital Militar Central, así como de las Unidades de Fisioterapia, Terapia ocupacional, Terapia del Lenguaje, Psicología y Enfermería del Hospital Militar Central.

Felicitamos muy sinceramente al doctor Norman Rodríguez Cualla, por la merecida distinción de que fue objeto.

(Imagen cortesía del Grupo "viejas glorias").

La ayuda de los médicos, las fisioterapeutas, y los profesores de Educación Física de la UPN fue lo más importante. Sin lugar a duda Jorge Nuncira fue el mejor de los integrantes del grupo y, con la orientación del profesor Héctor Peralta, fue un gran compañero y amigo de los pioneros. Es gracias a todos los que empezaron en 1973 que hoy podemos llorar de alegría en unos juegos. Hacia finales de 1973 se habían creado en Bogotá los clubes ASCOPAR, PENSISS y MILASIR.

Asimismo, se consolidó un grupo de aficionados al deporte en silla de ruedas. Ellos viajaron a la ciudad de Bucaramanga con una delegación de Bogotá, en un bus prestado de la Policía Nacional por coordinación del señor Baudilio Nemojón y el Licenciado Jorge Nuncira. Se organizó un partido de baloncesto entre una delegación de Bogotá y un grupo de personas en silla de ruedas de la Policía de Bucaramanga. También se dictó un seminario sobre manejo de sillas de ruedas y sobre baloncesto en silla de ruedas.

Se llevó a Bucaramanga un proyecto de estatutos para fundar el club PADESAN. En ese momento se conocieron Jorge Nuncira y Baudilio Nemojón con Armando Montañez, quien prestó una ayuda invaluable junto con su hermano Aureliano Montañez (compañero del señor Jorge Nuncira en la UPN). Tras motivar a la población con discapacidad en Bucaramanga y, con el apoyo del señor Antonio Rangel, terminaron jugando un partido con un equipo armado en 2 días. Este encuentro se promocionó como Policía Nacional en silla de ruedas versus la segunda selección de Bogotá.

El profesor Nuncira dirigió el equipo de Bogotá. El equipo de Santander parecía débil porque se había armado a las carreras. La instrucción del profesor Nuncira al equipo de Bogotá fue que los dejaran jugar, para que hicieran lo que pudieran. Esa noche la barra fue muy brava a favor de Santander. ¿Y el resultado? Santander ganó.

La fiesta de todos los policías de Bucaramanga, alzando a las personas en silla de ruedas de su ciudad, fue muy hermosa. A partir de ahí, y por iniciativa de Jorge Rojas, el profesor Nuncira fue conocido como "Barrabás".

Bucaramanga, 1973. Una de las primeras charlas sobre deporte paralímpico.
(Imagen aportada por Jorge Alberto González).

Después de tanto tiempo viajando por toda Colombia fundaron 16 clubes de sillas de ruedas con Baudilio Nemojón, Efraín Cárdenas, Jorge Nuncira. Con Jorge Alberto González fundaron la Federación Colombiana de Deportes en Silla de Ruedas gracias al apoyo de Edilberto Bohórquez – quien prestó un gran apoyo desde Coldeportes nacional – y el director de la institución de ese entonces, el señor Mike Forero Nougues. Hacer realidad la constitución de la federación fue una lucha titánica, pero se logró. El club PADESAN de Bucaramanga, como muchos otros, se fundó con el apoyo de Baudilio Nemojón en un partido de demostración antes citado y que fue el origen del club PADESAN, parte de los fundadores de FEDESIR.

1974

I Juegos deportivos en silla de ruedas. Bogotá 1974.
(Imagen cortesía del Grupo "viejas glorias").

Armando Montañez se vinculó a Coldeportes Santander. Por intermedio de su hermano Aureliano, alumno del profesor Peralta, coordinaron con la facultad de Fisioterapia de la Universidad Industrial de Santander - UIS la realización de una demostración del deporte adaptado. Con el apoyo de don Rodolfo Cepeda y don Raúl Serrano, se realizó el evento con la colaboración de Carlos Hernández, uno de los profesores de primaria. El desarrollo del deporte en silla de ruedas en el departamento de Santander continuó, impulsado por el entusiasmo del basquetbolista Orlando Duarte.

Ese mismo año se realizaron los I Juegos Nacionales en silla de ruedas en la Escuela Militar. Entre otras personas estuvo José Ernesto Bernal, a quien le dieron por sobrenombre "Corpulento", el cual fue su punto de inicio (hoy cuenta con 69 años).

Club Milasir (Imagen cortesía del Grupo "viejas glorias").

Evento realizado en la Escuela Militar de Cadetes con el Club de la Televisión creado por el señor Carlos Pinzón. 1974. (Imagen cortesía del Grupo "viejas glorias").

1975

II Juegos Nacionales en sillas de ruedas. Bogotá 1975
(Imagen cortesía del Grupo "viejas glorias").

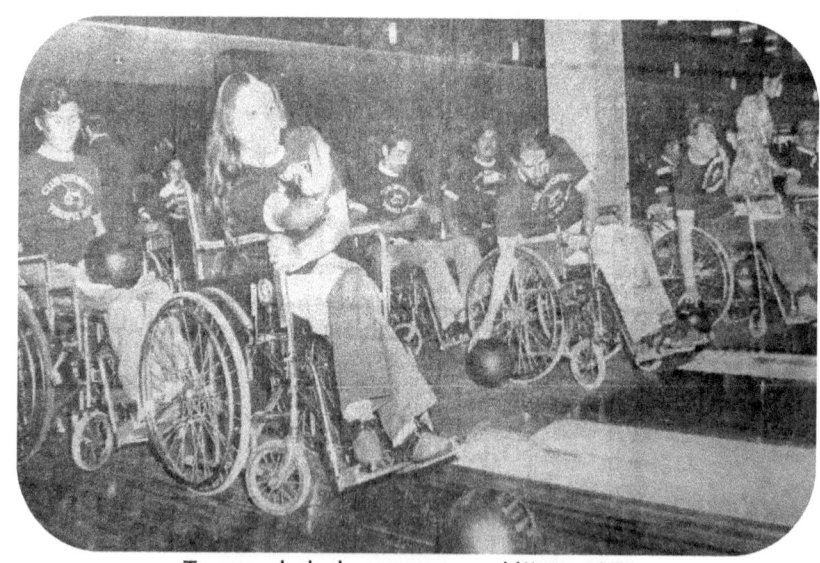

Torneo de bolos para parapléjicos 1975.
(Imagen cortesía del Grupo "viejas glorias").

1976

Siendo director de Coldeportes el señor Mike Forero Nougués y subdirector el señor Heriberto Bohórquez, se iniciaron los trámites para la conformación de la Federación Colombiana de Deportes en Silla de Ruedas. Esto es una especie de resultado de lo que se conoció como el Club de la Televisión, ejercicio del que se derivó la Fundación Prodeportes en Silla de Ruedas, liderado por la fisioterapeuta Valerie Townsend y el señor Alfonso Corredor.

Hacían parte el señor Alfonso Ríos, el Mayor Alfonso Gómez y Baudilio Nemojón, quien era el menor del grupo (alrededor de 20 años) y que había adquirido la cuadriplejia en ejercicio de sus funciones como militar.

En alguna de las reuniones en el Club de la Televisión, se estableció que la Fundación Prodeporte en Silla de Ruedas sería la rectora del deporte para personas con discapacidad en Colombia. Por lo tanto, el Club era prácticamente el motor publicitario para que, en esa época, existiera un órgano rector del deporte para personas con discapacidad.

Sin embargo, hubo personas que disintieron de esta opinión, argumentando que cada deporte tenía sus respectivas federaciones y que el deporte en silla de ruedas no podía estar marginado o ser tratado de una manera diferente. Plantearon que se requería entrar en contacto con Coldeportes para que colaboraran en la fundación de una federación.

Haciendo ese trámite, consiguieron un paquete de documentos que decían cuáles eran los requeridos para el caso y fueron remitidos a la Junta Administradora de Deportes de Bogotá. Allí les pusieron en contacto con el señor Víctor Cañizales, quien les guio para que pudieran conformar el primer club de deportes en silla de ruedas de Bogotá. Les dio el modelo de estatutos para el club y ellos se dedicaron a buscar participantes de los barrios anexos al barrio Boyacá Real, que era el lugar donde se había comenzado esta gesta.

Hicieron la búsqueda en barrios como el Tabora, Santa Helenita, Santa Rosita, El Minuto de Dios, entre otros, hasta que llegaron al número requerido (diez personas). Así fue como conformaron el Club Deportivo de

Parapléjicos de Bogotá. Sus estatutos se adaptaron a las condiciones de los deportistas usuarios de silla de ruedas, ya que un mismo atleta podía competir en diferentes deportes y disciplinas utilizando su silla médica en algunos de los casos. Desde ese esfuerzo se inició el proceso de creación de FEDESIR.

1977

El domingo 26 de junio, a las 2:30 p.m., se reunieron 25 atletas con limitación física de la ciudad de Bucaramanga en la sede del Colegio Instituto Salesiano Eloy Valenzuela. El objetivo era constituir un club deportivo para obtener reconocimiento de Coldeportes Santander y continuar el proceso de constitución de la Federación Nacional de Deportes en Silla de Ruedas con otros clubes del país.

En esta reunión se contó con la presencia de: el señor Baudilio Nemojon Mesa, presidente del Club MILASIR de Bogotá; el Ing. Armando Montañez Pinzón de Coldeportes Santander, en representación del Jefe de la Sección de Organización y Control Deportivo; el profesor Carlos Humberto Hernández, entrenador de Baloncesto y profesor de educación física en una escuela primaria, árbitro de la Liga de Fútbol de Santander e integrante del Programa Centros de Iniciación Deportiva del Convenio Secretaria Departamental Educación y Coldeportes Santander, a cargo de la señora Luisa Ema Mantilla de Romero y Don Rodolfo Cepeda Rey respectivamente.

Tras la conformación del club que fue denominado PADESAN, siendo la sigla de Parapléjicos de Santander (dado que en ese momento se relacionaba con secuelas de la parálisis cerebral), tuvo por primera junta directiva a: Luis Onofre Hernández, presidente; José Martínez, vicepresidente; Darío Arias, secretario; José Malagón, tesorero; Luis Puentes, vocal; Luis A Saavedra, revisor fiscal.

El señor Baudilio Nemojón dio posesión a los directivos, quienes se comprometieron a trabajar arduamente por el bien del deporte sobre silla de ruedas a nivel municipal, departamental y nacional. Hasta el momento, PADESAN ha cumplido con su objetivo y compromiso, siendo un referente y gran exponente Moisés Fuentes García, el atleta paralímpico quien después de su accidente fue acogido por el club. Él inició su rehabilitación en el baloncesto, conformando selecciones que actuaron con éxito a nivel nacional e internacional en las Copas Suramericanas de clubes. Además, fueron campeones en Goiania, Brasil y Barquisimeto, Venezuela. Luego incursionó en la natación, destacándose en torneos nacionales e internacionales, como en 1997 en Stoke Mandeville, su primera participación en un Mundial y luego Juegos Panamericanos de México (1999).

En ese año, los profesores Jorge Nuncira y Héctor Peralta realizaron acercamientos con la población con discapacidad visual. Esto con el fin de llevarlos también hacia el desarrollo de actividades deportivas.

1978

III Campeonato Nacional en sillas de ruedas. Bogotá 1978.
(Imagen cortesía del Grupo "viejas glorias").

III Campeonato Nacional en sillas de ruedas. Bogotá 1978.
(Imagen cortesía del Grupo "viejas glorias").

1979

El 09 de abril se concretó la constitución de la Federación Colombiana de Deportes en Silla de Ruedas FEDESIR, por la que venían trabajando desde 1976. Los clubes que lograron esta gesta fueron: Militares y Asociados en

Silla de Ruedas MILASIR, Club Parapléjicos de Bogotá, Nuevos Horizontes (con sede en Cali) y el PADESAN (con sede en Bucaramanga).

FEDESIR se fundó como un organismo de derecho privado con funciones de interés público y social, para organizar administrativa y técnicamente el deporte en silla de ruedas a nivel nacional con deportistas aficionados. Igualmente, esta institución y el trabajo realizado previamente por todos los comprometidos en esta gestión, permitieron la fundación de muchos más clubes alrededor del país, fortaleciendo el movimiento rápidamente.

Primer logo de FEDESIR.
(Imagen cortesía de Armando Montañez).

IV Juegos Nacionales en silla de ruedas. Bogotá 1979.
(Imagen cortesía del Grupo "viejas glorias").

Ese año ingresó al deporte en silla de ruedas el señor Guillermo Gómez, actualmente de 62 años. Al llegar al Hospital Militar fue invitado por Jorge Rojas, quien le presentó a Baudilio Nemojón y otros de los integrantes del momento. Luego sería él quien más tarde, en compañía de Don Luis Urrego, Olga Sáenz y del Dr. Hernández, entre otros, dieran los pasos para fundar lo que hoy es LIDESPORTS-Bogotá.

1980

El 14 de marzo, el Ministerio de Justicia otorga la personería jurídica a FEDESIR. Posteriormente, el 7 de abril el Instituto Colombiano del Deporte, la Recreación, la Actividad Física y el Aprovechamiento del Tiempo Libre Coldeportes, otorga el reconocimiento deportivo (resolución número 0448). De esta manera, queda completamente legalizada la funcionalidad administrativa y jurídica de la federación. Así, FEDESIR logró pertenecer a la

Federación Panamericana de Deportes en Silla de Ruedas FEPAN, antecesora del Comité Paralímpico de las Américas APC.

Se desarrollaron los V Juegos Nacionales en silla de ruedas, realizados en la ciudad de Bucaramanga, con el apoyo de las Fuerzas Militares y otras entidades locales. Este año nace el Club Deportivo en Silla de Ruedas de la Policía Nacional, entidad muy famosa y de grande influencia en el desarrollo del deporte en silla de ruedas. Posteriormente se transformó en lo que hoy conocemos como FRAPON Fraternidad de Personas en Condición de Discapacidad de la Policía Nacional de Colombia.

Esta entidad fue iniciativa de la señora Dora Guarín, con el apoyo de otra dama (de quien se desconoce el nombre) y Jorge Nuncira. Ellos se encargaban de apoyar a los policías que habían adquirido la discapacidad en el servicio y que estaban en el Hospital del Norte,.

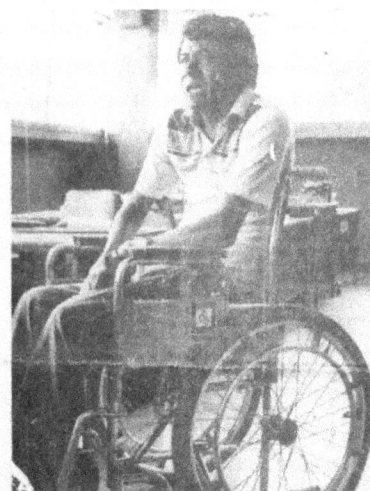

V Juegos Nacionales en silla de ruedas. Bucaramanga 1980.
(Imagen cortesía de Baudilio Nemojón).

Nacional de Parapléjicos:

Ventaja de Milasir

La representación de Milasir logró cosechar el mayor número de triunfos al terminar el viernes en la noche el torneo de atletismo de los V Juegos Nacionales de Parapléjicos, en la pista sintética del "Alfonso López".

El evento atlético se cumplió con la organización de la jerarca seccional y obtuvo un resonante éxito por la participación de todos los clubes inscritos en el certamen.

Los resultados de las pruebas celebradas fueron:

Lanzamiento de bala. Categoría II: 1- David Mahecha, wantioquia, 4.57.2; 2- Eduardo Zapata, Pensiss, 4.36; 3- Noé Gutiérrez, Milasir, 4.22.

Lanzamiento de jabalina. Categoría V: 1- Segundo Mendoza, Pensiss, 13.35; 2- Fernando Cristancho, Milasir, 13.03; 3- Luis Landazábal, Padesan, 12.93.

Lanzamiento de bala. Categoría IV: 1- Fernando Cristancho, Milasir, 4.90; 2- Octavio López, Valle, 4.62; 3- Luis Hernández, Padesan, 3.96.

Lanzamiento de bala. Categoría V: 1- APolinar Caicedo, Valle, 5.78; 2- Juan Jiménez, Milasir, 5.73; 3- José Rodríguez, Milasir, 4.91.

Lanzamiento de bala. Categoría II: 1- Jaime Velez, Andesir, 3.48; 2- Leonel Arenas, Andesir, 3.70; 3- José Martínez, Padesan, 3.52.

Lanzamiento de jabalina. Categoría II: 1- Aminta Martínez, Padesan, 4.07.

Lanzamiento de Jabalina. Categoría III: 1- Mercedes Ortiz, Huila, 8.12; 2- Celmira Pachón, Bogotá, 7.23.

Lanzamiento de jabalina. Categoría IV: 1- Lucero Ortiz, Bogotá, 5.60.

Lanzamiento de jabalina. Categoría V- Doris Castro, Bogotá, 8.15.

200 Metros. Categoría II: 1- José Rodríguez, Bogotá, 57.6; 2- Rafael Rolón, Bogotá, 58.8; 3- Leonel Arenas, Andesir, 1.07.3.

200 Metros. Categoría III: 1- Guillermo Gómez, Bogotá, 50.0; 2- Norberto Buitrago, Bogotá, 51.0; 3- Luis Urrego, Bogotá, 51.2.

400 Metros. Categoría IV: 1- Pablo Alvarez, Bogotá, 1.29.6; 2- Jesús Contreras, Padesan, 1.46.4; 3- Jesús Ospina, Bogotá, 1.48.4.

400 Metros. Categoría III: 1- Luis Urrego, Bogotá, 1.41.3; 2- Guillermo Gómez, Bogotá, 1.51.4; 3- Norberto Buitrago, Bogotá, 2.00.0.

Posta 4X100. Varones: 1- Bogotá (Pensiss)-Urrego, Lozano, Pineda, y Alvarez-, 1.37.8; 2- Bogotá (Milasir)- Gómez, Jiménez, León y Castro-, 1.39.8; 3- Santander (Padesan)- Ramírez, Martínez, Contreras y Rangel-, 2.04.6.

Posta de 4 X 100. Damas: 1- Huila-Saavedra, Cárdenas, Londoño y Silva-, 2.29.1.

800 metros. Categoría IV: 1- Pablo Alvarez, Pensiss, 3.07.8; 2- Darío Tellez, Bogotá, 3.32.5; 3- Alfredo León, Bogotá, 3.41.6.

800 metros. Categoría V: 1- Alejandro Betancourt, Antioquia, 3.09.8; 2- Luis Pineda, Pensiss, 3.10.7; 3- Gabriel Díaz, Antioquia, 3.30.5.

Los Juegos Nacionales de Parapléjicos terminan hoy en todas sus modalidades. Ayer en la tarde se disputaban las finales en tenis de mesa en el coliseo cubierto "Edmundo Luna".

V Juegos Nacionales en silla de ruedas. Bucaramanga 1980.
(Imagen cortesía del Grupo "viejas glorias").

V Juegos Nacionales en silla de ruedas. Bucaramanga 1980.
(Imagen cortesía del Grupo "viejas glorias").

(Imagen cortesía del Grupo "viejas glorias").

1981

Hoy noviembre 29 a las 10 a.m., el director del Instituto Colombiano de la Juventud y el Deporte, "Coldeportes", inaugura oficialmente los VI Juegos Nacionales en Silla de Ruedas. ¿Cuántos deportistas empezaron el Año Internacional del Impedido, con la ilusión de participar? ¿Cuántos se quedaron en casa por tal o cual razón? Para 355 deportistas en silla de ruedas, se vio cumplida esta ilusión.

Programa de inauguración:

Estadio de Atletismo Unidad Deportiva El Salitre.
1o. Salida Llama Olímpica, Plaza de Bolívar.
2o. Desfile delegaciones.
3o. Entrada Llama Olímpica.
4o. Bienvenida por el director Regional de Deportes de Bogotá, doctor Bernardo Vargas Gaitán.
5o. Palabras del señor ministro de Educación.
6o. Mensaje presidente honorario Juegos Nacionales, señora Nidya Quintero de Turbay.
7o. Inauguración oficial Juegos Nacionales en Silla de Ruedas, por el director del Instituto Colombiano de la Juventud y el Deporte, Lic. Mike Forero Nougues.
8. Retiro delegaciones.
9o. Iniciación competencias.
12 m. Almuerzo.
2 p.m. Tenis de mesa, femenino, finales levantamiento de pesas.
Pentatlón, 1.500 metros 200 metros todas las categorías.
5:30 p.m. Baloncesto masculino.
Lunes, 8 a.m. Hombres: atletismo 60 metros, 100 metros, 200 metros. Posta 4x100 metros.
Damas: atletismo, lanzamiento bala, disco y jabalina.
Slalom, habilidad en sillas de ruedas.
5:30 p.m. Baloncesto masculino y femenino.

VI Juegos Nacionales de silla de ruedas. Bogotá 1981.
(Imagen cortesía del Grupo "viejas glorias").

Llegó el deporte en silla de ruedas a Barranquilla, impulsado por el señor Isidro de Jesús Mora Barrios. Él y el licenciado Rubén Villamil organizaron el club CENPAR. Don Isidro era estudiante de la Universidad Autónoma del Caribe de Barranquilla y fue presidente fundador del club. Además, surgió el club AMDA, organizado por las fisioterapeutas Olga Cecilia Danies y Amparo Muñoz.

Los dos clubes fueron a los VI Juegos Nacionales en Silla de Ruedas, siendo hospedados en el improvisado alojamiento que hubo en el Coliseo Cubierto El Salitre. En estas justas, el señor Isidro fue campeón en levantamiento de pesas. Como resultado, fue seleccionado para asistir a un campeonato realizado en Israel; sin embargo, no pudo ir por falta de recursos económicos.

Rafael Lloreda Currea. Presidente de FEDESIR 1981.
(Imagen cortesía de Hernando Ayala).

1982

El señor Isidro Mora llega a la ciudad de Cartagena por motivos académicos, ya que debía cumplir los requisitos para su graduación universitaria en dicha ciudad. Allí contribuyó para la fundación del club AMCAR.

Gomez, Rangel, Rojas, Pineda, Alvarez (parado) y González equipo que representó a Colombia en Halifax, 1982.

Halifax 1982. Equipo de Colombia.
(Imagen cortesía del Grupo "viejas glorias").

En agosto se participó en los Juegos Panamericanos de Silla de Ruedas en Halifax, Nova Scotia-Canadá, realizados en la Universidad Saint Mary's. En esta edición, Colombia obtuvo una medalla y el equipo de baloncesto quedó cuarto en la posición general, al ganar el partido contra Puerto Rico, en el cual fue necesario un extra-tiempo obtenido tras dos puntos de cobro convertidos por Jorge Alberto González. Este equipo fue dirigido por el profesor Fernando Navarro.

1984

Juegos Nacionales en silla de ruedas. Medellín 1984.
(Imagen cortesía del Grupo "viejas glorias").

Medellín fue la sede de los VII Juegos Nacionales. El presidente de FEDESIR, señor Rafael Lloreda Currea, designó al señor Armando Montañez Pinzón como su delegado y representante en el Comité Organizador, dado que era el Revisor Fiscal de FEDESIR.

El señor Isidro Mora cambia su residencia a la ciudad de Santa Marta, departamento del Magdalena, donde reside en la actualidad. Allí fue electo presidente del club AMIMAG.
1985

Juegos Mundiales de Stoke Mandeville 1985
(Imagen cortesía del Grupo "viejas glorias").

Se realizaron los Juegos Mundiales de Stoke Mandeville (Inglaterra), validados como Juegos Paralímpicos correspondientes a Los Ángeles 1984, puesto que los Estados Unidos solo realizó lo correspondiente a IBSA.

Por Colombia participó únicamente Néstor Hernández, quien realizó las pruebas de 100, 200, 400 y 800 metros planos. Ganó tres medallas de oro, venciendo al atleta favorito del momento en la categoría, el suizo Kusshal.

El entonces director de Coldeportes, señor Julio Nieto Bernal, fue renuente a conceder visto bueno a la participación y auxilio económico. Dos horas antes de abordar el vuelo, informaron que concederían un aporte de un millón de pesos para lo requerido por el atleta; sin embargo, ese dinero lo reembolsarían al regreso, previa legalización y certificación de asistencia. La suma fue cancelada al año siguiente. El saldo de los gastos fue asumido por el técnico y delegado, de sus propios recursos.

1986

Con la cooperación de Baudilio Nemojón, Guillermo Gómez, Luis Urrego, Jaime Vanegas, Armando Montañez y Norman Rodríguez se dio la gestión para oficializar con Coldeportes Nacional la celebración de las Justas Nacionales en silla de ruedas. Para ello, fue determinante el apoyo de las FFAA, con transporte aéreo y alojamientos en el Batallón, así como el de todas las autoridades gubernamentales de Pereira.

Con el aporte de Coldeportes Bucaramanga (Santander), se realizaron los Juegos Nacionales de 1986, que fueron base para la integración de la representación colombiana en los Juegos Panamericanos de Aguadilla (Puerto Rico), con subsede para natación a Mayagüez. Se inauguraron el 6 de agosto de 1986.

Fue una persona importante para la realización de estos juegos el profesor Carlos Hernández. Él brindó su casa para hospedaje de las personas que estaban apoyando las actividades, pues estaban afectando sus propias finanzas porque no había auxilio de ninguna clase.

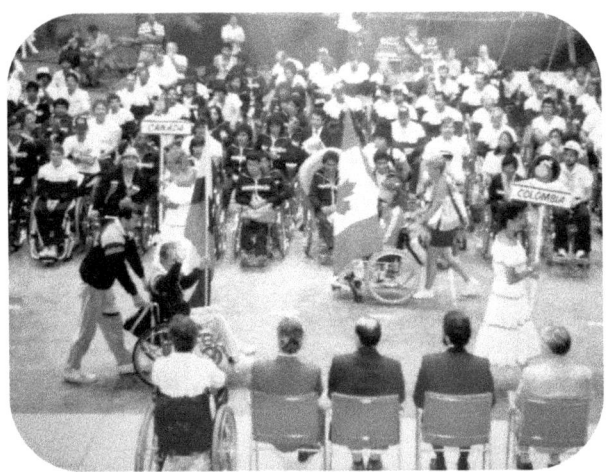

Inauguración Juegos Panamericanos en Silla de Ruedas. Aguadilla y Mayagüez, Puerto Rico. 1986. (Imagen cortesía de Armando Montañez).

Delegación colombiana. Juegos Panamericanos en Silla de Ruedas. Aguadilla y Mayagüez, Puerto Rico. 1986. (Imagen cortesía de Armando Montañez).

Colombia tuvo representación en los Juegos Panamericanos de 1986 con los siguientes deportes: baloncesto, natación, tenis de mesa, tiro con arco, atletismo y triatlón. Los atletas pertenecían a los clubes LUSIHUILA, MILASIR, Bogotá, FRAPON, PADESAN, MEDESIR, LIDEFIAN y FÉNIX.

La fundación FIDES, creada por la señora Lucrecia Lloreda de Escallón, comienza su afiliación a Special Olympic. Su hijo Alejandro Escallón continuó con su legado. A través de esta fundación es que la organización internacional tuvo presencia en Colombia. Así realizaron sus eventos nacionales, creando los equipos que se presentaban a nivel internacional. Además, se promovía la actividad para personas con discapacidad intelectual y síndromes. Luego FIDES implementó unos eventos nacionales e internacionales con el título de Olimpiadas Especiales.

1988

Con la colaboración del Comité Organizador de los Juegos Nacionales del eje Cafetero y Coldeportes Nacional, surgió otra forma de llamar a los juegos. Fueron denominados Primeros Juegos Para Nacionales en Pereira 1988.

Con base en los resultados, se conformarían los representativos de Atletismo, Natación y Tiro con Arco que posteriormente participaron en los Juegos Paralímpicos de Seúl 1988, en el mes de octubre. Al finalizar, juntamente con los profesionales argentinos Héctor – Pocho – Ramírez y José Luis Campos, gestionaron con los directivos colombianos y japoneses la invitación para participar por primera vez en la Tradicional Maratón de Tokio.

La delegación de Seúl 1988 estuvo compuesta por 26 personas, de las cuales 20 eran atletas distribuidos de la siguiente manera: 16 de atletismo, 4 de natación y 1 de tiro con arco. Además, contaron con la presencia de: 3 entrenadores, Fernando Navarro, Javier Zuluaga y Francisco Nieto; 1 médico, el doctor Norman Rodríguez Cualla; 1 acompañante, el profesor Héctor Peralta Berbesi y el presidente de FEDESIR, Armando Montañez Pinzón, quien actuó como jefe de Misión y delegado deportivo.

I Juegos Zonales en silla de ruedas. Cartagena 1988.
(Imagen cortesía del Grupo "viejas glorias").

Ceremonia de inauguración Juegos Paralímpicos Nacionales Bogotá 2004. Pablo Emilio Álvarez es quien lleva la antorcha.
(Imagen cortesía del Grupo "viejas glorias").

Delegación Juegos Panamericanos en silla de ruedas. Venezuela 1990. De las primeras actividades que contaron con apoyos gubernamentales tanto en Colombia como en Venezuela.
(Imagen cortesía del Grupo "viejas glorias").

(Imagen cortesía de Jorge Alberto González).

Imágenes aportadas por Jorge Alberto González la cual cuenta la historia del momento en el que Colombia tramitó la solicitud para ser sede de los Juegos Panamericanos en silla de ruedas, se desconoce la fecha.

Este era el bus adaptado del Ministerio de Defensa que era prestado para las actividades deportivas y de divulgación. Cuentan que cabían muchas personas y además era usado para los paseos de FRAPON, realizados en Ricaurte, Cundinamarca. Cuentan también que la suspensión era bastante dura, pero ellos lo soportaban por el placer de compartir juntos.
(Imagen cortesía del Grupo "viejas glorias").

Delegación Juegos Panamericanos en silla de ruedas. Venezuela 1990. Recepción de los atletas por parte del señor presidente de la república de Venezuela, Carlos Andrés Pérez. (Imagen cortesía del Grupo "viejas glorias").

1994

El señor José de Jesús Lizarazo Roa, apodado como Chucho, fundó los Juegos Nacionales para Policías con Discapacidad de FRAPON. Estos juegos continuaron con el legado de las series de juegos que se habían desarrollado desde 1973 e hicieron la conexión con lo que ahora se denomina Juegos Para-Nacionales, realizados cada cuatro años.

La Fraternidad de Personas con Discapacidad FRAPON, en alianza estratégica con FEDESIR y la Policía Nacional realizaron cuatro versiones de los juegos, desde 1994 hasta 1997. Participaban, además de policías con discapacidad, clubes deportivos afiliados a la Federación de todo el país. Su última versión fue en el mes de agosto de 1997, donde también se realizó un Congreso Internacional de Deporte Paralímpico. Aunque en ese momento FEDESIR estaba fuera de la ley 181 que creó el Sistema Nacional del Deporte, seguían vivos.

1995

Con el arribo de la ley 181 que reglamentó la actividad deportiva del país y el decreto reglamentario 1228, FEDESIR quedó sin piso. La ley determinaba que las federaciones deberían estar compuestas de ligas y no de clubes — como era su composición. Además, establecía la creación de una *federación paralímpica* mediante la cual se congregaría en una misma organización todas las discapacidades. Cabe mencionar que esta idea al poco tiempo se extinguió.

Así empezó la cruzada por salvar a FEDESIR en cada uno de los lugares del país en los que ya contaban con desarrollo del deporte en silla de ruedas. En Magdalena, el señor Isidro Mora y el señor Alfonso Guerrero impulsaron la creación de la Liga de Discapacitados Físicos del Magdalena y Don Isidro se constituye como su presidente fundador. También contaron con el apoyo del profesor Jorge Nuncira, a quien describen como "un hombre de grandes cualidades humanas".

Todo este proceso impulsó y facilitó la unión de FEDESIR con las organizaciones FECOLDES y ADELIVICOL, para adelantar los trámites que permitieran la creación de una ley que reglamentara el deporte para personas con discapacidad y permitiera la creación de un Comité Paralímpico.

FEDESIR continuó el refuerzo de sus actividades deportivas a través de la alianza con FRAPON, que había creado los Juegos Nacionales para policías con discapacidad. Así, FEDESIR pudo hacer parte de la II edición de dichos Juegos.

CON LOS juegos de la Fraternidad sus afiliados tienen la oportunidad de encontrarse y difundir sus experiencias.

II Juegos Nacionales para policías con discapacidad. FRAPON.
(Imagen cortesía de Octavio Londoño).

II Juegos Nacionales para policías con discapacidad. FRAPON.
(Imagen cortesía de Octavio Londoño).

1996

Dadas las condiciones de ley a las que se estaba enfrentando FEDESIR, esta enfocó todo su esfuerzo para tener algo de representatividad en los Juegos Paralímpicos de Atlanta 1996. Igualmente, gracias al compromiso del coronel colombo-estadounidense Jesús María Sánchez Bedoya — hombre satélite en Miami y quién fue enlace determinante para la señal de los Juegos Paralímpicos Atlanta —, los periodistas Hernando Ayala Melgarejo y Guillermo Cruz y el camarógrafo Aristóbulo García. Por primera vez se emitió en la televisión pública colombiana los primeros Juegos Paralímpicos, a través de Señal Colombia. El proceso periodístico se realizó con talento nacional voluntario.

El coronel Sánchez, usuario de silla de ruedas, pensionado de la Fuerza Aérea de los Estados Unidos y residente en Miami, fue también el principal enlace internacional de FEDESIR, dignidad que asumió desde 1993 ad honorem y apoyándose en sus propios recursos.

Ceremonia de Inauguración Atlanta 1996, X Juegos Paralímpicos, (Imagen cortesía de Octavio Londoño).

1997

El señor José de Jesús Lizarazo fue prócer de la Ley 582. Con esta ley se exigía el cumplimiento de compromisos realizados por ese despacho con los

Juegos Deportivos Nacionales FRAPON 1997. Y solo fue posible gracias a su gesta personal, cuando se ató al escritorio del entonces director de Coldeportes, Antonio Pombo Villar.

José de Jesús Lizarazo Roa. (Imagen cortesía de Hernando Ayala).

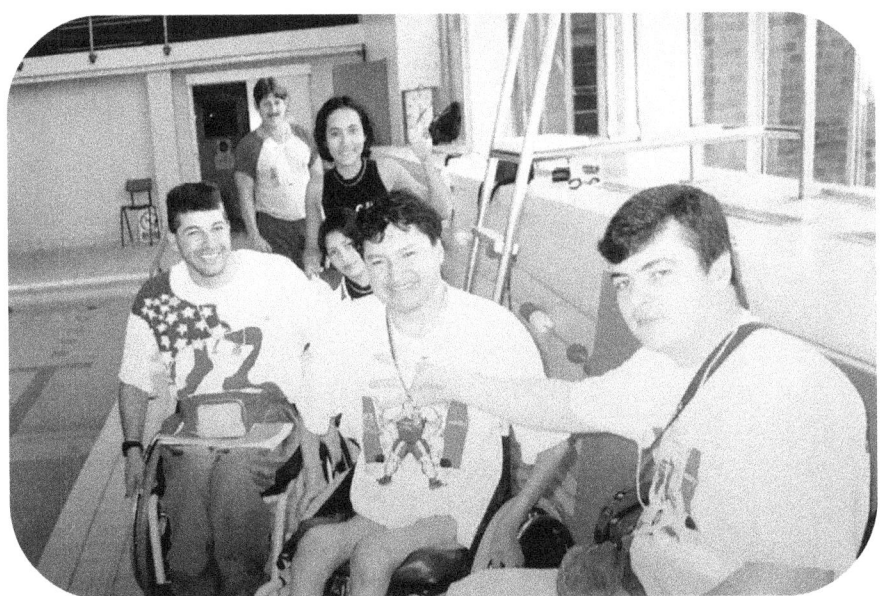

Juegos Mundiales de Stoke Mandeville, Aylesbury, Inglaterra 1997. Atletas de Colombia acompañados por el entonces presidente de FEDESIR, Octavio Londoño – a la derecha de la Imagen - (Imagen cortesía de Octavio Londoño).

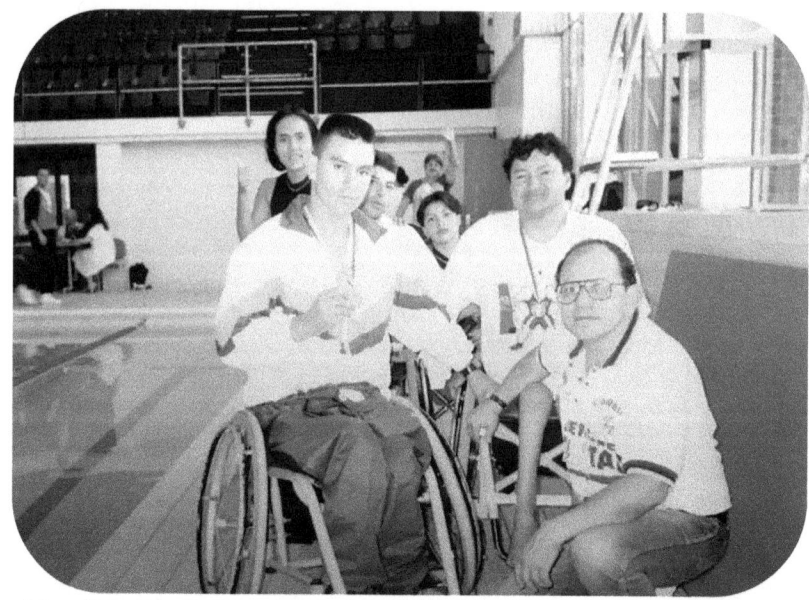

Juegos Mundiales de Stoke Mandeville, Aylesbury, Inglaterra 1997. De izquierda a derecha, Moisés Fuentes García de Santander, Marcos Suárez de Boyacá, Ángela Guluma de Huila (Imagen cortesía de Octavio Londoño).

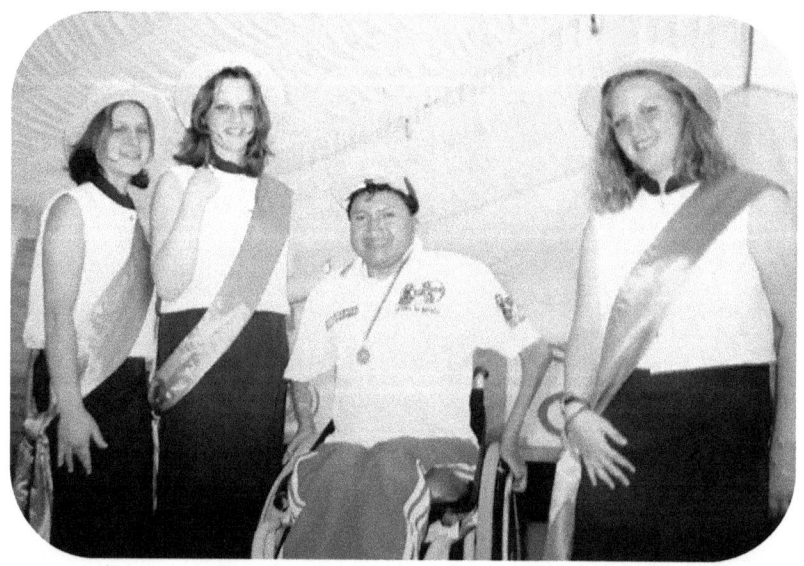

Juegos Mundiales de Stoke Mandeville, Aylesbury, Inglaterra 1997. Marcos Ómar Suárez Piragauta, atleta cuadripléjico de la ciudad de Sogamoso, Boyacá (Imagen cortesía de Octavio Londoño).

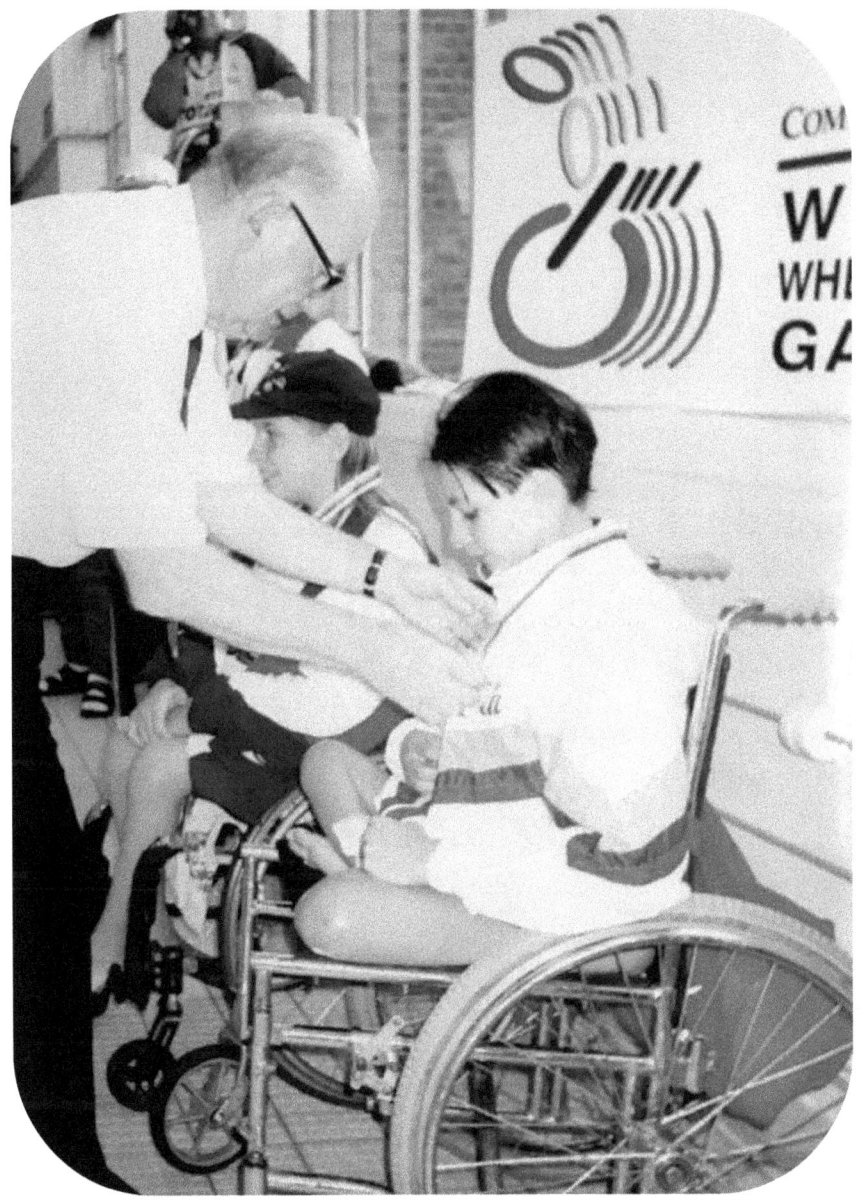
Juegos Mundiales de Stoke Mandeville, Aylesbury, Inglaterra 1997. Nadadora Nubia Piedad Suta.
(Imagen cortesía de Octavio Londoño).

Juegos Mundiales de Stoke Mandeville, Aylesbury, Inglaterra 1997. De izquierda a derecha se puede ver a Moisés Fuentes García, Octavio Londoño Y Marcos Suárez (Imagen cortesía de Octavio Londoño).

En agosto de este año, FEDESIR participó en los Juegos Mundiales en Silla de Ruedas Stoke Mandeville en Aylesbury, Inglaterra. Dado que el evento se realizaría en esa fecha y FEDESIR no tenía sustento jurídico debido a la expedición del Decreto Ley 1228, reglamentario de la ley 181 de 1995[2], la selección colombiana tuvo que costear el viaje sin ningún apoyo del estado, ni siquiera el pago de los impuestos de salida del país.

A partir de todas esas experiencias, FEDESIR decidió unirse con sus clubes y las organizaciones deportivas de personas con discapacidad visual y auditiva a nivel nacional. En un trabajo en equipo que se dio en el momento de mayor unión de todas las personas con cualquier tipo de discapacidad, entre todas

---

[2] Se establecía en su artículo 13 que el deporte para personas con discapacidad debería asociarse a una única federación denominada "paraolímpica". Además, aún estaba en creación su decreto ley reglamentario 1228 de 1998.

gestaron lo que posteriormente sería el proyecto de ley que dio origen a la ley 582 de 2000.

Primer Congreso Internacional de Deporte Paraolímpico y Rehabilitación en Bogotá, septiembre 22 al 24 de 1997. A la izquierda Octavio Londoño, a la derecha Jesús Sánchez
(Imagen cortesía de Octavio Londoño).

El señor Jesús Sánchez gestionó la venida del presidente de la Federación Internacional de Deportes en Silla de Ruedas, desde Stoke Mandeville a Bogotá. El Canadiense Donald Royer participó como ponente en el Seminario Internacional de Deporte Paralímpico y Rehabilitación realizado en el Club Militar, en el marco de los Juegos Nacionales FRAPON 1997. Jesús estuvo presente también y participó, en representación de Colombia, en la reunión de constitución del Comité Paralímpico de las Américas APC, realizada a finales de agosto en el Campus de la Universidad de Georgia, el cual había sido la Villa de los Juegos Olímpicos y Paralímpicos Atlanta 1996.

FEDESIR además asistió a la Feria del Deporte EXPOSPORT, que se realizó en Corferias. Hizo presencia con una estación de exhibición de fotos y videos del deporte en silla de ruedas, en un pabellón adecuado para tal fin. Jjunto con la federación, se invitó a la marca ORLECO, laboratorio ortopédico que producía prótesis para personas con discapacidad. El fundador y dueño era el huilense exdeportista en silla de ruedas, Leonidas Corredor.

Feria del deporte Exposport 1997. Stand de FEDESIR
(Imagen cortesía de Octavio Londoño).

Feria del Deporte Exposport 1997. El laboratorio ortopédico del exatleta Leonidas Corredor, presente en la Imagen, se unió a la presencia de FEDESIR en su stand (Imagen cortesía de Octavio Londoño).

2000

Finalmente entra a sanción presidencial la ley 582. Con esta ley se logró, entre otros, la creación de los Juegos Paralímpicos Nacionales — que luego serían ajustados en su nombre como Juegos Para Nacionales — utilizando el mismo esquema de los Juegos Olímpicos y Paralímpicos. Es decir, mismo esquema, sede, infraestructura, logística e inmediatamente después de los realizados a nivel convencional.

Aunque se pretendía que la primera edición se realizara este mismo año, no fue posible por cuestiones administrativas. Por ello, iniciaron su presencia en el ámbito deportivo en 2004 y continúan hasta hoy, llevando ya cinco ediciones impulsando el deporte para personas con discapacidad.

2001

Comienza el padrinazgo de FEDESIR para la creación de una federación para personas con parálisis cerebral. Se desarrolló a través del impulso educativo iniciado en la federación por la señora Olga Sáenz, acompañada de las señoras Elvira Murcia de Rojas y Sandra Lucía Rodríguez Pachón.

Mientras la federación llegaba a buen término, los atletas fueron acogidos en los eventos de FEDESIR y afiliados para su participación nacional e internacional. Dicho acuerdo fue establecido en la asamblea extraordinaria realizada en enero de este año. Asimismo, cambió su razón social por "Federación Colombiana de Deportes para Personas con Discapacidad Física" y preservó la sigla FEDESIR en honor a los pioneros de este movimiento.

De igual forma, el 3 de febrero de este año, en el salón de la Constitución de Coldeportes se constituyó el Comité Paralímpico Colombiano, acción completada por la naciente Federación de Limitados Visuales FEDELIV y FEDESIR.

Presidentes de FEDESIR desde su fundación

Presidente	Periodo
Baudilio Nemojón Meza	1979-1980
Jonás Palacios Osorio	1981-1984
Rafael Lloreda Currea	1985
Armando Montañez Pinzón	1985-1989
Néstor Fernando Hernández Hernández	1989-1993
Octavio Londoño Giraldo	1993-1997
Octavio Londoño Giraldo	1997-2001
Néstor Fernando Hernández Hernández	2001-2004
Jorge González Torres	2004-2009
José Domingo Molina Pineda	2009-2012
Juan Pablo Salazar Salamanca	2012-2013
Carlos Ortiz Ararat	2013-2017
Carlos Manuel García Cantillo	2017-2021
José Aldiver García Ospina	2021-2025

Deportes liderados por FEDESIR

Los deportes que ha liderado la Federación y que a hoy o pertenecen a ella o están empezando sus procesos de establecimiento de federación por deporte son:

Baloncesto en Silla de Ruedas
Atletismo de pista y campo
Bolos
Billar
Esgrima
Natación
Powerlifting
Quadrugby
Tenis de Mesa
Tiro Para Deportivo
Triatlón

Ciclismo
Voleibol Sentado

Otras personas por resaltar

Puede haber muchos participantes como atletas, entrenadores, personal de apoyo o administrativos, pero de seguro no estaremos en la capacidad de nombrarlos a todos. No obstante, en el esfuerzo de hacerlo se cuenta con los nombres de Noé Gutiérrez, Aloma Forero, Alfonso Corredor, Alfonso Ríos, el Mayor Álvaro Gómez, el señor Jorge Rojas, entre otros.

Baudilio Nemojón Mesa

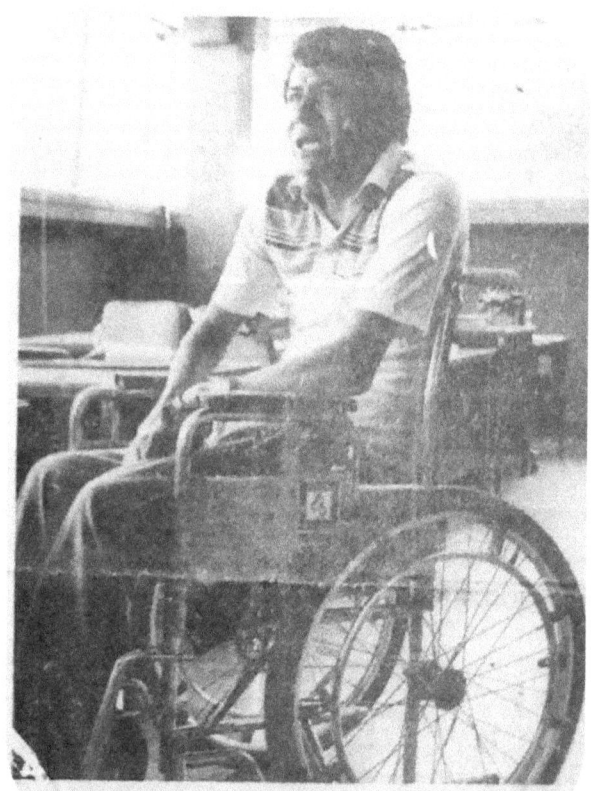

Baudillo Nemojón, presidente de la Federación Nacio___
___ortes en sillas de ruedas.
(Imagen cortesía de Baudilio Nemojón).

1965

Nací en Sogamoso, Boyacá. Allí hice todos mis estudios y me enlisté en el ejército nacional, donde hice el curso para Cabo II en Bogotá, en la Escuela de Infantería del Cantón Norte. Fui trasladado a Popayán, zona que era más o menos un centro de formación en el que duré alrededor de seis meses. Solicitaron de Cali algunos suboficiales para el comando de la III brigada, era un grupo especial de infantería.

Luego me devolvieron a Bogotá para hacer el curso de policía militar y el curso de antinarcóticos. Vale aclarar que en ese tiempo sólo se tomaba como narcótico la marihuana. En un encuentro con las fuerzas irregulares en las montañas del departamento del Valle del Cauca, una esquirla de granada se me incrustó en la columna vertebral. Me destrozó las vértebras, de la tercera a la sexta cervicales, por lo cual quedé cuadripléjico.

Fui trasladado al Hospital Militar Central, en el cual estuve tres años. Como medio de rehabilitación, aprendí a utilizar la silla de ruedas y a movilizar los brazos, pues mi lesión era muy alta. Al quedar sin movimiento en los dedos, iniciaron experimentos en los cuales encontraron que la muñeca realizaba algunos movimientos. Por eso me hicieron una cirugía para implantar unos huesos de mi cadera en la mano, lo que permitió hacer una especie de tenaza y fijar los tendones de la muñeca para lograr la capacidad de aprehensión. De esa manera pude ser mucho más funcional.

1968

Decidí que debía salir del hospital, aun cuando no se le exigía a ninguno de los heridos en combate irse. Sentí que necesitaba cambiar de ambiente. Yo veía cómo la mayoría tenían el ánimo muy caído y por esto había mucha complacencia. Eso también ayudó a que en el hospital se implementara la oficina de rehabilitación psicológica para el discapacitado militar. Ellos trataban de buscar los orígenes previos al ejército para reorientar el desarrollo.

Llegué a una casa en un segundo piso, una gran dificultad para mi movilidad. Vivía solo con mi abuela y un tío que tenía muchas ocupaciones y no podía ayudarme para poder hacer algo más. Eso me hacía ver que tenía mucha dificultad para todo y que, tal vez, lo que se creía en el hospital era cierto. Tuve que armarme de valor para llegar a ser independiente, haciendo muchos esfuerzos hasta llegar a aprender cómo hacer cada cosa que requería.

Un domingo paseando por el barrio Las Ferias, sentía cómo todo el mundo me veía con lástima. Eso me afectó psicológicamente. Me encerré en mi casa por un año y no hacía nada por salir porque estaba muy afectado. Le comenté al médico y me envió a un psicólogo; pasé por un tratamiento con el cual pude hacer de nuevo el ejercicio de movilizarme y de afrontar la vida como estaba.

Un día me encontraba rodando y un joven llamado Jorge Nuncira, estudiante de Educación Física de la Universidad Pedagógica Nacional, me dijo que me estaba viendo no por lástima sino porque quería ver cómo usaba mi silla de ruedas.

— *Yo le puedo enseñar a usar su silla de ruedas para que usted se siente bien y no tenga que hacer el esfuerzo que está haciendo.*

Yo le refuté, diciéndole que no sentía que fuera necesario. Sin embargo, él insistió y me explicó que sí se podía mejorar, ilustrándome sobre la mejor posición para estar en la silla. Además, me ayudó a acondicionar un cojín que me duró muchísimo tiempo y que me permitió mejorar mi postura y eficiencia en la silla.

Luego me enteré que estaba haciendo su tesis en deporte con personas con discapacidad visual.

Jorge Nuncira fue la mano fuerte que me ayudó a incluirme en el deporte. Teníamos actividades en un parque del Barrio Boyacá Real, para que pudiera lograr movilidad y funcionalidad. Poco a poco más personas con discapacidad se fueron integrando, por lo que nos dirigimos al alcalde local con la propuesta de constituir el club deportivo de la localidad.

El alcalde nos instruyó en los pasos a seguir para dicha constitución. Fuimos a la oficina de Coldeportes Distrital, nos dieron un modelo de estatutos y nos dijeron que los debíamos acondicionar de acuerdo con lo que perseguíamos con ese club. Finalmente, se conformó el primer club de personas en silla de ruedas llamado Club Bogotá.

Los entrenamientos eran dos veces a la semana y estaba inicialmente conformado por veinte personas, aproximadamente. Hacíamos visitas con exhibiciones de baloncesto en silla de ruedas en algunos colegios, algunas universidades y cárceles, con el objetivo de hacer sensibilización.

Además se logró, a través de este club, que el SENA nos impartiera diferentes capacitaciones de oficios para la independencia financiera. Eso nos llevó a constituir la Cooperativa La Esperanza, con la idea de apoyarnos mutuamente en Bogotá como en las demás ciudades.

Nos contactamos con ASCOPAR, una fundación de deportistas en silla de ruedas. Como resultado de ese contacto nació la Fundación Pro-deportes en Silla de Ruedas TELETON, liderada por Carlos Pinzón y que pasó a hacer parte del Club de la Televisión. Yo fui llamado para hacer parte y los acompañé por más o menos un año.

Yo había recibido la información de la Junta Administradora de Deportes sobre cómo crear una federación. Yo planteaba la idea de pertenecer a las federaciones de Coldeportes, tratando de hacerle ver a esa institución que nosotros llegábamos al deporte como un medio de rehabilitación y de ahí se desprendía el deporte competitivo.

No obstante, mis ideas no se aparejaban con las de ellos. Pensaban en hacer una TELETON cada año, a fin de recolectar fondos para la realización de eventos deportivos y el traslado para los eventos deportivos internacionales. La divergencia era muy grande, por lo que yo dejé de hacer parte de ese proyecto.

Me dediqué a promover clubes en diferentes lugares del país, como Medellín, con el club deportivo MEDESIR; Cali, con el Club Deportivo Nuevos Horizontes; y Bucaramanga, con el club PADESAN, Parapléjicos en Silla de Ruedas de Santander. En cuestión de un año y medio, los clubes obtuvieron las respectivas personerías jurídicas.

Acá en Bogotá me contacté con las personas responsables de la Federación Deportiva Militar, quienes tuvieron mucha voluntad de ayudar. Dentro del acuerdo y a través del General Abraham Varón Valencia, comandante de las Fuerzas Militares, logramos la asignación de un bus que nos transportaría a los atletas de ese momento una vez por semana. La ruta era desde la Escuela de Artillería del Sur hasta la Escuela Militar de Cadetes José María Córdova.

El General Varón Valencia cuestionó la inexistencia de un programa deportivo para ellos, cuando tantos de sus hombres estaban recluidos en el Hospital Militar por causa de la discapacidad. Estableció comunicación con el médico Norman Rodríguez, jefe de rehabilitación en ese momento. Todo el proceso fue aprobado incluyendo, además del transporte, el permiso para el uso de las instalaciones de la escuela los sábados. Asimismo, el General nos asignó una ración de refrigerio para cada uno, en cada visita.

Ese bus nos llevó a Cali, Bucaramanga, Villavicencio, Sogamoso, Medellín, entre otras ciudades. El objetivo de esos viajes era captar más personas para la realización de deporte, la constitución de más clubes, sensibilización y fomento del deporte en silla de ruedas.

El procedimiento siempre era acercarnos en primera instancia a la oficina de Coldeportes de cada ciudad y, con su asesoría, realizábamos la actividad de impacto en las fundaciones o en los lugares donde se concentraba la población con discapacidad para hacer ejercicio físico.

Entre Jorge Nuncira, un asesor de la Junta Administradora de Deportes y yo, logramos que habilitaran el ingreso al polideportivo El Salitre una vez cada fin de semana a los clubes Bogotá, MILASIR Club de Militares y Asociados en Silla de Ruedas, ASCOPAR — los cuales ya contaban con personerías jurídicas — y el club PENSISS, que era el club de Pensionados del Seguro Social.

A partir de los clubes que se conformaron, hicimos la asamblea para constituir la federación. Le planteamos a Coldeportes que teníamos una situación compleja debido a que no podíamos constituir clubes por deporte, sino que todos nuestros clubes eran multideportivos. El director era el señor Mike Forero Nougués, quien se reunió con su subdirector para concertar que la federación no fuera constituida por ligas sino por clubes y no por deportes sino por atletas.

Revisamos los estatutos que habíamos hecho previamente con Jorge Nuncira y, finalmente, fue una resolución del director la que le dio vía libre a la creación de la federación en las condiciones que tenían nuestras organizaciones. Los clubes que integraron inicialmente la federación fueron: Club Bogotá, Club PADESAN, Club MILASIR y el Club MEDESIR. De esa manera surgió la Federación Colombiana de Deportes en Silla de Ruedas FECOLDESIR.

Como impulsor y fundador, fui el presidente. Por el mandato estatutario en ese momento, la presidencia era por dos años. En mi primer período me acompañaron la señora Flor Alba de Nuncira, el señor Efraín Cárdenas y otras personas que no recuerdo. Tanto la señora Flor Alba como yo fuimos reelegidos para un segundo período.

Posteriormente ingresaron el Club Nuevos Horizontes y el Club PENSISS. Así fueron llegando poco a poco más clubes, lo que permitió el crecimiento de la federación.

Con el tiempo se crearon los I Juegos Distritales, realizados con el apoyo de la Fundación TELETON y la Escuela Militar de Cadetes José María Córdova. En las instalaciones de la Escuela Militar se llevaron a cabo dos ediciones de los Juegos Distritales.

Para la realización de los III Juegos Distritales, nos basamos en la constitución de los clubes Bogotá y MILASIR, con los cuales le solicitamos a la Junta Administradora de Deportes de Bogotá que nos permitiera ejercer nuestro derecho a realizar Juegos para nuestra población.

El señor Víctor Cañizales nos manifestó que no solo teníamos el derecho a la realización de esos juegos, sino que, además, teníamos derecho a la asignación de elementos deportivos como uniformes, balones y elementos para el deporte que practicáramos. A partir de esa reunión, tuvimos acceso a los escenarios del Polideportivo El Salitre en tenis de mesa, baloncesto y unos carriles de atletismo. Y para ese momento, ya se había conformado el club PENSISS y estaba naciendo el Club de FRAPON.

El comando general me ofrecía la ayuda ya que, no teníamos los recursos para pagar el hotel de los participantes. Con el director de la FECODEMIL logramos conseguir camas, cobijas y comida de casino. El problema era que no teníamos dónde poner las camas. Hablé con el señor Mike Forero Nougués para comentarle que habíamos planteado la posibilidad de usar el gimnasio de pesas de la Unidad Deportiva El Salitre (UDS) para poner allí las camas. Solo así fueron posibles esos juegos, con mucha escasez y esfuerzo, pero se logró esa integración.

Todas las competencias se hicieron en la UDS y la clausura se efectuó en el Coliseo El Salitre. En una pista que estaba al frente, que luego se convirtió en el Parque Recreodeportivo, realizamos la maratón como clausura de las competencias y fue muy impactante. Quisiera reconocer el esfuerzo de Jorge Nuncira y el profesor Héctor Peralta Berbesi, quienes pusieron muchísimo empeño y contactos para lograr este magno evento.

Tiempo después acordamos en asamblea que los juegos no se quedarían en Bogotá, sino que se empezarían a realizar en otras sedes. De esta manera fueron trasladados a Bucaramanga, para ser liderados por el club PADESAN.

Estuve viajando frecuentemente para realizar acompañamiento a esa actividad. Había tenido la fortuna de reunirme con el presidente de Avianca, quien accedió a apoyarme con el beneficio de tiquete abierto para viajar a donde necesitara por el próximo año y medio. Además, al ser exmilitar tenía permitido llegar a los batallones para ser hospedado y alimentado en esos lugares.

Después de estas experiencias, se desarrolla la idea de hacer los I Juegos Nacionales en Silla de Ruedas. Se realizaron en Bogotá, con el apoyo de la Universidad Pedagógica Nacional, la Universidad Manuela Beltrán, el Hospital Militar y la Secretaría de Salud. Tuvo la participación de alrededor de 220 personas de diferentes departamentos.

Gestionamos algunos recursos para los juegos en Bucaramanga. De parte de la alcaldía conseguimos escenarios físicos; el hospedaje corrió por cuenta del comandante general del Ejército Álvaro Valencia Tovar, quien autorizó la estadía de todos los atletas en el batallón. Y, finalmente, obtuvimos también algunos recursos para la realización del evento.

Muchos de los deportistas no se sintieron a gusto con el lugar de hospedaje. Ellos esperaban llegar a un hotel, pero se encontraron con todas las condiciones que brinda un batallón. Organizaron una especie de protesta, básicamente exigiendo que fuesen reubicados en un hotel o de lo contrario no habría competencia (aunque ellos tenían conocimiento de la situación antes de viajar).

Una de las cuestiones más incómodas para los atletas fueron las duchas, pues eran comunitarias, y que los baños no fueran cerrados. La irritación empezó por ese motivo. Se incrementó con los procedimientos para suministrar los alimentos, pues estaban con todas las condiciones que tendría un soldado común y corriente. Así se acumularon las quejas y la delegación del Huila empezó a impulsar la protesta. Se unieron las demás y llegó el caos.

Empezamos a dirimir con la junta directiva para ver qué podíamos solucionar. También se acercó el General que comandaba el batallón para informarse de lo que estaba sucediendo. Fue él quien llamó al alcalde quien, a su vez, envió al Secretario de Gobierno para llegar a un acuerdo. En la reunión además estuvieron presentes la junta directiva de la federación, el General del batallón y un representante de cada club. La alcaldía daría un dinero que sería tramitado por medio de Coldeportes Santander; asimismo, a través de ellos se haría el trámite de la asignación de hoteles que fuesen más cómodos para ellos.

Casi todos celebraron la idea. Sin embargo, los integrantes de los clubes MILASIR y Bogotá dijeron que preferían recibir el dinero y quedarse en el batallón. Y así fue. Nos quedamos en el batallón alrededor de treinta personas, eso sí con algo de prioridad y mejor atendidos. Finalmente, los juegos fueron un éxito con la participación de un alto número de departamentos.

A través del club MILASIR, logramos que el Ministro de Guerra nos apoyara con un vuelo hacia Barranquilla y Santa Marta una vez al año, con el fin de impulsar el deporte en esas dos ciudades. Esta actividad la realizamos durante dos o tres años.

También viajamos a México y Venezuela para eventos deportivos panamericanos. Yo viajé en calidad de dirigente para apoyar los procesos de los atletas. Igualmente logramos la asignación de una oficina por parte de la Junta Administradora de Deportes de Bogotá, inicialmente en el sótano de sus instalaciones y posteriormente en el Coliseo El Campín.

Nuevos dirigentes llegaron con nuevas ideas y otras formas de trabajo. Acompañé dos presidentes más luego de la terminación de mi periodo. Más adelante me dediqué a hacer un trabajo más local. Me convertí en promotor de actividades para personas con discapacidad en la localidad de Kennedy en Bogotá.

Mientras la federación no realizó ninguna regulación, yo hacía parte también de los atletas. Yo hice cincuenta, cien, doscientos y cuatrocientos metros; además practiqué tenis de mesa y participé en lanzamiento de jabalina, siempre compitiendo en la clasificación más baja para cuadriplejia. En ese entonces las sillas eran médicas y los tiempos no eran buenos como para poder tener mejores condiciones de competencia.

Tuve que dejar práctica deportiva por dos razones. Primero, porque mis labores en el área administrativa de la federación me absorbían. Y segundo, porque la federación estableció en el estatuto que los dirigentes no podían hacer parte de las competencias como atletas.

Luego de mi retiro como dirigente, participé en algunas justas deportivas de orden local y distrital por el club MILASIR. Después me integré al Concejo Local de Discapacidad y a una Cooperativa de personas con discapacidad, lo que me llevó a dejar de competir. Actualmente cuento con setenta y dos años. Sigo dedicado a la contribución en mi localidad como mentor de personas con discapacidad.

Aida Huard

(Imagen cortesía de Aida Huard).

Mi vida deportiva comenzó en el año de 1975, dos años y medio después de haber sufrido un accidente que me dejó una lesión medular muy alta, a la altura de mi quinta vértebra torácica. Como resultado, obtuve una paraplejia.

Mi hermana por casualidad conoció a José Malagón, quien era deportista del club ASCOPAR. Ella le contó mi historia, razón por la cual me invita a asistir al Coliseo El Salitre, lugar donde realizaban sus prácticas deportivas. Así llegué a hacer parte del club ASCOPAR. En ese momento el grupo se componía de diez hombres; Valerie Townsend y el Dr. Norman Rodríguez también hacían parte del grupo. El club era dirigido por el profesor Héctor Peralta.

Tal vez por ser mujer compaginé muchísimo con Valerie. Ella era una persona hermosa, que murió hace ya varios años y, eventualmente, me contó su historia. Nacida en Colombia, pero de padre escocés. Había ido con el Dr. Guttmann a Stoke Mandeville, el lugar donde nació la historia del deporte paralímpico. Al ver ese lugar, se emocionó tanto que pensó en traer la idea a Colombia.

Además, me dijo que a la primera persona que impulsó para hacer deporte fue a Alfonso Corredor, quien estaba en la directiva del club cuando ingresé, junto con José Malagón, Juan Novoa, Jorge González y Jorge Fonseca. Cuando ella inició, armó un grupo a partir del cual se conformó el club.

Esa fue la historia que ella me contó. Con mis compañeros no comentábamos nada al respecto. Hablábamos del deporte, de nuestras prácticas, todo lo relacionado con ello. Éramos muy entusiastas, respetuosos y disciplinados.

Cuando comencé, yo me sentía como la única mujer; sin embargo, tres meses después de mi arribo al club, regresó al club una mujer que luego se convirtió en una amiga del alma: Sonia Londoño, una bacterióloga que se encontraba trabajando en Venezuela debido a la práctica de su profesión. Ella hizo parte del club desde el año 1973, así que, en realidad, yo era la segunda mujer en ingresar a la práctica deportiva en ASCOPAR.

Yo no conocía nada del deporte, había sido una madre adolescente y estaba dedicada al cuidado de mis hijos. Al llegar al club, tuve muy buena acogida por parte del profesor Peralta y de mis compañeros. Yo crecí y me formé deportivamente en el grupo. El fuerte de ellos era el baloncesto en silla de ruedas, así como el atletismo con pruebas en silla atlética, lanzamientos de bala y disco. En ese momento empezaba a incursionar el tenis de mesa en el deporte de silla de ruedas, que ahora es lo que conocemos como los Juegos Paralímpicos.

El profesor Peralta nos hacía entrar a jugar con los hombres. Nunca hice una cesta por mi lesión tan alta y la rudeza del baloncesto, por lo que me daba un poco de temor. Aun así, el profesor insistía en que era muy importante que estuviéramos con ellos y yo creo que sí lo era. Sin embargo, mis pruebas eran el eslalon — una prueba de habilidad en silla de ruedas por tiempo — y el tenis de mesa.

Gracias a eso pude asistir a los Juegos Panamericanos en Silla de Ruedas en México, donde tuve el honor de representar a nuestra Colombia amada junto con mi equipo. Allí gané la primera medalla en tenis de mesa, siendo esta una competencia bastante reñida. No pude obtener el primer puesto porque era mi primer viaje y estaba conociendo el hermoso mundo del deporte en silla de ruedas, entonces los nervios no me abandonaron y, aunque nos fuimos al tercer set, perdí ese partido. Pero me traje la medalla de plata.

Ese día Valery lloró, lloramos juntas. Ella me decía: "Aida, eres una berraca". Esa fue la primera medalla que obtuvo Colombia en unos Juegos Panamericanos. Para mí era un gran orgullo saber que esa primera medalla era traída por una mujer; eso fue algo muy grande y mis compañeros estaban muy felices.

Un día se acercó uno de los directivos de la Liga de Tenis de Mesa de Bogotá, el señor Pedro García. Nos ofreció su asesoría como entrenador para nuestras prácticas. Yo acepté.

Antes de viajar a México el entrenamiento era muy fuerte, con mucha disciplina, esfuerzo y dedicación. Lo realizaba todos los días de seis de la tarde a nueve de la noche debido a su horario de trabajo. Solo nos podía entrenar en esas horas. En ese tiempo no existía el deportista apoyado. Todo se hacía con las uñas y en la lucha, pero al final de cuentas lo lográbamos.

Pedro García era una persona maravillosa. En ese momento no contábamos con el psicólogo para que nos apoyara, entonces durante los entrenamientos él me decía:

—*"Aida, tú eres una campeona, eres una ganadora"*.

Mi respuesta era: *"pero Pedro, me voy a enfrentar con países muy duros como Estados Unidos y Canadá"*, a lo que él contestaba: *"no importa, tú eres la mejor"*.

Tristemente él no pudo viajar con nosotros por falta de recursos económicos. Estuvo con nosotros el profesor Peralta, quien siempre nos motivó, hablándonos y entrenándonos. Ellos eran seres humanos muy especiales.

(Imagen cortesía de Aida Huard).

Estuve presente en los II Juegos Nacionales de 1975, que se realizaron del 20 al 23 de noviembre. Competí en eslalon y tenis de mesa contra mis compañeras Sonia Londoño y otras dos mujeres de otro club. Recuerdo que en esos juegos estábamos nosotros, ASCOPAR, el Club Bogotá y el club MILASIR, que en ese momento lo estaba formando el Dr. Norman Rodríguez. Había presencia de otras regiones que empezaban a formar sus clubes. Éramos muy pocas mujeres, entonces tuve que competir solo contra ellas. Después tuvimos encuentros con mujeres de otras ciudades, pero más que todo competía con Sonia y las otras dos mujeres de siempre.

II Juegos Nacionales en silla de ruedas. Bogotá 1975. En la Imagen de derecha a izquierda: Luis Urrego, Francisco Pico, José Malagón, Libardo Reyes, Juan Novoa, Jorge González, Jorge Fonseca, Jaime Hernández, Alfonso Corredor; detrás de él, Valerie Townsend y Rubén. En el centro a la derecha Sonia Londoño, izquierda Aida Huard, sentado vestido de blanco el profesor Héctor Peralta Berbesi y Rosalba la profesora del equipo de baloncesto.
(Imagen cortesía de Aida Huard).

V Juegos Panamericanos en silla de ruedas. México 1975 con asistencia de atletas de Bogotá, Antioquia y Norte de Santander.
(Imagen cortesía de Aida Huard).

Tuvimos una evolución excelente. Seguimos viajando para representar a nuestro país. En 1978 tuvimos la oportunidad de representar de nuevo a Colombia en Rio de Janeiro, Brasil. Gané la medalla de oro en tenis de mesa y más compañeros también obtuvieron medallas.

Luego vino Holanda, donde asistimos a los Juegos Olímpicos para Discapacitados. Allí no me fue bien, ¡me dieron una *muenda*! De todas maneras, fue bueno como experiencia deportiva. Conocimos muchas delegaciones, gente hermosa. Vimos las sillas de ruedas espectaculares que llevaban, mientras que nosotros teníamos nuestra silla convencional que era para todo: para el deporte, para el uso diario, para lo que fuera. Nos tocaba una lucha muy grande, pero fueron muchas experiencias vividas allí.

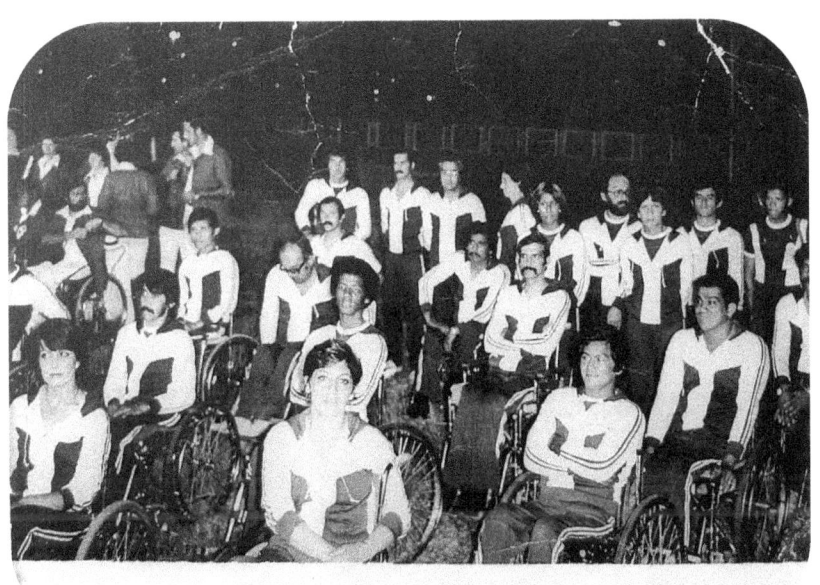

VI Juego Panamericanos en silla de ruedas. Rio de Janeiro 1978.
(Imagen cortesía de Aida Huard).

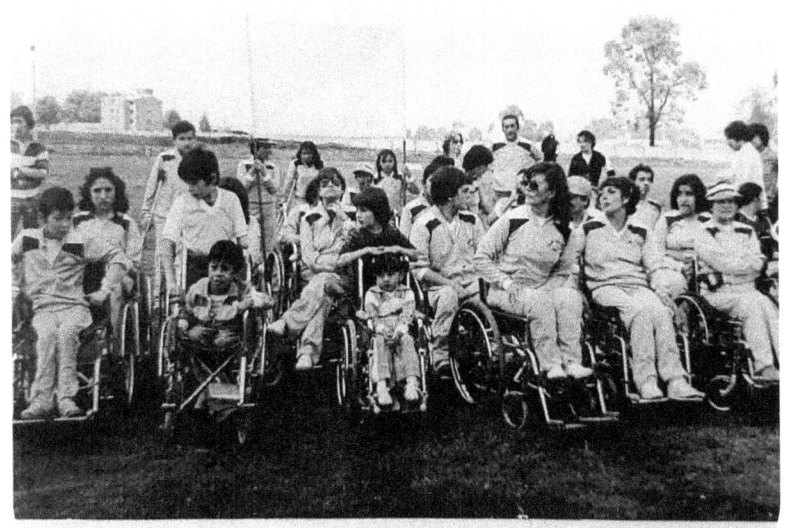

VI Juegos Nacionales en silla de ruedas. Bogotá 1981.
(Imagen cortesía de Aida Huard).

En 1981 llegó la nueva disciplina deportiva de tiro con arco, dirigida por el profesor Miguel Jaramillo. A mí me llamó muchísimo la atención. Tres compañeros, Claudia la Torre — que era una niña muy joven —, Aldo Quintero, Armando Roldán y yo nos acercamos al profesor Jaramillo. También estuvieron otros muchachos, pero no duraron mucho tiempo.

Nosotros cuatro continuamos con una preparación intensa en el Coliseo El Salitre, lugar que amo y llevaré en mi corazón por siempre, porque para mí se convirtió en mi segunda casa. Allí nos reuníamos a entrenar primero bajo techo, más o menos diez metros. Luego, a campo abierto, comenzamos a entrenar treinta, cincuenta y setenta metros. Estos entrenamientos los hacíamos con mucho esfuerzo, entrenando en días de lluvia o de sol. Seguíamos fieles y firmes, con mucha disciplina y haciendo lo que nos correspondía a cada uno.

En ese momento estaba profundamente enamorada del tiro con arco, pero tenía una dificultad. Inicialmente, el profesor nos comenzó a entrenar con unos arcos que no eran profesionales sino sencillos; para competencias, nosotros teníamos que conseguir nuestros propios arcos.

Un arco ha sido costoso ayer, hoy y seguirá siendo costoso. Adicionalmente, yo tenía un déficit grande de fuerza en mi brazo izquierdo, lo cual causaba que la flecha perdiera la trayectoria. Comencé a fortalecer hasta llegar a dominar el arco. Y con la ayuda de mi familia, conseguimos el arco que me permitió participar en Halifax, Canadá en donde se realizaron los VII Juegos Panamericanos en Silla de Ruedas.

La competencia fue muy dura para mí, porque estaba compitiendo en tenis de mesa y tiro. Afortunadamente, las instalaciones de una prueba a la otra no eran tan distantes (en otros países se encuentran lejos la una de la otra). Esta vez me fue posible hacer mis competencias, así que iba y hacía mi partido de tenis de mesa. Luego, regresaba al entrenamiento corto con el tiempo que se dispusiera, porque el entrenador ya había hecho el entrenamiento y no se disponía de más.

Un día en entrenamiento hubo un fuerte viento y todas mis flechas ya estaban en el tablero. Este, por el viento, cayó y se partieron todas mis flechas. Como las flechas son a la medida del brazo de cada persona, no me servían otras flechas. El profesor Miguel fue muy directo. Me dijo: *"mira Aida, se partieron todas. No puedes competir"*.

Yo estaba muy triste y decepcionada porque tanto esfuerzo, tanto entrenamiento, tanta lucha para conseguir el arco y ¡yo no podría competir! Sin embargo, como esas organizaciones son tan organizadas, cuando se enteraron de que a una deportista colombiana se le habían partido las flechas, las encargaron desde Toronto.

Yo me enteré porque mi profesor fue a tocar la puerta de mi habitación muy temprano, a las siete de la mañana, para decirme que debía ir a recoger las flechas para competir. Yo recibí la noticia muy feliz, profundamente emocionada.

Llegó el momento de la competencia en la que había muchos países. Fue una competencia muy reñida. Al final pude obtener la medalla de oro. Gané esta presea en mis dos deportes, en tenis de mesa y en tiro con arco.

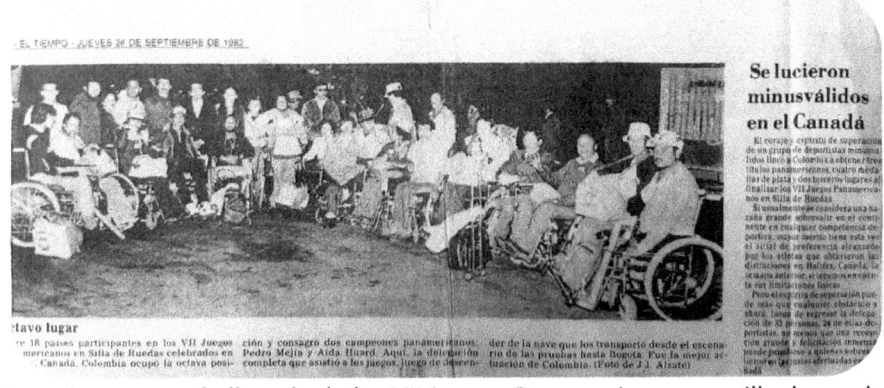

Nota de prensa a la llegada de los VII Juegos Panamericanos en silla de ruedas realizados en Halifax, Canadá 1982.
(Imagen cortesía de Aida Huard).

Nota de prensa a la llegada de los VII Juegos Panamericanos en silla de ruedas realizados en Halifax, Canadá 1982.
(Imagen cortesía de Aida Huard).

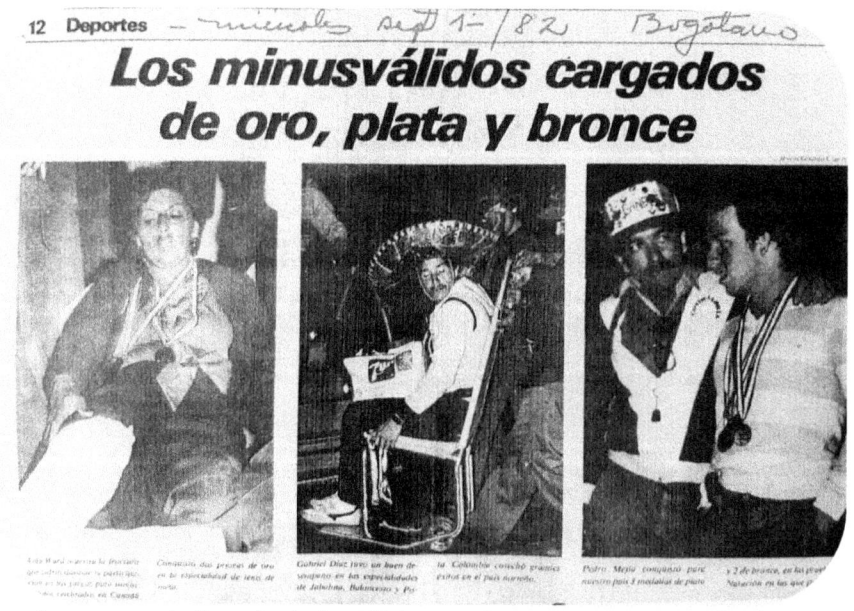

Nota de prensa a la llegada de los VII Juegos Panamericanos en silla de ruedas realizados en Halifax, Canadá 1982.
(Imagen cortesía de Aida Huard).

Nota de prensa a la llegada de los VII Juegos Panamericanos en silla de ruedas realizados en Halifax, Canadá 1982.
(Imagen cortesía de Aida Huard).

Nota de prensa a la llegada de los VII Juegos Panamericanos en silla de ruedas realizados en Halifax, Canadá 1982
(Imagen cortesía de Aida Huard).

Llegamos muy felices por nuestros logros en este viaje. Sin embargo, yo tuve que entrar en recuperación puesto que llegué fracturada de una pierna por causa de una caída que tuve. Poco a poco me fui recuperando para regresar a mis prácticas deportivas.

Seguimos en la lucha, el entrenamiento, la disciplina, el entusiasmo y juicio porque se venían los Juegos Mundiales de Stoke Mandeville, en 1983. Asistir a esos juegos era algo con lo que había soñado. Aunque viajamos los cuatro arqueros, tuvimos una delegación pequeña por falta de recursos; ni siquiera el profesor Miguel Jaramillo pudo viajar por esa misma razón.

Llegamos en medio de una organización divina, las instalaciones hermosas, todo era excelente. Todos los días teníamos que desplazarnos a los campos de tiro, así que nos recogían temprano para que estuviéramos en el entrenamiento y después en la competencia.

Tuve que compartir mucho con la delegación de Italia. Me hubiese gustado que ellos se hubieran llevado la plata y traerme yo el oro; sin embargo, no fue así. Yo obtuve el segundo puesto. Traje la medalla de plata, mientras que el oro y el bronce fueron para Inglaterra. Italia quedó de cuarto.

Tengo gratos recuerdos del entrenador italiano. Al estar nosotros sin entrenador, él se hizo cargo. Me ayudaba trayendo mis flechas y en lo que se me ofrecía. De esa competencia me traje unos recuerdos maravillosos de hermandad, compañerismo, respeto. Fue compartir entre todos los países en un lugar fantástico, diseñado especialmente para nosotros, con todas las facilidades como lo era la villa de Stoke Mandeville.

En el grupo de apoyo estuvo Cecilia Serrato, una enfermera que venía de Neiva. Fue de las pocas personas que pudo estar además de los atletas, porque los recursos eran muy escasos.

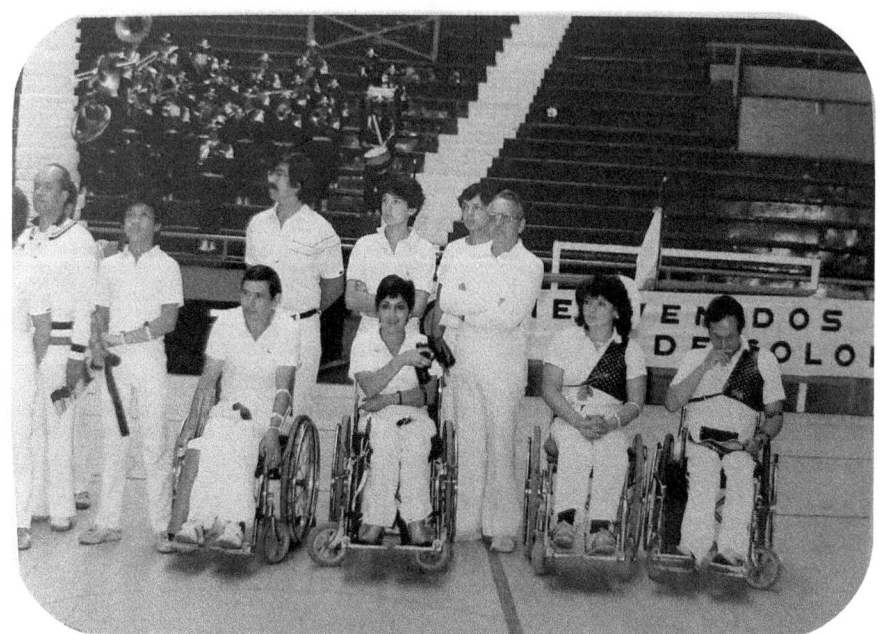

Equipo de Arquería de Colombia – Aida Huard en el centro.
(Imagen cortesía de Aida Huard).

Siempre era una lucha conseguir quién nos patrocinara para competir. Casi siempre a mí me patrocinó el Banco de Colombia y en mi última competencia me patrocinó Coldeportes y El Tiempo.

El viaje a México lo pagó mi familia, pero como regresé con la medalla, Coldeportes les reembolsó. Eso fue un alivio porque, por lo general, uno tenía mucho estrés porque se había preparado, había hecho todo el esfuerzo durante los entrenamientos. Yo tenía hijos pequeños, así que trabajaba con flores para darles el sustento, aunque siempre conté con el apoyo de mi familia — en especial de mis hermanos.

Pasados estos Juegos Mundiales llegó el momento de mi retiro. Yo trabajaba con Teletón en los procesos de rehabilitación. Al estar cada vez más comprometida con mi trabajo, se me dificultaba mucho cumplir con este y mis entrenamientos, pues las instalaciones de Teletón quedaban en Chía, a las afueras de la ciudad. Mi jornada iniciaba a las cinco de la mañana, cuando pasaba el bus para recogerme y luego recoger a todos los pacientes. De manera que, casi nueve años después de mi incursión llegó mi retiro.

Gracias a Dios ahora existe el deportista apoyado. Si yo hubiese tenido esa ayuda, habría podido hacer mucho más por representar a mi país.

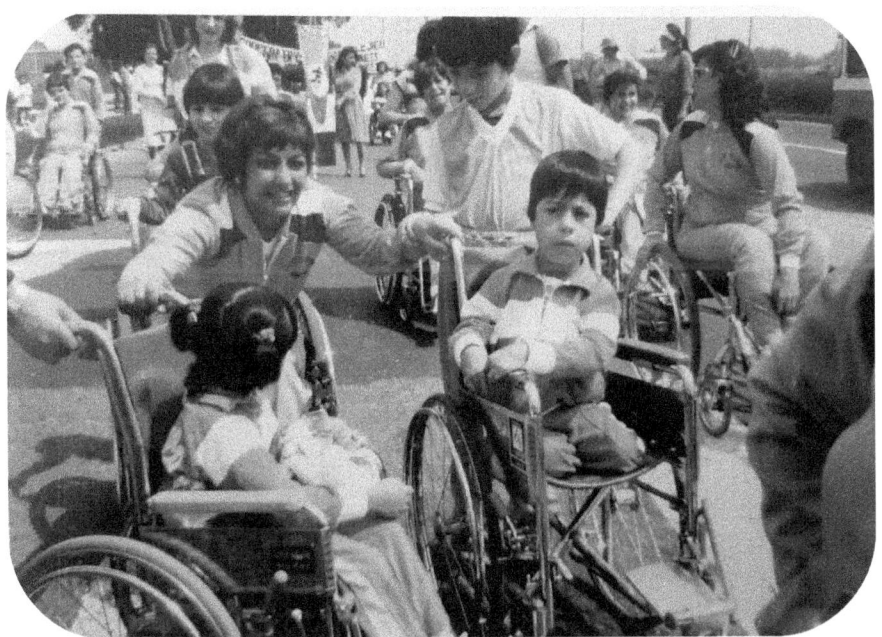

(Imagen cortesía de Aida Huard).

Para mí, uno de los aportes más grandes que han hecho tanto los juegos a nivel nacional como los desarrollos deportivos para el país, es la evolución en el reconocimiento de la persona con discapacidad.

Cuando yo caminaba, uno nunca veía una silla de ruedas. Luego me enteré de que las familias escondían a los integrantes que tuvieran algún tipo de discapacidad. Los dejaban en el último lugar, en el último rincón de la casa. Con el nacimiento de estos juegos, los medios de comunicación jugaron un papel muy importante. Estuvieron presentes, haciendo la divulgación de nuestras actividades, en las cuales también contábamos con el apoyo de Carlos Pinzón a través de su club de la televisión. En mi caso, le doy gracias a Dios porque cuando quedé en mi silla de ruedas se estaba gestando el movimiento deportivo que fue tan importante en mi vida.

Entre todas las personas a reconocer, hay muchas que ya han partido de este mundo. Yo quisiera reconocer a Luis Urrego, Libardo Reyes, José Malagón, Francisco Pico, Juan Novoa, Jorge González, Jorge Fonseca, Jaime Hernández, Sonia Londoño, Alfonso Corredor, Álvaro Torres, el profesor Rafael Baracaldo, todos mis profesores y, por supuesto, Valerie Townsend y el profesor Peralta.

Todos ellos eran las personas que componían el grupo cuando yo llegué. Posteriormente fueron llegando más personas; cuando Néstor Hernández llegó al grupo, fuimos Sonia y yo quienes le dimos la bienvenida. Luego le dimos la bienvenida a más y más personas que fueron haciendo parte de nuestro grupo.

Creo que el deporte me dio la llave para volver a tener confianza en mí misma, porque después de mi accidente yo no me sentía segura de salir o de moverme. Tenía muchas incógnitas y mucha incertidumbre. El deporte me devolvió la confianza y, además, me permitió cumplir sueños. Uno de mis sueños era viajar, pero sin dinero, con tres niños y en silla de ruedas, no parecía posible. Aunque yo lo deseaba, me había resignado; no obstante, el deporte me permitió vivir ese sueño.

(Imagen cortesía de Aida Huard).

EL ESPECTADOR
LUNES AGOSTO 9 DE 1976

FEMENINAS
A Cargo de
INES DE MONTAÑA

1-B

Gente en la Noticia
Colombia en los Olímpicos de Parapléjicos

Acallada la tempestad que inundó los Juegos Olímpicos de Montreal —cuyo aguacero verbal estuvo a punto de hacer naufragar las competencias— Canadá sigue de fiesta deportiva.

En la ciudad de Toronto, representantes de 58 países disputan los honores de las codiciadas medallas en los Juegos Olímpicos de Parapléjicos, los cuales se iniciaron el pasado dos de agosto y concluirán el próximo viernes 13 de los corrientes.

Y aunque el suceso no tiene el respaldo de la espectacularidad de la prensa mundial para destacar las proezas de los atletas impedidos, año tras año el certamen gana más adeptos. Después de presenciar el magno evento, muchos espectadores se quedan en el país sede, para admirar y aplaudir las acciones de los parapléjicos.

Con una delegación integrada por tres damas y siete varones, dispuestos a salir airosos en las competencias de basquetbol, tenis de mesa, lanzamiento de disco y carreras en sillas de ruedas, Colombia se hace presente por primera vez en los juegos que esta vez se realizan en Toronto.

Sin el apoyo que recibieron las figuras que viajaron a Montreal a defender la camiseta nacional, los parapléjicos colombianos viajaron optimistas de conquistar los honores y traer los galardones que no lograron sus compatriotas.

Las mayores esperanzas de una destacada posición colombiana en Toronto están fincadas en la tenismesista Aida Huart, quien obtuvo medalla de plata durante los Juegos Panamericanos de Parapléjicos en México.

Aida, uno de los más bellos ejemplos de superación, además de destacada deportista es persona laboriosa que no se ha resignado a ver pasar los días sentada en su silla de ruedas y dedica largas horas a hacer prosperar su industria casera de fabricar primorosas flores en plástico para adornar cortinas de baño.

Los otros miembros de la delegación colombiana en Toronto son, igualmente, personas impedidas físicamente que han tomado el deporte no solo como una forma de diversión sino como un eficiente medio de rehabilitación.

Y la prueba de la bondad de la terapia deportiva para los parapléjicos se demuestra con los ejemplos de quienes bajan y suben andenes y escaleras sin ayuda de nadie.

AIDA HUART, subcampeona de tenis de mesa de los juegos panamericanos de parapléjicos de 1975 en México.

A muchas puertas oficiales se tocó pidiendo colaboración económica para la delegación sin que siquiera se lograran obtener los uniformes.

Con un solo aporte del Fondo de Rehabilitación, la Fundación Prodeportes en silla de ruedas se ha visto abocada a realizar verdaderos milagros durante cuatro años de ingente labor porque los oídos del aparato gubernamental han permanecido sordos a las voces de la institución que más bien han encontrado eco en doña Cecilia Caballero de López y en Carlos Pinzón, quien, por intermedio del Club de la Televisión, ha realizado excelente tarea con eventos como el festival acuático de la Laguna de Tominé y el box-broma, en favor de los parapléjicos.

Puede que los deportistas impedidos tampoco estén entre los vencedores, en Toronto, indudablemente, todos merecen medalla de oro por su deseo de rehabilitación.

Edición No. 3276 - Bogotá, octubre 28 de 1980
Colombia $60/Venezuela Bs.6/Panamá US$1.50

Nota de prensa Aida Huard. Agosto 1976.
(Imagen cortesía de Aida Huard).

Nota de prensa Aida Huard.
(Imagen cortesía de Aida Huard).

Néstor Hernández

1978

Mi primer contacto con el deporte paralímpico fue con el profesor Héctor Peralta. Él se me acercó para hablar y hubo un momento en el que, literalmente, se arrodilló frente a mi silla. Me dijo: *"te voy a hacer campeón del mundo"*. Yo le contesté: *"profesor, con todo respeto, no sé qué está pensando, pero yo no tengo capacidades de hacer deporte"*. En ese momento me dio dos palabras que me han servido, no solamente en el deporte, sino en mi vida: *"tú puedes"*.

Después de eso me invitó al parque El Salitre, en lo que hoy es un parque de atracciones mecánicas que conecta con unas canchas populares que hay atrás. Ese día encontré un grupo muy especial, muy joven, con muchas ganas de hacer deporte. Lo que más me gustó fue el trato que daban, el roce académico que se percibía, puesto que la mayoría estaban estudiando en universidad y otros ya se habían titulado.

Una de las personas que me recibió fue el Teniente José Malagón, quien había pertenecido a la policía y, en el ejercicio de su profesión, quedó en silla de ruedas. Me dijo que, para estar ahí, tenía que estudiar. Yo estaba cursando tercero de bachillerato y mi objetivo era estudiar. Es ahí cuando arrancó toda la actividad deportiva.

Comenzamos por rodar alrededor de la cancha de baloncesto. Yo casi no movía mi silla, ya que mi discapacidad es bastante profunda debido a mi cuadriplejia (mi reducción de capacidad laboral es del ochenta y cinco por ciento). Ellos, por el contrario, tenían lesiones medulares a nivel de miembros inferiores, así que rendían mucho más que yo.

Empezó a trabajar conmigo el profesor Fernando Navarro, quien era el responsable de los entrenamientos en ese momento. Comenzó a hacerme una especie de seguimiento. Me sacó de estar dando vueltas alrededor de la cancha y trabajó conmigo algunos ejercicios, como lanzarme la pelota de baloncesto para ver si la podía coger o rodar hacia adelante y hacia atrás.

Ese fue un entrenamiento largo. Iniciamos sobre las ocho y terminamos sobre las once o doce. Además, hizo una prueba de cómo rodaba, qué me era posible hacer y qué no. De tarea, me dejó unos ejercicios que debía hacer en casa. Salí de allí muy contento y eso me motivó a seguir. Así fue como comencé.

A los ochos días regresé. Ya no debía dar vueltas a la cancha de baloncesto. Me ayudó a pasar al pasto y me puso a rodar en esa superficie. Recuerdo que no alcancé a rodar una distancia considerable. Así inicié el proceso y me iban asignando tareas para contribuir a mi evolución. Me acompañaron en este proceso el Licenciado Rafael Baracaldo y el profesor Freddy Amazo. Me siento muy honrado de haber tenido esos mentores.

Tres meses después se hicieron los Terceros Juegos Nacionales de Deportes en Silla de Ruedas. Yo competí en atletismo. También se disputaron justas de baloncesto en silla de ruedas, atletismo (pista y campo) y tenis de mesa. Cuando llegué, recibí una sudadera. Era la primera vez que vestía ese tipo de ropa. Yo había sido muy popular y había estudiado en escuela pública, por lo que normalmente vestía de jean azul y camiseta blanca. Este tipo de ropas deportivas eran nuevas para mí.

Cuando llegué, me dijeron que tenía que correr sesenta metros. Me ubicaron en la línea de partida, me indicaron que debía llegar a la línea de meta. Me dijeron cómo iba a recibir las instrucciones para la salida y me dispuse a competir.

Cuando miré para los lados, tenía como competidores personas con experiencia; había entre ellos exmilitares. Cuando dieron la salida, lo único que hice fue seguir las instrucciones — como siempre lo hice en mi carrera deportiva. Cuando me di cuenta, ¡había ganado!

Luego me llevaron a participar en la prueba de lanzamiento de jabalina y clava. En ese tiempo eran los inicios de Héctor Palau como periodista deportivo y él, al ver mis logros y que era quien ganaba las primeras medallas — porque esas eran las primeras pruebas en esa edición de los juegos —, me quiso hacer una entrevista. Por supuesto, yo accedí. Además, me pidió hacer un lanzamiento de clava para poder tomarme una foto. Igual, debía hacer un lanzamiento más porque aún estaba compitiendo. Curiosamente, ese lanzamiento fue récord nacional.

Todo eso era el resultado del trabajo y progreso que veníamos realizando para mejorar nuestras capacidades, haciendo trabajos de fuerza. A veces trabajábamos con el peso de alguna persona; luego tuvimos balones medicinales, con los que también hicimos entrenamientos progresivos. Todo eso fue fundamental para mis primeros logros.

Esos fueron mis primeros oros. Adicionalmente, estos juegos eran selectivos para los Sextos Juegos Panamericanos en Silla de Ruedas que se iban a realizar en Río de Janeiro. Al finalizar los juegos, se anunciaba quiénes tenían derecho de ir a Brasil. Cuando dijeron mi nombre, yo no lo podía creer y lo primero que se cruzó por mi cabeza fue *"¿cómo voy a hacer para viajar hasta allá?"*.

Yo era de un pueblo que se llama Nocaima, había llegado a Bogotá con mi mamá y mi familia. Ella me llevaba a Suba — que en ese tiempo era un municipio anexo —, nos llevaba a Fontibón, a Soacha. Básicamente, a los cinco municipios que eran anexos a Bogotá. Lo máximo que me había movido era en el bus que se llamaba "Flota Usaquén". A los dieciséis años me había dado el Guillain-Barré, que fue lo que me produjo la cuadriplejia. En muchas ocasiones, no tenía para el transporte para ir a los entrenamientos, debía llegar rodando.

Como mi conocimiento del entorno no me permitía dimensionar desde el comienzo de qué se trataba todo esto, lo que hice fue ubicar en el atlas del colegio dónde quedaba Río de Janeiro. Finalmente, ya listo para viajar, llegué al aeropuerto El Dorado. En ese entonces no existían las plataformas de acceso a los aviones, había que salir a la pista y subir por escaleras. Aun así, llegué a Brasil.

Nos llevaron en bus. Justo cuando íbamos pasando por el Maracaná, el bus se inclinó hacia el lado del estadio, porque estábamos asombrados de conocer el palacio del fútbol. "¿Cuándo vamos a volver a ver el Maracaná?", fue la pregunta que todos nos hicimos en ese momento.

Al lado del Maracaná quedaba el Complejo Deportivo Maracaná, que era la casa de las justas a las que íbamos. ¡Durante veinte días estuvimos tomando nuestros alimentos al lado de ese hermoso estadio!

Fue allí donde conocí por primera vez una pista sintética en tartán y gané una medalla de plata en la categoría 1A en los sesenta metros. Era la primera medalla masculina que se ganaba para el país en unos juegos panamericanos, así que me gané todo el cuidado de la delegación. Luego gané medallas en clava, jabalina y eslalon.

Sin embargo, me salió un rival que solamente le vi allí. Le llamaban "Huesitos" (me preguntaba qué podían decir de mí que pesaba treinta y nueve kilos). Pues bien, "Huesitos" me ganó. A pesar de esto, el sistema deportivo colombiano valoró mis resultados y fui seleccionado para ir a Holanda, a Arnhem, donde serían los Juegos Olímpicos para Personas con Discapacidad.

En Brasil participé en una silla prestada por Juan Novoa, un gran amigo, quien contaba con una silla muy buena. Cuando regresamos, Fernando había visto muchas sillas con características aerodinámicas buenas y muy eficientes. Él había tomado muchas fotos con lo que trabajó en estudio de movimiento. Finalmente fue a una bicicletería, en donde estoy seguro de que se construyó la primera silla atlética que hubo en el país.

Para construirla, tuve que ir a que me tomaran medidas en diferentes posturas. Lograron construir la mejor que se pudo en el momento, para que pudiéramos viajar a Holanda con unas mejores condiciones.

Con las marcas que había impuesto acá, se creía que yo estaba para ser campeón en esos Juegos Olímpicos. A mí me ha afectado mucho el clima frío y, aunque era verano, los Países Bajos aún en esa temporada estaba muy frío. Llueve con frecuencia y no es fácil el clima. Por eso mis marcas bajaron. Me afectó muchísimo, aunque clasifiqué en las pruebas en las que estuve.

En la prueba de los sesenta metros quedé de octavo; llegué a la final, pero de ahí no pasé.

A nuestro regreso estuvimos muy desanimados porque creíamos llevar una silla moderna. Cuando llegamos a Holanda, vimos unos cohetes con toda la tecnología del caso, con el clima a favor, ropas especializadas, etc.

Allá me sucedió algo muy particular. Mi mamá, antes de viajar, me había comprado una ruana pensando que el frío me iba a afectar. Yo, con un poco de vergüenza, le dije que no la llevaría. Sin embargo, ella la empacó en mi maleta. Como al tercer día de estar en Arnhem, llegué de un entrenamiento completamente congelado a la habitación. Tomé una ducha caliente y cuando salí, al tomar mi maleta, la encontré y me la puse. No me dio pena, porque compartía habitación sólo con colombianos. Luego me sentí orgulloso de llevar algo típico e iba al comedor con ella puesta. Fue bastante impresionante como todo el mundo tuvo que ver con la ruana, al punto de que antes de regresar la vendí y volví con dinero.

En ese momento, el campeón era un señor suizo creador de una marca deportiva comercial y que había dominado la prueba hacía mucho. Eso le permitió seguir dominando y ganar la prueba allá. No fui el único que tuvo dificultades. Pedro Mejía había ganado la medalla de oro y se convirtió en el centro de atracción, por lo que al resto nos tocaba seguir corriendo y entrenando para avanzar.

A nosotros nos apoyaba el grupo médico de la Junta Administradora de Deportes de Bogotá. Éramos estudiados por los médicos, quienes nos hacían pruebas de laboratorio y los entrenamientos eran muy fuertes; por eso considero que nosotros también hacíamos alto rendimiento. A veces nos levantábamos con dificultad por lo fuerte de las cargas de entrenamiento del día anterior. ¿El remedio? Hacerle más.

Nosotros nos encontrábamos cada ocho días en la Universidad Pedagógica Nacional, en la calle 72 con carrera 11, con el profesor Héctor Peralta. Hacíamos repeticiones en los corredores, trabajos en piscina, etc. Y entre semana, teníamos que hacer las tareas que nos habían dejado. Por esta razón, y otras más, pienso que el deporte paralímpico en Colombia siempre ha sido de alto rendimiento.

Algún día, los profesores Navarro y Peralta me citaron en el coliseo de la Universidad Pedagógica en el Parque Nacional (no sé si aún existe). Pensé que debía ser juicioso e ir. Por alguna razón en ese momento tenía dinero, por lo que cogí taxi. Pero, cuando llegamos a la séptima, el taxímetro marcaba lo que yo llevaba en el bolsillo. Decidí bajarme y seguir desde ahí. Cuando el conductor me bajó la silla, me preguntó de nuevo: "*¿está seguro de que es aquí?*". Yo le respondí afirmativamente y le pagué.

Estaba ahí, en el famoso Parque Nacional. Pregunté dónde quedaba el coliseo y uno de los guardas me indicó el camino. Y también me dijo que no creía que yo fuera a llegar hasta allá por lo difícil del camino. Finalmente llegué al coliseo. Lo primero que les dije a los profesores es que, la próxima vez, pusieran un sitio más central, porque me había tocado hacer un esfuerzo muy grande para llegar allí. De hecho, ellos no creían que yo hubiera sido capaz de subir esa montaña.

Ellos habían citado a un grupo de estudiantes para hablarles del deporte adaptado, y qué mejor que viéndolo directamente con los pupilos que ya tenían. Esa fue la razón por la que nos citaron en ese lugar. Las prácticas comenzaron y se hicieron unas demostraciones de baloncesto. Yo no era bueno, pero si me pedían hacerle la marca a alguna persona, me pegaba a esa persona y no le permitía ni moverse.

El sábado siguiente nos encontramos en el reloj del parque. Nos pusieron a hacer la *famosa* subida hasta el coliseo, en parte porque no creían que yo lo hubiera hecho. Ese sábado arrancaron por el lado del puente peatonal. Yo no había usado esa ruta. Esa subida era aún peor que la que yo había hecho. La idea era llegar al CAI (Comandos de Atención Inmediata de la Policía) de la Circunvalar. Yo llegué con todos, e incluso con los de categorías superiores. Después de eso, la subida se institucionalizó como entrenamiento, porque los últimos metros son muy pesados.

Yo seguí con mis competencias internacionales. Para ese momento, las pruebas de sesenta metros se acabaron y se cambiaron por las pruebas de los 100m, 200m, 400m, 800m, 1.500m, 5.000m, 10.000m y la maratón. Nosotros entrenábamos de 08:00 a 12:00. Nos íbamos para nuestra casa normalmente rodando, porque a veces se tenía dinero para taxi o bus para ir mas no para regresar.

En 1984 representé a Colombia en los Juegos Mundiales de Stoke Mandeville, Inglaterra. El profesor Navarro vio que las marcas que estaban poniendo en mi categoría — los 100m — y los de medio fondo estaban muy buenas, tanto en Europa como en Estados Unidos. Sin embargo, fuimos con el deseo de intentarlo en las pruebas de 100m, 200m, 400m, 800m y 5.000m.

De nuevo me sucedió lo mismo. En la clasificatoria, fui en el carril seis. Esa pista tenía sólo seis carriles. En la medida que iba pasando las clasificatorias, iba hacia abajo. Aun así, llegué a la final. Como parte de proceso de esa época, debía ir a una revisión de la silla en una carpa que disponían para ese fin. Luego de pasar la revisión, en medio de una tremenda lluvia, me puse el uniforme que tenía conmigo más o menos unos siete años y que yo tenía como agüero para las pruebas. Me calcé los guantes, que ya estaban bastante remendados con esparadrapo, y una gorra para salir a la pista.

Empezó la carrera. Cuando pasaron los primeros cien metros, me pasé al carril uno para hacer la técnica de espacio más corto. Yo no vi si pasé gente o no, pero escuchaba que venía gente atrás. Creí que me iban a poner una vuelta y no quería que me tomaran tanta distancia. Yo escuchaba los ruidos de las sillas y de las ropas — repelente al agua — de los otros atletas, mientras que la mía absorbía el agua.

Mi propósito era no dejarme pasar, porque sentía que iba de último. Ya sentía que no podía más y aún faltaban los últimos doscientos metros. Tuve la fortuna de que, en ese momento, el profesor Navarro y Armando Montañez estaban en el público. Escuché que me dijeron: "no afloje, remate". De repente, empezaron a gritar "Colombia". Eso fue una inyección de energía que me permitió llegar a la meta.

Y lo que veo es que se me viene encima un poco de gente. Me envolvieron en una cobija y me pasaron a una ambulancia. Allí me dieron una sudadera de la organización, porque la que yo llevaba, podría decirse, que pesaba más que yo. Al momento llegaron el profesor Navarro y Armando.

— *¡Felicitaciones!*

— *Qué felicitaciones, si estoy es que me muero* — respondí.

— *¡Pero ganó!*

— *¿Cómo así que yo gané?*

— *Sí, sí. ¡Campeón del mundo!*

Yo no me di cuenta en qué momento había quedado campeón. Por altoparlantes, dijeron que necesitaban al presidente de la delegación de Colombia porque había una demanda de la carrera que acababa de terminar. Armando Montañez corrió para saber qué estaba sucediendo. La demanda era que, supuestamente, yo había pisado la raya del carril antes de terminar los cien metros y, por eso, me descalificaban.

El juez fue quien presentó el informe. Además, había otra en la que decían que yo estaba mal clasificado. Contestar la demanda tenía un costo de quinientas libras esterlinas. Armando estaba tan seguro, que hizo el esfuerzo económico para responder la demanda. Después de una hora fui llamado a hacer descargos con la presencia de clasificadores.

El argumento de estar mal clasificado se basaba en que, al pasar la meta, yo me sentí tan ganador que alcancé a levantar los brazos y que una persona de mi categoría no estaría en capacidad de levantar los brazos. Entonces, de manera insistente, me pidieron que levantara los brazos, a lo que repetidas veces respondí que no podía.

Me preguntaron por qué había logrado hacerlo al finalizar la prueba. Mi explicación fue esencial. Les contesté que el impulso con que venía en la carrera me permitía completar esa acción. Me empezaron a hacer el test en estático. No podía levantar los brazos. Luego con el gesto en impulso. Ellos vieron cómo el movimiento de impulso, de atrás hacia adelante, me hacía sacar la fuerza del hombro y lograba por impulso levantarlos.

Esa parte de la demanda la ganamos. Los médicos argumentaron que era un movimiento reflejo. Nos quedaba la duda de la pisada de la raya. De la nada, apareció una foto en la que se demostró que había pasado exactamente en los cien metros. Y así, finalmente me dieron la medalla.

A los tres días competí en los 100m y "me dieron sopa y seco". Obtuve medalla de plata. Ahí dije que ya no podía más. Estaba inscrito en los 400m, 1.500m y los 5.000m. Competí en los 400m y también tuve mucha dificultad. En ese momento pregunté cuánto nos quedaba y me dijeron que aún restaban 1.500m y 5.000m. Arrancamos los 1.500m y gané. Después competí en los 5.000m y también gané con holgura. Esas tres medallas me impactaron en la vida, tuve fama acá en Colombia. Obtuve todo lo que puede llegar a gozar un atleta.

Después de esto tuve una serie de accidentes haciendo deporte. Uno fue bajando el Parque Nacional, donde me caí y fracturé la clavícula. Fue en una de esas actividades en las que uno se compromete a terminar la llegada a lo alto y el último que llegue a la parte baja paga la hidratación de todos. En efecto, yo iba bajando. No pude dominar la silla, por lo que la acerqué al andén y, al tocar el andarivel por la parte de adelante, el cambio de inercia me mandó por los aires y me botó a la zona verde.

El profesor Navarro había construido una silla para él para entrenar a la par con nosotros. Como estaba cerca se bajó de la silla, me auxilió para subirme de nuevo y siguió, porque él también apostaba con el grupo. Yo de todas maneras, llegué sin perder. El profesor Navarro me preguntó cómo me sentía, a lo que yo respondí que sentía un dolor en el hombro. Él inmediatamente sospechó que yo me había lesionado y, al ver que no podía mover el brazo, aseguró que algo andaba mal. Llegué al hospital San Ignacio. Allí me pasaron a radiografía, donde me diagnosticaron la fractura de clavícula.

Desde entonces el ritmo empezó a cambiar. Clasifiqué a los Juegos de Seúl. Yo me sentía campeón del mundo, entonces exigía cosas como silla de ruedas especial y otros beneficios — peleas que nunca gané. Me dijeron que tenía que hacer marcas en Pereira porque en Bogotá no tenía pista sintética. Yo respondí a la federación mediante una carta, en la cual pedía la exoneración de la competencia clasificatoria. Expresaba que ellos conocían mis marcas y no se justificaba que yo tuviera que hacer marcas, pues hacía más o menos tres o cuatro meses había sido campeón mundial. Además, alegaba el derecho propio de la participación en los Juegos.

La respuesta de la federación, en cabeza de Armando Montañez y mi técnico, fue que debía ir a hacer las pruebas. Yo me negué, dado que el 27 de julio yo obtendría mi título como abogado y, por nada del mundo, pensaba perderme esa ocasión — particularmente después de haber sufrido tanto como estudiante.

Prioricé mi grado. Envié una carta a la federación, dando las gracias a los profesores Navarro y Peralta. También anunciaba mi retiro del deporte. Desde entonces, no he hecho nada de deporte. Me dediqué a mi profesión y la llevé de la mejor manera que pude. Para mí, el deporte fue mi plataforma de vida. En mi concepto, es mejor que la fisioterapia o la terapia ocupacional.

Mi vida fue el deporte. Fue lo que me enseñó a pasarme sólo a los carros y de los carros a la silla o a una cama. Me enseñó a vestirme sólo, a ir a una universidad sólo. Fui el primer estudiante en silla de ruedas en la Universidad Católica. A raíz de eso, pusieron rampas en las entradas de la universidad; sin embargo, fueron mis compañeros mis ascensores. Eran los que me subían a los diferentes salones, y también me bajaban, porque las clases las programaban en pisos altos.

1984

Vino entonces mi etapa de dirigente deportivo. Me había retirado en el año 1984 y, cuando mis compañeros supieron que había renunciado al deporte, alguien me postuló para ser el tesorero de FEDESIR. El argumento fue que, ya que no estaba más como atleta, era una buena idea continuar en el movimiento de esa manera.

En primera instancia me negué porque yo soy abogado y de números no sé nada. Me dijeron que no era tan complejo porque se trataba de llevar el control de los libros, que prácticamente era sumar y restar. Así que acepté. Entré, hice mi informe y a los seis meses se acababa la vigencia de la junta directiva. Se postularon varias planchas y a mí me postularon en la plancha que estaba Armando Montañez. Al votar se daba el voto por la plancha y se postulaba de esa plancha al presidente.

Antes de iniciar la votación me preguntaron qué haría si llegara a ser el presidente. Respondí que cambiaría toda la parte organizativa de la federación y que no me gustaría ver a los atletas durmiendo en los coliseos o en los batallones. Me comprometería a que los atletas tuvieran hotel y que allí tuvieran sus tres comidas. Lo dije de forma muy espontánea. Comenzó la votación. Me nombraron presidente y yo acepté.

A los seis meses reuní las ligas. Normalmente, las asambleas las hacíamos en un parque o, si nos iba bien, las realizábamos en la cafetería de la unidad deportiva El Salitre. En esta ocasión los cité en el hotel Cosmos 100 para presentarles el programa que pretendía desarrollar durante los siguientes cuatro años.

Además, planteé que quienes pretendieran ser sede de juegos debían demostrar, en primera medida, que los atletas iban a recibir un buen alojamiento y una buena alimentación como la que estaban disfrutando en ese momento. Todos me aplaudieron. Sin embargo, cuando regresaron a sus ciudades y comenzaron a pedir ser sede de algún evento, yo terminaba rechazando sus propuestas por las condiciones ofrecidas. Así se fueron abajo todas las pruebas.

En una asamblea alguien me gritó: *"si es que usted se siente muy sobrado, ¡pues hágalo usted como federación!"*. Yo acepté el reto. Advertí que el esquema sería hacer juegos cambiando la generación que venía haciendo deporte. Todos ya estábamos viejos y había muchos niños en los municipios esperando a que se cumplieran los principios planteados en los estatutos de FEDESIR: el deporte como medio de rehabilitación e inclusión.

En ese momento me pidieron la renuncia. Yo me rehusé. Me inventé los primeros Juegos Juveniles de Deporte en silla de ruedas, donde llegaron alrededor de quinientos niños. Los hospedé en el hotel Cosmos 100. Fue muy impactante ver como todos esos niños estaban experimentando cosas nuevas al salir de sus territorios. No estoy seguro, pero creo que no se volvieron a hacer esos juegos.

Para mí, es una de las mejores realizaciones como ser humano. Logré que el alcalde Jaime Castro nos abriera los escenarios deportivos sin restricción alguna. Era la primera vez que eso sucedía. Usamos el maderamen de baloncesto, la pista atlética y todas las instalaciones de la unidad del Salitre. Para ello, fueron dotados los escenarios con baños accesibles, rampas, teléfonos bajos para acceso a personas de talla baja y usuarios de silla de ruedas, duchas adaptadas, entre otras.

Más o menos a los dos o tres meses, Colombia fue invitada por la Organización Panamericana de Deportes para Personas con Discapacidad a una asamblea en Venezuela, ya que este país estaba pidiendo ser sede de los Juegos Panamericanos. Allí se hizo un trabajo muy interesante con los países adscritos a esta organización. Fui además elegido vicepresidente de la Organización Panamericana de Deportes para Personas con Discapacidad. El gobierno venezolano me pidió que les colaborara con la redacción de los estatutos de establecimiento del deporte adaptado para personas con discapacidad en Venezuela. Les colaboré con mucho gusto.

Luego se dio una situación complicada en la Federación Internacional Stoke Mandeville. El vicepresidente de la organización había renunciado y se acercaban los Juegos Olímpicos y Paralímpicos en Barcelona. La federación solicitó a los países miembros que hicieran sus postulaciones.

Mi secretaria recibió la convocatoria. Lo vio muy fácil y postuló a Colombia. Sin tener mayor intención, tuve que viajar a última hora para, principalmente, no hacer quedar mal al país. Entré al comité ejecutivo de la federación, pensando que iba a encontrar personas con discapacidad en su mayoría. Mi sorpresa al llegar a ese comité — bastante numeroso — fue encontrarme personas con altas calidades científicas y técnicas, llevadas más hacia la salud que a la competitividad.

Nos daban quince minutos para justificar por qué nos estábamos postulando. Posterior a la presentación, nos informaron que la votación era secreta dentro de los miembros del comité. Llegué a Colombia sin resultado alguno y tuve que decirle a Coldeportes que el resultado llegaría en los próximos días.

Veinte días después llegó el resultado, informándome que había sido elegido vicepresidente de esta organización. Esa fue una experiencia muy agradable. Uno de los logros fue hablar más del deporte paralímpico en Latinoamérica y, además, que vinieran por segunda vez representantes de la Federación Internacional Stoke Mandeville. En la primera ocasión, el Dr. Ludwig Guttmann había llegado por Barranquilla y, posteriormente, había visitado el Hospital Militar en Bogotá. Tuvo la oportunidad de interactuar con médicos y entrenadores, como el profesor Héctor Peralta, entre otros.

En mi gestión como presidente de FEDESIR, se tramitó el reconocimiento económico para los atletas que obtuvieran altos logros a nivel internacional. Gestionamos la aprobación de una pensión vitalicia para todo atleta que llegara a ser campeón del mundo u olímpico representando a Colombia. Lamentablemente no está siendo aplicado. Después abandoné el deporte porque las críticas eran demasiadas y preferí continuar con mi profesión de abogado, trabajando por los derechos de las personas con discapacidad desde mi campo laboral.

Ocho años después, FEDESIR entró en crisis. Llamaron a un grupo de expresidentes para que retomáramos. Regresé a la federación para ayudar a recobrar la personería jurídica, lo que le permitiría seguir existiendo y funcionando.

Para ese entonces, la ley estipulaba que debían realizarse los Juegos Paranacionales paralelamente a los Juegos Nacionales. Le correspondía a

Boyacá hacer los Primeros Juegos Paranacionales; no obstante, no asumió el reto. De acuerdo con la ley, los Juegos tienen cuatro años de atraso en su desarrollo. De ahí que los esfuerzos se concentraron en garantizar que en Bogotá se realizaran los Primeros Juegos Paranacionales, los cuales fueron un gran éxito. Posteriormente dejé FEDESIR, con algunas dificultades de las que salí muy bien librado y continué con mi vida laboral, de la misma manera desde que inicié en el derecho.

Para cerrar, quiero reconocer al profesor Fernando Navarro. Fue un amante del deporte para personas con discapacidad y lo entregó todo para que se pudiera iniciar la práctica. También al profesor Rafael Baracaldo, un preparador físico que, junto con Freddy Amazo, fueron parte de este movimiento. El médico Rubén Cadavid nos apoyó con sus servicios y, por sobre todos, al profesor Héctor Peralta Berbesi.

Armando Montañez

(Imagen cortesía de Armando Montañez).

Mi inquietud por el deporte para personas con discapacidad inició desde muy temprano, cuando aún estaba en el colegio en Bucaramanga, mi ciudad natal. Allí compartí con dos compañeros de clase quienes tenían movilidad reducida, pero que realizaban actividades deportivas paralelamente conmigo. Por la enseñanza que recibíamos del colegio La Salle en Venezuela; se hablaba de esta actividad como medio de rehabilitación y como deporte recreativo para las personas.

Cuando regresé a Bucaramanga, encontré dos compañeros. Uno que tenía secuelas de polio y era atleta — porque el licenciado Ricardo García, egresado de la Universidad Pedagógica Nacional, había llegado en 1961 a la ciudad y desde entonces involucraba a todos sus alumnos en las distintas actividades de la recreación, la actividad física y el deporte. Este chico hacía salto alto, participando en Intercolegiados. Para ese entonces no se hablaba de deporte paralímpico. Tenía además otro compañero con secuelas de polio, quien era jugador de baloncesto y jugaba con la selección del colegio.

Luego, para poder pagar mis estudios, me empleé como profesor de educación física en un colegio y allí también tuve la oportunidad de seguir los pasos de mi mentor Ricardo García. En su momento, este profesor me inició en el juzgamiento y fue así como conocí a César L. Quintero en 1963.

Él era un atleta sordo; en ese momento se decía que él era sordomudo. Hacía las pruebas de salto con pértiga, 110 m vallas y 400 m vallas e integraba eventualmente la posta corta o la larga por el departamento del Valle del Cauca. Además, me enteré cómo este atleta había creado una escuela para otras personas con discapacidad auditiva, pero no tuvo ninguna colaboración y tuvo que desistir.

Posteriormente, uno de mis hermanos mayores había entrado a estudiar en la Universidad Pedagógica Nacional, teniendo allí el privilegio de ser alumno del profesor Héctor Peralta. Yo tenía el deseo de seguirle los pasos, pero por cuestiones económicas tuve que seguir mis estudios en Bucaramanga.

Estando allí, entré en contacto con algunos de los atletas de PADESAN, quienes jugaban baloncesto. En ese momento estaban Luis Landazábal, Luis

Saavedra, Jesús Contreras, Luis López, Onofre Hernández, Leonardo Rojas, José Silva, Antonio García y uno de quien no recuerdo el nombre porque le llamábamos Cochice. Ese club Bucaramanga ha sido protagonista en el baloncesto en silla de ruedas e incluso quedamos campeones en un campeonato suramericano.

El club PADESAN fue creado en el año 1978. Más o menos por la misma época entré como subdirector de control y desarrollo deportivo de la Junta de Deportes de Santander. Dado mi contacto previo, comencé a hacer programas de capacitación para los municipios, de manera que se fortaleciera el área de la educación física para los colegios del departamento.

Dentro del grupo que se impactó con el programa estaba Carlos Hernández. Él se entusiasmó y comenzamos a llevar el baloncesto más allá de su ideal de rehabilitación y recreación, dándole un perfil más competitivo. A través de mi hermano, empecé a tener más contacto con el profesor Héctor Peralta.

Como yo contaba con presupuesto para esos programas, coordinamos con Jorge Nuncira un encuentro en Bucaramanga con el equipo de la Policía Nacional. Hicieron una conferencia y una reunión con el departamento de fisioterapia de la UIS y de allí comenzamos.

A nivel nacional fue nombrado en Coldeportes como director Mike Forero quien, a su vez, nombró en la Junta de Deportes de Bogotá a Rafael Lloreda. Con su llegada, Lloreda favoreció el crecimiento de los clubes deportivos para personas con discapacidad. En su ciudad apoyaba activamente las actividades de los clubes MILASIR, ASCOPAR y Bogotá. Por ese mismo tiempo, se reconocía la participación de Colombia en las actividades deportivas paralímpicas por medio de un club que normalmente era ASCOPAR.

En 1979 realicé mis estudios de especialización en modalidad de beca, a través del Ministerio Social y de Recreación de Alemania. Conmigo viajaron dos personas más. Dentro de las optativas para realizar allí, tenía la posibilidad de profundizar en las actividades para personas con discapacidad. Eso fue lo que escogí.

Gracias a ello, en octubre del siguiente año fui nombrado Subdirector Nacional de Organización y Control Deportivo de Coldeportes. Tuve relación directa con la organización de los Juegos Nacionales que había ese año en la ciudad de Neiva. Ese mismo año sucedía la primera Teletón, que era parte de lo que desarrollaba el Club de la Televisión.

Este Club era una organización presidida por el señor Carlos Pinzón, que pretendía realizar diferentes actividades para las personas con discapacidades físicas, incluyendo el apoyo a las actividades físicas y deportivas. Asimismo, Jonás Palacios, Heriberto Bohórquez, Rafael Lloreda y yo habíamos empezado a hablar sobre la necesidad de atender a la población del movimiento paralímpico dentro de la entidad.

El Dr. Lloreda me invitó a revisar los documentos de lo que sería la federación naciente, junto con Heriberto Bohórquez y Álvaro Barreto Toro. Posterior a nuestra revisión, se le dio vía libre y reconocimiento a FEDESIR ante lo entes representativos internacionales, especialmente ante la Federación de Stoke Mandeville, IBSA y la Federación Internacional de Baloncesto en Silla de Ruedas (IWBF por sus siglas en inglés). El primer presidente de FEDESIR fue el señor Baudilio Nemojón, después estuvo Jonás Palacios, y luego Rafael Lloreda.

En 1985 acompañé al profesor Fernando Navarro y al atleta Néstor Hernández a los Juegos Mundiales en Silla de Ruedas, dada la proyección de podio que este atleta tenía. Le compartí al señor Julio Nieto Bernal, quien era el director de Coldeportes, las expectativas que teníamos con respecto a Néstor. Su respuesta: no había presupuesto. Le planteé que no había problema pero que, si regresábamos con medallas y se atrevía a ir a recibirnos al aeropuerto, yo mismo hablaría con los medios de comunicación para contarles que no habíamos sido apoyados por el gobierno nacional.

Posteriormente, el señor Nieto Bernal me comunicó que podía dar un millón de pesos. No obstante, era necesario que los pusiéramos nosotros y luego nos lo reembolsaría. Esta maniobra era posible en la legislación de ese momento. De esa manera pudimos ir a los Juegos Mundiales en Silla de Ruedas.

Allí se presentó la anécdota de los 800 m, en los que Néstor tuvo apelaciones de su marca. También tuvimos contacto con Ricardo Cuellar, un colombiano que trabajaba como camillero en el hospital de Stoke Mandeville y llevaba mucho tiempo allá. Cuando nos vio, empezó a reírse de la silla con la que iba a competir Néstor. Yo le dije que le apostaba lo que fuera, pues tenía plena certeza de que conseguiría al menos una medalla.

En 100 m y 200 m le fue muy bien. Luego vinieron los 800 m, prueba que ganó. En plena celebración recibimos el llamado a la oficina de la competencia, para ser notificados de la demanda de esa prueba y que el atleta había sido descalificado. *"Desafortunadamente es así"*, me respondieron. *"Usted tiene el derecho a protestar, pero eso cuesta unos dólares"*. Nosotros íbamos con el dinero contado.

"Si sale positivo, bien" — fue lo primero que pensé. *"Pero si nos llegan a negar la apelación, perdemos la platica"*. Yo estaba seguro. Además, el entrenador de Inglaterra se me acercó y me alentó a demandar. Pedí un momento para consultar con el profesor Navarro, comentándole el estado de las cosas. Él me dijo que había visto lo mismo que yo, entonces decidimos solicitar la apelación. Y de nuevo nos entró la pregunta: *"pero, ¿y la plata?"*.

Le pedí prestado el dinero a Ricardo Cuellar. *"Si sale positivo, se la devuelvo inmediatamente. Si perdemos la demanda, cuando llegue a Colombia le hago el envío. Pero, de todas maneras, yo le pago"*.

Con dinero en mano, fui a realizar la protesta. Me senté a redactar la carta de descargos y lo hice en español. Cuando la entregué, me respondieron que debía estar en inglés. Tuve que regresar con el profesor Navarro, quien era amigo del jefe de misión de Italia. Él nos ayudó a través de su hija, quien fue la persona que finalmente redactó los descargos. Entre tanto, tuve que ir a hacer la gestión para que nos dieran el tiempo necesario para entregar el documento.

De nuevo me encontré con el entrenador de Inglaterra. Me dijo: *"tranquilo que ustedes la ganan y, si sale positivo, yo le tengo una sorpresa"*. Finalmente pudimos entregar la carta. Solo quedaba esperar por la medalla. Todos estábamos ahí, pendientes. Era la última prueba que hacía Néstor.

Por la tarde salió la decisión a favor nuestro. de manera que me devolvieron el dinero. Cuando estaba contando el dinero, me di cuenta de que era el doble de lo que habíamos pagado. Inmediatamente regresé para indicar el error. Ahí estaba el entrenador de Inglaterra. Al comentarle que me había regresado el doble de lo que habíamos pagado, él me respondió que ese era su regalo por el padecimiento que habíamos pasado. Con ese dinero pudimos darnos una paseada por la ciudad en los dos días que teníamos de turismo y, por supuesto, tuvimos muchas anécdotas en esa salida.

En 1985 se promulgó una ley que prohibía que una persona fuera presidente de más de una federación, cosa que antiguamente se podía hacer. Al presentarse un problema en voleibol, el señor Luis Alfredo Ramos, Rafael Lloreda y yo fuimos nombrados en esa entidad. Sin embargo, el señor Lloreda también estaba como presidente de FEDESIR y yo estaba como tesorero en voleibol.

Dadas las circunstancias, hablé con el señor Lloreda para poder tomar decisiones conjuntas. Estábamos en compañía del profesor Peralta y del médico Norman Rodríguez. Yo manifesté que creía haber iniciado un proceso en FEDESIR y que, además, era una actividad que a mí me gustaba. El otro proceso ya lo conocía y tenía tiempo allí.

De esa manera, y tras una larga conversación, se tomó la decisión de que yo me quedara en FEDESIR y que el señor Lloreda se quedara en voleibol. Esa es la razón por la que yo estaba como presidente de la Federación para esas competencias. Además, continué allí por cuatro años, en los cuales fui nombrado en el Comité Ejecutivo de la Federación de Stoke Mandeville.

Con Néstor Hernández hicimos la noche del año cuando llegamos y el señor Julio Nieto crea el Premio de la Pirámide, con la que ACORD premia a los deportistas. También logramos, entre otras cosas, que se diera el estímulo a los deportistas olímpicos y a los paralímpicos por igual. Así fue como a Néstor Hernández le premiaron con la Pirámide. Asistimos a Palacio con el presidente Belisario Betancourt. Esta fue la primera vez que la ACORD premió a un atleta con discapacidad, por las medallas que Néstor había ganado en la competencia de Stoke Mandeville y así quedó institucionalizado.

Después realizamos los VIII Juegos Nacionales en Bucaramanga, donde se hizo la selección para ir a los Juegos Panamericanos en Aguadillas, Puerto Rico. A estos últimos Juegos, fuimos con una delegación bien uniformada, organizada y con participación en distintos deportes. Teníamos la misión de solicitar la asignación para ser la siguiente sede de este evento.

Ya estaba todo organizado con el profesor Ramírez, quien era el presidente de Organización Panamericana de Deportes en silla de ruedas. Llevábamos todos los documentos y los requerimientos; los responsables de manejar todo ese asunto eran el profesor Héctor Peralta y el médico Norman Rodríguez.

Como presidente, les di mi apoyo porque sabía que ser sede de ese tipo de eventos trae tecnología y desarrollo. No obstante, Venezuela también estaba en la puja. Me llamaron a negociar, de tal manera que llegamos a un acuerdo: la siguiente edición la desarrollaría Venezuela y la posterior la haríamos nosotros. Ante esta negociación, tanto el profesor Peralta como el médico Rodríguez me dijeron que nos convenía. Asimismo, sabíamos que los movimientos obedecían a factores políticos de la gestión entre la presidencia panamericana y la venezolana.

Después en 1988 realizamos los IX Juegos Nacionales en Pereira, los cuales hacían parte de los arreglos realizados por el señor Mike Forero para asignar los Juegos Nacionales con mínimo ocho años de antelación. Nosotros estábamos en la búsqueda de unificar nuestros juegos con los Juegos Nacionales, de la misma manera que los Olímpicos lo están con los Paralímpicos. Sin embargo, para esta edición no se logró y solo hasta 2004 fue posible con la existencia del Comité Paralímpico. Antes de esto no fue posible, pues nos decían que no había comité.

Fue arduo el trabajo de Baudilio Nemojón y Guillermo Gómez para los juegos de 1988. Ellos gestionaron todo lo necesario para su realización. Nos hospedaron en hoteles muy buenos, haciendo uso de los mismos que habían usado para los Juegos Deportivos Nacionales de deporte convencional; otros se quedaron en el batallón que queda cerca del aeropuerto.

Posteriormente viajamos a Seúl, donde participé en una asamblea como jefe de misión. Estábamos con otras 26 personas, entre atletas y entrenadores como Fernando Navarro, el entrenador de tiro Francisco Nieto y el entrenador de natación Javier Zuluaga. Francisco Nieto entrenaba a Armando Roldán, uno de los primeros atletas que fue incluido en las competencias nacionales con los atletas del deporte convencional, generando una relación realmente inclusiva.

Después de todo esto vino la asamblea en la que eligieron presidente a Néstor Hernández, quien empieza todo el proceso para ir a Caracas. Yo seguía haciendo parte del comité ejecutivo de la federación; no obstante, me vi en la obligación de presentar mi renuncia, debido a mi nombramiento dentro del comité ejecutivo de la Liga de Fútbol de Bogotá.

Me sentía tranquilo porque Néstor ya tenía un buen equipo de trabajo y estaba bien afianzado en su labor, así que decidí ir a ayudar en la construcción de la segunda división del fútbol que es lo que actualmente se conoce como la primera C. A pesar de eso, yo colaborara en lo que me fuera posible desde afuera.

Hacia el año 1993 se presentó una situación de conflicto en FEDESIR. La señora Aloma Forero fue nombrada presidente y se habían suscitado algunas situaciones que llevaron a una reorganización en la que en su lugar fue nombrado el teniente Octavio Londoño. Esa comunicación me llegó por medio de Orlando Duarte. De manera que regresé en calidad de secretario de la FEDESIR a apoyar el proceso de la federación, además de los procesos de la ley y del Comité Paralímpico.

Por ese tiempo había vuelto a hacer parte de las directivas de PADESAN y estaba haciendo el camino para empezar un proyecto en voleibol de playa, junto con el señor Rafael Lloreda. Sin embargo, yo colaboré en el proceso con los atletas de Bucaramanga para poder ir a Barquisimeto, competencia en la que se presentó por primera vez a nivel internacional Moisés Fuentes. Él había comenzado a probarse en el baloncesto, pero luego encontró su camino en la natación. En ese proceso de escoger deporte le asistió el profesor William Jiménez, quien lo guio para que iniciara toda su práctica en natación.

Mientras estuve apoyando procesos, tuve la posibilidad de ayudar a José Herrera en Venezuela. Realizamos actividades conjuntas para fortalecer los procesos como países vecinos. Además, empecé a desarrollar interés sobre los currículos universitarios en Educación Física, particularmente lo relacionado con el deporte en personas con discapacidad. Descubrí que había algunas intervenciones con educación física especial, deporte adaptado y demás.

Cuando Rubén Cadavid tomó el cargo de Vicerrector Académico en la universidad INCCA, y teniendo en cuenta las falencias descubiertas, le planteé un programa para que se tornara hacia el deporte adaptado que era lo que nosotros realmente teníamos en ese momento. Le hice ver que lo que se estaba haciendo era algo más orientado a la educación especial y la rehabilitación, lo cual era competencia del Ministerio de Salud, pero que las personas necesitaban ir hacia otras experiencias.

Al profesor Cadavid le sonó mi propuesta; sin embargo, yo no contaba con la formación profesional que solicitaban, ya que mi título era de ingeniero. Por ello tomé un diplomado en Docencia Universitaria e ingresé a dictar la asignatura en la universidad. Mi estrategia fue dictar una parte y llevar conmigo otros profesionales como Hernán Troncoso o Jorge Parra para que complementaran la formación de los estudiantes con una información enriquecedora.

A través de ello, compartí sobre el deporte paralímpico a muchos estudiantes que luego se convirtieron en grandes entrenadores de este, como es el caso de Jorge Chávez en pesas y en atletismo, el profesor Mosquera y, Diazgranados. Entre otras cosas, Chávez hizo un banco de pesas y fue quien desarrolló en Colombia — a través de su tesis — lo que hoy se llama Para Powerlifting. Adicionalmente conquisté al profesor Stevens Ruiz. Después salí de la universidad por cuestiones administrativas, con la satisfacción de haber aportado a esos desarrollos.

Dentro de todas las actividades que he realizado, he sido voluntario, relator, observador y coordinador en diferentes Juegos Olímpicos, Paralímpicos, Panamericanos y Parapanamericanos. He podido estar acreditado en muchas de esas justas y, además, participé como juez de atletismo en algunos Juegos Para Nacionales.

En resumen, fui:

- Fiscal principal de 1983 a 1984.
- Miembro de la junta directiva de FEDESIR como presidente desde 1984 hasta 1988.
- Vicepresidente, secretario y vocal de FEDESIR de 1995 hasta 2001.
- Director de la Comisión Especializada de Baloncesto en Silla de Ruedas.
- Socio fundador de la Fundación Pro-Ayuda al Deporte.
- Vicepresidente de la zona suramericana de baloncesto en silla de ruedas.
- Miembro de la delegación colombiana para los paralímpicos de Seúl, Atlanta y Sídney.
- Docente de la universidad INCCA de Colombia desde el 2002 hasta 2007.
- Fundador, asesor y directivo en diferentes oportunidades del club PADESAN.

Pedro Mejía

(Imagen cortesía de Octavio Londoño).

1970

Nací en la ciudad de Cali y me inicié en la natación en el colegio Pío XII a la edad de nueve años. En mi colegio tenían una política de apoyo a los deportistas. La ruta nos recogía de los entrenamientos en la mañana y nos llevaba a los entrenamientos en la tarde. Esto fue un refuerzo positivo, mostrando ante la comunidad educativa a los atletas con un estatus superior; es decir, que el deportista era un referente institucional. Además, contábamos con beneficios, por ejemplo, becas. Por eso yo estudié becado.

También tenía otra actividad paralela. Practicaba judo y, en ese entonces, mi gran amigo de la época, Armando Collazos, era nadador. Yo lo convencí de hacer judo y él, a su vez, me convenció de practicar natación. Después la vida nos cruzó. Él terminó siendo un gran judoca, campeón nacional en esta disciplina deportiva y yo, por mi parte, escogí la natación.

1972

Para mí es un momento histórico en el que el entrenador de natación Mario Mejía, viendo que había momentos en los cuales se nos cruzaban los entrenamientos entre la natación y el judo, nos dice: *"bueno muchachos, o judo o natación, pero si van a seguir nadando, tienen que hacerlo responsablemente"*. Mi amigo dice: *"yo me quedo en judo"*. Yo le respondo al entrenador: *"yo me quedo en natación"*. La vida entonces nos cambió y fue el camino importante que recorrimos cada uno en su deporte.

Posteriormente pasé por dos entrenadores más: Iván Golima y Hernán Reyes. Uno, entrenador de equipo del colegio y el otro, entrenador del club. Finalmente llegué a manos de Fernando Sarama, quien fue entrenador de selección Valle y selecciones Colombia. Él hizo un trabajo arduo conmigo. Me llamaron a hacer parte de la preselección y luego selección en natación convencional. Nadaba seis horas al día, seis días a la semana. Solo descansaba el domingo.

En esa época, el movimiento paralímpico en Colombia era incipiente. Solo hasta diez años después obtengo referencia de una competencia de carácter paralímpico porque, hasta ese momento, a pesar de haber nacido con mi discapacidad, tenía competencia en el sistema olímpico. Y, más allá de lo que representaba enfrentar la situación particular de ser una persona con discapacidad, en medio de la competencia era algo excepcional, pues todo en mi vida transcurría en una relativa normalidad.

1980

Me contactaron en el mes de abril las fisioterapeutas Beatriz Orozco, Clara Veloza y Pilar Soto, de la Universidad del Valle. Ellas tenían un club con personas con discapacidad en la ciudad de Cali, que se llama Nuevos Horizontes, el cual aparentemente se encuentra aún activo. Yo estaba compitiendo en el torneo internacional de natación Ciudad de Cali y, al terminar una de esas pruebas, ellas me abordaron para hablarme del movimiento paralímpico. En esa época, el término acuñado era "el club de personas minusválidas".

Yo acepté la invitación. Me integré al club y empecé a participar en una serie de actividades. Inmediatamente me hicieron un chequeo deportivo, con el propósito de revisar mis tiempos para una posible participación en unas competencias internacionales que se estarían realizando en Arnhem, Holanda. Posteriormente sabría que eran los Sextos Juegos Olímpicos para Personas con Discapacidad, que era la denominación que se tenía en ese tiempo para los Juegos Paralímpicos. Estas justas se iban a realizar entre el veintiuno de junio al cinco de julio.

Mis registros fueron buenos. Los comparamos contra los registros existentes y encontramos que había altísimas probabilidades de llegar a tener un pódium. Con ese análisis, nos desplazamos hasta Arnhem veintiún deportistas, encabezados por Alfonso Corredor. También estuvo con nosotros Valerie May Townsend y una deportista muy importante que después tuvo mérito internacional, que fue Aida Huard.

También iban otros compañeros atletas en sillas de ruedas. Para entonces, se competía en unas sillas muy básicas con respecto a las de hoy. Igualmente, se observaba la diferencia tecnológica tan grande que había entre Europa y nosotros, así que se podía ver personas en unas sillas muy aerodinámicas y nuestros deportistas en unas muy básicas, pero con un corazón muy grande con el que movían esas sillas y lograba un desempeño decoroso en las competencias.

El veintinueve de junio, obtuvimos para Colombia la primera medalla de oro en la prueba de los cien metros pecho y la primera medalla de bronce en la prueba de cien metros espalda, en la clasificación amputados clase D. Así se realizaba la clasificación en esa época. Quería decir que eran amputados por encima de la rodilla, lo que hoy en la clasificación internacional equivale a la categoría S9.

Posteriormente participé en competencias a nivel nacional, en las cuales obtuve varias medallas de oro. En uno de los torneos, obtuve seis medallas de oro; en otro tuve también medallas.

1982

El equipo colombiano fue llevado a Halifax, Canadá, para competir en los Juegos Panamericanos. Allí obtuve tres medallas de plata: una en los cien metros pecho, una en los cien metros espalda y la tercera en los doscientos metros combinado. Asimismo, gané dos de bronces, en cien y doscientos metros libre.

1984

Llegaron los Juegos Paralímpicos en Nueva York, Estados Unidos. Colombia no se presentó, básicamente por motivos presupuestales. Nos quedamos preparados, así que seguí compitiendo en algunos torneos nacionales y mi carrera deportiva continuó regularmente.

1986

Tenía muchos deseos de retirarme, pero también quería tener una nueva oportunidad. Nos presentamos en el Campeonato Mundial de Natación, Atletismo y Arquería, que se realizó en Gotemburgo, Suecia. Allá obtuve el campeonato mundial, con récord del mundo en los cien metros pecho y obtuve también la medalla de bronce, en los cien metros espalda. Con esa competencia cerré mi ciclo competitivo entre los meses de julio y agosto de este año.

En el año 1983 había terminado mi profesión en la Universidad del Valle, completamente becado por mi estatus de deportista. Así que ya era una persona laboralmente activa. Trabajaba para unas fábricas de cartón muy importantes en mi ciudad: Cajas Colombianas y Cartones del Valle. Allí me apoyaron muchísimo para que siguiera entrenando, facilitándome los horarios.

El movimiento no era muy fuerte y las competencias eran muy esporádicas. En ese momento ya contaba con veinticinco años y, para ese entonces, esa era la edad del retiro. Además, mis expectativas habían cambiado rotundamente, de manera que decidí concentrarme en mi actividad profesional.

1988

Llegó el momento de casarme con Olga Lucía Giraldo, con quien emprendí una familia que se completa con el nacimiento de mis hijas María Juliana e Isabela. Conservo el matrimonio hasta hoy, treinta y un años después de habernos casado.

2012

Para los Juegos Paralímpicos de Londres, Leonardo Ruiz, quien trabajaba muy de la mano con el señor Octavio Londoño, el profesor Eduardo Montenegro y Carlos Ortiz, presidente de FEDESIR en ese momento, empezaron lo que llamo "una búsqueda de cinco minutos". Alguien les informó que Colombia ya había tenido un oro paralímpico hacía muchísimos años y yo estaba ajeno al sistema.

A partir de esta información, Leonardo me contacta e hicimos un documento para Londres. Es él quien desempolva documentalmente la historia. Posteriormente Octavio, siendo presidente del APC y habiendo sido presidente del CPC, me atrae. Carlos Ortiz es el encargado de llamarme y decirme que me estaban buscando. Guardo muchos recuerdos gratos de él y con todos empezamos una bonita amistad.

Como resultado del contacto hecho con Carlos, viajé a Bogotá. Allí me entrevisté con Eduardo Montenegro y conocí tanto a Octavio como a Leonardo. Tuvimos varias conversaciones con todos ellos y, posteriormente en una reunión alrededor de un año después, se acercaron a mí dos personas que son muy importantes para el sistema, siendo una de ellas Marcela Ramón. Me invitan a una entrevista con otro de los miembros del comité. En ese momento me hacen la invitación de postular mi nombre para ser vicepresidente del CPC. Acepté y estuve en el cargo por un período de dos años. Después en la asamblea fui reelegido y estuve en ese cargo por dos años más.

Gracias a todo ello acompañé el proceso de nuestra delegación a los Juegos Paralímpicos de Río de Janeiro en 2016 que, hasta el momento, ha sido la delegación más amplia que ha tenido nuestro país. También fui jefe de misión para el equipo de natación que participó en la Copa Caixa, en Rio de Janeiro.

En general, uno de los grandes logros del equipo con el que trabajé en ese periodo fue la mentalización de los atletas sobre el compromiso y la responsabilidad ante su proceso. Se dio la continuidad que se requería y los cambio que precisaban desde el CPC para llegar a ser el equipo tan profesional que vemos hoy.

2017

(Imagen cortesía del Grupo "viejas glorias").

Posteriormente, fui postulado en la asamblea del APC por parte de Colombia. Fui elegido para un período de cuatro años, que ya está para terminar. Creo que con ello cumpliría mi ciclo como dirigente deportivo.

Es importante formar a los atletas para que puedan hacer parte de la dirigencia, con conciencia y responsabilidad. Que entiendan que es un cargo ad-honorem, en el que pones todo tu trabajo con el riesgo de ser golpeado por los infortunios que puedan darse. Ser dirigente es una cita ineludible, hacer el relevo generacional es necesario.

Vitelmina Mateus

Soy santandereana, de Puente Nacional. En 1986 me vine de mi pueblo en busca de una rehabilitación en Teletón, debido a una enfermedad que se llama polineuropatía. En ese momento no se sabía qué era; sin embargo, vine para que me hicieran una rehabilitación que me permitiera mejorar mi calidad de vida.

En Teletón había algunos terapeutas comprometidos con el deporte para personas con discapacidad. A mí me habló una terapeuta que se llamaba Valerie Townsend. Me decía que el mejor rehabilitador para las personas con discapacidad era el deporte y el compartir con otras personas que tenían las mismas enfermedades o tenían limitaciones.

Ella daba la vida por la discapacidad. Creía que, como seres humanos, teníamos muchas capacidades por ser explotadas. Le metía a uno en la cabeza que el hecho de estar limitado físicamente, no quería decir que se fuera incapaz; que uno tenía la capacidad para seguir adelante y luchar por el cubrimiento de las necesidades básicas, sin esperar que éstas fuesen satisfechas por arte de magia. Nos infundía mucha fuerza, trabajaba a la par con nosotros y había que demostrarle lo que se podía. Para mí, ella le dio un arranque a la discapacidad. Desafortunadamente falleció. Nosotros nos sentimos desamparados y, no obstante, seguimos trabajando.

Algunos de nosotros nos logramos ubicar laboralmente gracias a la ley, a pesar de que el trabajo era un área muy cerrada para las personas con discapacidad. Ella alcanzó a ver nuestros primeros avances y nos ayudó a ingresar a las empresas. Algunos dejamos de ser una carga para los demás y comenzamos a hacernos cargo de nuestro futuro. En mi caso, logré esa independencia gracias a que pude trabajar con Colsubsidio. Una de las luchas que ella tenía era la combinación entre la vida deportiva y la laboral. A veces era una tarea difícil, pero en muchos casos se logró.

Mientras Valerie tenía plena convicción de que el deporte era el mejor rehabilitador, yo era muy inquieta y quería tener mi independencia como persona con limitación física y como ser humano. Me integré además a actividades de trabajo en Abylimpic con buenos resultados, obteniendo medalla de oro compitiendo con personas sin discapacidad. Seguí en el deporte por mi cuenta, con el apoyo de los entrenadores que estaban trabajando con las personas con discapacidad. Me fui integrando a los grupos de diferentes departamentos y también pude conocer extranjeros.

Mi lucha comenzó en Bogotá en atletismo. Tuve la posibilidad de participar en unos Juegos Nacionales en 1990 en Bucaramanga y en unos Juegos Distritales en Bogotá. Estaba en el movimiento de las competencias. Estuve además en Caracas en los Juegos Panamericanos y en unos Juegos Mundiales en Stoke Mandeville. A esos juegos también asistió Marcos Suárez y otros atletas; algunos de ellos se fueron a buscar mejor futuro a Estados Unidos.

Pude seguir en mi proceso llegando a los Juegos Paralímpicos de Barcelona 1992, en las pruebas de 50 m, 100 m y 200 m en natación, en estilos libre y espalda. En atletismo hice 100 m, 200 m y 400 m. Habíamos sido seleccionados por marca en la respectiva prueba. Había personas de diferentes discapacidades; por eso, cada uno iba con su grupo de modalidad y discapacidad. Así nos agrupamos según los deportes.

Cada que íbamos a viajar, mis papás me hacían la advertencia de que tuviera cuidado en el aeropuerto y que no recibiera nada a nadie. Como hemos tenido mala fama como país, algunas veces tuvimos que pasar por las revisiones de antinarcóticos. Nos revisaban las sillas para ver si llevábamos algo, cuando a duras penas uno se puede sentar en la silla. Afortunadamente no eran más que episodios del momento. En las competencias a veces recibíamos algunos comentarios por la misma mala fama, pero eso nos daba más fuerza para competir y demostrarles que éramos fuertes en el deporte.

Mi mayor logro, gracias a Dios, es que me rehabilité. Después de eso fui campeona mundial en 25 m, 50 m y 100 m en natación, con récord en las dos primeras. También fui campeona panamericana, haciendo récords en los dos casos y tercer lugar en Juegos Paralímpicos en 25 m y 50 m en atletismo. En ese tiempo la clasificación era diferente a la forma en la que se hacen las clasificaciones funcionales ahora.

Cada experiencia para mí fue algo extremadamente especial y hermoso. Uno no imagina que se pueda llegar tan lejos, conocer mundo, culturas o aprender de ello. Eso me ayudó a madurar a nivel personal y social. Fui creciendo, valorándome más como persona, como alguien capaz. Tanto los títulos deportivos fueron increíbles, como los aprendizajes logrados.

En mi trabajo estuve en contacto con personas amputadas, a quienes sus prótesis no les permitían hacer algunos movimientos. En Estados Unidos vi unas prótesis muy livianas y de mayor tecnología. Así que cuando llegué a Colombia, compartí con mis compañeros lo que había visto. También les expresé que sería muy interesante si ellos pudieran tener acceso a ese tipo de prótesis, ya fuera con la Fundación CIREC, ORMUNDIAL o FUTURO, que eran las que proveían las prótesis en ese entonces.

En total, estuve compitiendo entre ocho y diez años. Yo quería ser profesional y estaba andando entre tres campos: el deportivo, el estudiantil y el laboral. En 1998 me retiré de la vida deportiva para dedicarme a mi estudio y a mejorar mi formación, pues en Colsubsidio me exigían mayor capacitación. Por ello estudié Administración y Farmacología.

Mi sueño es que se vea a las personas con discapacidad y, en especial, a los atletas como merecedores de admiración, del apoyo y reconocimiento del trabajo. Solo así tendremos un país realmente para todos.

Octavio Londoño Giraldo

Hijo de Esther Giraldo Arbeláez de Londoño y Octavio Londoño Ocampo, nací en la ciudad de Manizales, el diez de octubre de 1961 — según el registro civil. Sin embargo, mi madre dice que yo nací el cinco de octubre, pero el registro legal se hizo el diez. En esa ciudad realicé todos mis estudios básicos y en el año 1979 me gradué como bachiller en el Instituto Universitario de Caldas.

El 19 de mayo de 1980 ingresé a la Escuela de Cadetes de Policía "General Francisco de Paula Santander", haciendo curso para oficial de la Policía Nacional. Allí estuve dos años, egresando el 14 de mayo de 1982 con el grado de subteniente. Fui asignado al departamento de policía de Norte de Santander, donde trabajé por tres años.

En 1985 regresé a la Escuela con el objetivo de hacer el curso de teniente efectivo, el cual tuvo una duración de cinco meses. Fui trasladado a una compañía antinarcóticos, asignación que había sido dada a los cuatro primeros puestos del curso. Esta especialidad en la policía era relativamente joven.

Inicialmente fui asignado para trabajar en la ciudad de Bogotá en la sede de la Dirección General de la Policía Nacional en la oficina de la Dirección de Antinarcóticos, pero solicité al director que me trasladara a una unidad operativa. Entonces fui designado al departamento de policía del Cauca. En ese momento el orden público estaba bastante alterado en esta región del país. No obstante, cumplí mis labores hasta enero de 1986, época en la que ocurrió mi lesión mientras me desplazaba en un vehículo para hacer un reconocimiento de las áreas en las que se operaba con compañías uniformadas y a los que posteriormente trasladaríamos tropas.

Yo realizaba doble labor, de civil y uniformado. Había tenido una especialización en inteligencia, por lo que hacía estudios previos de manera encubierta a zonas donde posteriormente trasladaríamos tropas. Estos estudios buscaban minimizar riesgos en cuanto a desplazamientos, puntos críticos y toda la logística necesaria para estar en terreno durante algunas semanas. Eran zonas con nula presencia del Estado y con gran influencia de grupos al margen de la ley. Nuestra misión, llamada Plan Langosta, era la de destruir cultivos de coca.

Ya había realizado varias operaciones de ese tipo. El viernes diez de enero de 1986, a menos de una hora de llegar a la ciudad de Popayán y cumplir mi misión de inteligencia, desplazándonos por la vía Panamericana el vehículo sufrió un volcamiento. La verdad es que nunca supe si fue un accidente o un atentado, todo sucedió en fracción de segundo. Aparentemente, el carro quedó destruido. Yo iba de copiloto y el vehículo me expulsó por el aire. Me fracturé la columna vertebral por el golpe, dejándome como resultado una paraplejia por seccionamiento de la médula espinal. Se destruyeron las vértebras T12 y L1 de mi columna vertebral dejándome una paraplejia. Todo sucedió ya entrada la noche.

Recibí los primeros auxilios en la ciudad de Popayán. Quedé en un estado entre la conciencia y la inconciencia, no podía identificar qué sucedía. Me trasladaron al hospital, me dieron un dictamen que no podía entender y me informaron que me debían trasladar de urgencia a la ciudad de Bogotá.

Tuve que esperar prácticamente toda la noche en una camilla en la enfermería del comando de la policía en Popayán, hasta que a primera hora del siguiente día, desde Bogotá enviaron una avioneta de la policía que me trasladó al aeropuerto Guaymaral. Ingresé en el Hospital Militar Central, donde estuve hospitalizado alrededor de cuatro meses.

Una de las primeras visitas que recibí a nivel institucional fue la del Coronel Teodoro Ricaurte Campo Gómez, acompañado por el director de la DEA en Colombia, señor Joe Toft, pues mi especialidad trabajaba mucho de la mano con esa organización.

Mi familia vivía en la ciudad de Manizales. Sólo una hermana vivía en Bogotá porque había ingresado a la Policía como auxiliar de servicios. Mi mamá viajó para estar pendiente de todo mi tratamiento y hacer el acompañamiento del proceso durante los meses que estuve en el Hospital Militar. Recibí toda la atención necesaria, incluyendo cirugías y terapias. Hacia el mes de abril de ese año salí para cumplir con un tratamiento ambulatorio de terapias.

Para mí todo ese proceso fue muy difícil. Mi sueño al ingresar a la policía era llegar a ser general de la república. Para eso estudié y me preparé. Llegué a una especialidad por haber sido el segundo mejor estudiante del curso de ascenso a teniente efectivo y, prácticamente, la vida había recompensado mi esfuerzo con una paraplejia. En ese momento no lo podía entender ni aceptar.

En el Hospital Militar conocí muchos casos como resultado del prolongado conflicto en nuestro país. Personas que incluso tenían lesiones peores que la mía. En la primera semana no podía sentarme, tuvieron que operarme para lograrlo. Las barras que debían implantarme no estaban disponibles en Colombia. Las obtuve gracias a que la DEA las envió en un avión que venía para la embajada, de manera que tuve que esperar alrededor de ocho días para ser operado y estabilizado a nivel vertebral.

Como la cirugía representaba un riesgo alto, el director de antinarcóticos habló con mi madre diciéndole que tuviera mucha fe. Le dijo que yo era una persona muy fuerte y que, además, tenía el antecedente de haber sido deportista. A mí me gustaba mucho el ciclismo y lo practiqué con regularidad. Adicionalmente tenía hábitos de vida muy saludables. Salí muy bien de la cirugía y posteriormente del hospital.

Al comienzo era difícil por la movilidad. Siempre se requería un servicio de taxi, porque no había posibilidad de uso de otro tipo de transporte público. Duré alrededor de ocho meses en terapia. En un momento me encontré a Emeterio Betancourt, un suboficial de policía que había adquirido una cuadriplejia y me conocía previamente. Me invitó a hacer parte de FRAPON. La verdad es que yo no le ponía atención a esas invitaciones, aunque seguía en contacto con él.

El año 1987 estuvo mediado entre la terminación de mis terapias, el inicio del proceso de definición de mi estado institucional — para el cual era necesario cursar una serie de juntas médicas de salud laboral — y el reencuentro con una señorita que había conocido desde la niñez. En noviembre de ese año se convirtió en mi esposa.

En el proceso de definición de mi situación laboral en la policía, le pedí al General José Guillermo Medina Sánchez que me enviara a una comisión de estudios. Yo no quería que me pensionaran y sentía que aún le podía aportar mucho a la institución dada mi especialización en inteligencia. Ahí vino el primer golpe que recibí, porque me pensionaron y, después de pensionado, respondieron negativamente a mi proposición debido a que no estaba en servicio activo. Para mí fue chocante porque yo había hecho la solicitud antes de ser pensionado.

En el año 1990 acepté la invitación que me había hecho el policía Betancourt. En una asamblea de FRAPON resulté siendo vicepresidente de esa organización. En ese momento la organización aún no contaba con la participación de ningún oficial en sus directivas. Fue electo como presidente José de Jesús Lizarazo, una persona con bastante liderazgo, que se ganó mi total admiración, respeto y aprecio por todas sus acciones y su entrega a la noble causa de los policías con discapacidad en Colombia.

Para ganar mi independencia económica monté una panadería. Inicialmente fue con un socio, con quien fracasamos en el intento. Luego con mi esposa, mi hermano Leonel y el apoyo de mi madre logramos sacar adelante la panadería y, paralelamente, me otorgaron una beca en Ingeniería de Sistemas en la Universidad Católica. Sin embargo, después de pasar por el proceso de traslados y de asignaciones de aulas, decidí retirarme ya que la accesibilidad era inexistente.

En 2001 retomé aulas en la Escuela de Administración de Negocios, centro de formación superior donde me validaron parte de mis estudios previos. Cursé hasta octavo semestre de Administración de Empresas. No me gradué por causa de mi cambio de prioridades.

Entré en el movimiento paralímpico en el mes de abril. Aunque no preciso el día exacto, sé que fue en una asamblea de FEDESIR en abril del año 93. En ese entonces fungía como vicepresidente de la Fraternidad de Policías con

Discapacidad FRAPON y una de mis funciones era la de coordinar la parte deportiva. FRAPON es una organización de policías con discapacidad, que cuenta con un objetivo muy amplio. Dentro de sus principales objetivos estaba el deporte. De hecho, FRAPON surgió como un club deportivo en el año 1980.

Como encargado de deportes asistí a una asamblea de FEDESIR, llevada a cabo en Bogotá en el antiguo hotel Hilton. En ese momento había cambio de directivas, ya que había finalizado el periodo estatutario. Y así fue mi entrada al movimiento.

Me acuerdo mucho de Valerie Townsend. Ella asistió a la asamblea como delegada del club ASCOPAR, organización que también fue pionera en Colombia en la gestión y reivindicación de los derechos de las personas con discapacidad. Recuerdo también un club llamado COOLFICALI, representado por el señor Wilfrido Bolaños. Lamentablemente, estas dos personas ya no nos acompañan.

De Bogotá estaba el señor Luis Urrego. Entiendo que fue deportista, uno de los pioneros en los inicios de FEDESIR y representaba un club de los pensionados de los seguros sociales. También estaba presente en esta asamblea un club llamado MILASIR, que su sigla significa Militares en Silla de Ruedas y Asociados. Había también unos clubes del departamento de Boyacá. Por Antioquia estaba el club ANDESIR — el cual era muy tradicional allá —, representado por una señora llamada Alba Rocío Morales, quien aún vive, pero se encuentra desvinculada del movimiento.

Igual que como se hace ahora, en ese momento se eligieron los miembros, pero no los cargos. El señor Néstor Hernández fue elegido en esta asamblea, quien se encontraba entregando su periodo estatutario al ser presidente de la federación en el periodo 89-93. Adicionalmente fue elegido el señor Baudilio Nemojón, quien también venía de la junta directiva anterior. Asimismo, la señora Aloma Forero y este servidor.

Internamente fui elegido vicepresidente de la federación, cargo que ejercí hasta octubre cuando se convocó a una nueva asamblea, debido a la renuncia de tres miembros y la necesidad de elegir los reemplazos. Después fui elegido presidente para el periodo que quedaba del año 93 hasta el año 97.

Hablando de este primer año, puedo decir que se movió en situaciones de "crisis". El que, en menos de un año — entre abril y octubre —, se hubiera desintegrado la junta directiva fue una muestra de que no hubo cohesión en el equipo de trabajo. Se presentaron problemas con el reconocimiento deportivo de FEDESIR, que es lo que tienen generalmente las instituciones. Algunos conflictos existentes salieron a flote en la asamblea de elección. La federación es un organismo nacional; sin embargo, había cierto recelo, muy común por demás, ya que se percibía que las acciones se concentran solo en los clubes capitalinos, que para entonces eran seis: ASCOPAR, BOGOTA, FUNDESIR, FRAPON, PENSISS, MILASIR. Los conflictos se fueron superando y la federación finalmente organizó su equipo hasta el mes de octubre, eligiendo su junta directiva.

Como venía de ser el vicepresidente de la Fraternidad de Policías con Discapacidad, logré una especie de alianza entre las dos entidades para realizar unos juegos nacionales de mayor alcance a los que ya se venían realizando. Finalmente, se convocaron unos juegos para policías con discapacidad, pero abiertos para todo el que quisiera competir.

A pesar de que la federación estaba enfocada en los atletas en sillas de ruedas, hubo participación, por primera vez, de personas ciegas haciendo exhibiciones de fútbol para ciegos y otras disciplinas. Lo más importante en ese momento fue la consolidación del acuerdo que permitió que los juegos para policías con discapacidad fueran abiertos para los demás clubes. Estos encontraron allí un espacio de participación muy grande para competir.

Los juegos se empezaron a realizar en la Escuela de Cadetes de Policía General Santander de la Policía Nacional. Ese centro de formación de las Fuerzas Armadas es templo del deporte. Se sabe que desde que uno ingresa, la actividad deportiva es parte de la vida diaria. Se hacen juegos internos, inter-compañías, inter-escuelas de fuerzas, Juegos Suramericanos de Cadetes y hay incluso Juegos Mundiales de Cadetes.

Para estos juegos, la Escuela facilitó la piscina, la pista de atletismo, el coliseo para jugar baloncesto y el polígono para realizar tiro. Allí se realizaron varias disciplinas con bastante participación. Por ejemplo, el entrenador Orlando Duarte Camacho nos había manifestado que en Santander había un joven que había quedado parapléjico y que era un excelente nadador. Así es como en estos Juegos hace su primera participación Moisés Fuentes García, o al menos aparece en la escena nacional. Eso fue nuestro abrebocas.

Realizar los juegos de FRAPON fue un gran avance, puesto que dio pie a la aparición de varias figuras y fortaleció el proceso de la creación de la Ley del Deporte, que tomó varios años en concretarse.

El director de COLDEPORTES era el señor Miguel Ángel Bermúdez. Él, como muchos directores en su momento, planteó como una de sus principales metas la conformación de la Ley del Deporte, a pesar de que existía un decreto del año 1984. Nosotros habíamos tratado de involucrarnos en esos cambios para que, como federación, tuviéramos el reconocimiento del organismo deportivo. Aunque se tenía dicho reconocimiento, también era evidente la discriminación y, sobre todo, la falta de aceptación en el seno de COLDEPORTES o en la perspectiva competitiva de colectivos de otras discapacidades. Realizar los juegos de FRAPON fue un gran avance que dio pie a la aparición de varias figuras y fortaleció el proceso de la creación de la ley, lo que se tomaría varios años.

En ese tiempo el deporte bandera era el baloncesto en silla de ruedas, dado que la federación se dirigía a los deportes en silla de ruedas, no para discapacidad física. Desde esa perspectiva, era un poco excluyente. Además, las personas se acercaban más con la perspectiva de practicar baloncesto.

Cuando se fundó la federación en 1978, fue integrada por los clubes PADESAN de Bucaramanga, departamento de Santander, Nuevos Horizontes de Cali y otros. En todos estos clubes se practicaba el baloncesto en silla de ruedas, aunque había unos cuantos atletas de otros deportes. Es el caso de Néstor Hernández, quien tuvo participación y fue campeón mundial en los juegos de Stoke Mandeville, y de Armando Roldan, un arquero que participó en los Juegos Paralímpicos de Seúl (1988).

Pero, en definitiva, lo que más se veía eran clubes de baloncesto en silla de ruedas. Había clubes en Cali, Boyacá, Cartagena, Bogotá, Antioquia, Santa Marta... en fin. En ese momento se podrían contar entre diez y doce clubes. que era lo que tenía la federación. Tradicionalmente se celebraba en Cali, a final de año, un torneo nacional de baloncesto en silla de ruedas. El evento, bajo la organización del club COOLFICALI en cabeza del señor Wilfrido Bolaños, contaba con el apoyo del Fondo Mixto para la Promoción del Deporte. Esto se logró con el apoyo del señor Apolinar Salcedo, un señor ciego que llegó a ser alcalde de Cali. Ellos manejaban una oficina que había creado la alcaldía para la atención de personas con discapacidad.

Una de las primeras actividades relevantes fue un Congreso de Baloncesto en Silla de Ruedas, para superar las falencias que identificamos. Comenzamos a advertir en los diferentes torneos que los directivos eran los mismos deportistas. Además de la necesidad de vincular personas, requeríamos jueces porque, los que llegaban, lo hacían a última hora y sin los conocimientos necesarios. Eran los mismos deportistas los que les enseñaban las reglas específicas aplicadas a la modalidad en silla de ruedas. En detalles como este se veía la debilidad del sistema.

Igualmente observamos que los clubes participaban sin apoyo económico. Los jugadores eran los que — a través de bonos, rifas o "vacas" — recolectaban los fondos para poder pagar los gastos. Muchas veces viajaban en condiciones poco cómodas, con dificultades para alojarse y teniendo que pagar las cuotas de inscripción. Todo porque el respaldo que existía en ese momento para el deporte para personas con discapacidad era mínimo o nulo a nivel nacional, regional y local.

Percibíamos que esto no era justo porque, en primer lugar, era un derecho que estaba consagrado en el artículo 52 de la constitución de 1991. Segundo, porque no era sano para una organización que los deportistas fueran multifacéticos y asumieran tanto, impidiendo un verdadero desarrollo.

En su momento también lo vi como una talanquera para el presidente del mismo sector, ya que muchos líderes de estos clubes se sentían también organizando su equipo y "manejando el sistema". Quizá lo veían más fácil así que el gestionar recursos ante el estado. Se escuchaba ese discurso de "es que el estado no nos apoya".

A lo mejor el estado sí tenía grandes fallas, pero también había una falla al interior de nuestras organizaciones. No abríamos el espacio para que estas crecieran no sólo en el número de deportistas, sino que, como lo establecen los estatutos de todos los clubes, debería haber equipos administrativos, médicos, técnicos, de jueces, etc.

Como directivo, fue la primera frustración que tuve. Pensé en ese momento que los clubes iban a motivar a muchas personas de sus colegios de jueces, árbitros y otros; no obstante, la participación fue mínima, debido a que la respuesta de las personas era "pero para qué, si nosotros ya sabemos eso".

Yo no veía ni justo ni correcto que un juez, que iba a llevar la justicia en un partido, no supiera el reglamento. Sumado a eso, las orientaciones las obtenían por instrucciones recibidas a última hora por los mismos deportistas, en lugar de hacerlo con un aval institucional.

Fue frustrante ver cómo el sector se rehusaba a la formación. Era muy desmotivante darme cuenta de que la mayoría de la participación fue externa y no de nuestro sector. Aun así, se logró hacer estas capacitaciones en la sede de Coldeportes. Fueron dictadas por el capacitador argentino Jorge Alfonso Bestilleiro, quien hoy por hoy hace parte del staff de capacitación de jueces en la Federación Internacional de Baloncesto. Igualmente participó la médico uruguaya Cristina Rais, quien aún se encuentra vinculada al sistema.

De ese grupo que tomó el curso salió un árbitro llamado Hernán Melgarejo, que no sé si sigue vinculado a la Federación de Baloncesto. Para nosotros fue muy importante vincular un árbitro del baloncesto profesional, avalado por una federación, que empezaba a capacitarse en el sistema.

Otro asunto que tuve que enfrentar en el primer año fue la organización de los Juegos Panamericanos de Deportes en Silla de Ruedas. Antes de que llegara este comité, Bogotá se había postulado para su realización. Estos juegos se venían realizando desde hacía alrededor de 20 años y la versión anterior había sido en el año 90.

A pesar de que la postulación se había hecho para la capital, fueron trasladados posteriormente a Pereira. En diciembre de 1993 hubo una reunión urgente en Rio de Janeiro, que convocó la Federación Panamericana de Deportes en Silla de Ruedas - FEPAN. Debo confesar que yo fui a esa reunión, pero llevaba apenas dos meses de presidente de la federación, así que aún no entendía muchas cosas acerca del sistema. Colombia fue invitada a la reunión, para explicar la situación de la organización de los Juegos.

Para que fuese aprobada la asignación de estos juegos hubo visitas de la FEPAN a Bogotá, para evaluar los escenarios y todos los detalles requeridos para ser la sede de un evento de este alcance. Pasó todas las pruebas satisfactoriamente. Sin embargo, según informaciones suministradas por el señor Eusebio Ramírez — quien era en ese momento presidente de la FEPAN— la organización local dejó de responder a las comunicaciones emitidas por dicha federación. Ante el silencio, la preocupación empezó a ser latente ya que, como es costumbre para estos eventos, se hacen seguimientos tanto presenciales como escritos.

Presa de la preocupación, la FEPAN recibe una nueva comunicación desde Colombia informando que los juegos se realizarían en Pereira. La FEPAN responde con una nueva visita, pero viendo el asunto con no muy buenos ojos, ya que el cambio de sede se dio después de tres años de hacerle seguimiento a Bogotá y, además, sin consulta alguna. Los anfitriones de esta visita fueron los señores José Uriel Hurtado Manrique, Jorge Raga, y los dignatarios de FEDESIR. Las gestiones se habían realizado con la señora Ana Milena Muñoz de Gaviria, primera dama de la nación, quien se comprometió a ser la madrina de los juegos.

Dadas las circunstancias, propuse que los juegos fueran postergados para el año 95. Previo al viaje a Rio, me reuní con los asesores de la señora Ana Milena de Gaviria, ya que habíamos sido citados para conocer el estado de los avances de los juegos.

La organización de Stoke Mandeville, que era la encargada de cobijar a la FEPAN y, por ende, la que tomaba las decisiones, había determinado en el mes de agosto retirarle la sede a Colombia para estos juegos. Se los otorgaron a Argentina, concretamente a la ciudad de Buenos Aires.

Teniendo en cuenta que allí se realizarían los Juegos Panamericanos en el año 95, Argentina hizo la solicitud de aplazamiento y no realizarlos en el año 94 — como estaban programados —, sino que fuesen pospuestos un año más.

Por esto llegué a Colombia con mucha tranquilidad, pues nosotros no fuimos quienes renunciamos a los juegos. La organización cabeza del evento fue quien nos retiró. De esa manera, ya no debíamos preocuparnos por la organización de los Juegos; ahora estaríamos concentrados en garantizar la participación de nuestros atletas en cuanto fuera posible.

En 1994 se realizaron en Arauca las Primeras Olimpiadas Sin Límite, como resultado de una serie de eventos que abonaron el camino para llegar a su creación. En 1992 se realizó una visita a Arauca, siendo presidente de FEDESIR el señor Néstor Hernández. Allí había un concejal usuario de silla de ruedas, que estaba impulsando la causa por la discapacidad. Entonces impulsaron una demostración en deportes. Así fue como ellos impulsaron estas olimpiadas a través de FEDESIR. Además, se planteó institucionalizar el evento, de tal forma que fuese realizado cada año. A su vez, esta llevó demostraciones de deportes con unos equipos de baloncesto. El objetivo era motivar a las personas con discapacidad y compartir el conocimiento acerca de las posibilidades deportivas para esta población. En ese momento, la desinformación era muy amplia en muchas partes del país.

Dados los avances previos y los compromisos adquiridos, viajé a Arauca para conversar con el concejal y el alcalde de la ciudad. Ellos se comprometieron a darle impulso a la realización de los Juegos, incluyendo no sólo baloncesto sino agregando natación y atletismo.

Debido a las condiciones de infraestructura de la ciudad, no era fácil la realización de un evento netamente competitivo. Su carácter era más de exhibición. La disciplina realmente competitiva fue el baloncesto, ya que se contaba con un coliseo y en ese momento era lo más estructurado que tenía el movimiento.

De atletismo se hicieron unas pruebas de calle. De natación se realizaron algunas actividades en un centro recreacional. El compromiso con el alcalde era que él apoyaría el evento para su realización en 1994. Entre otras cosas, logramos que INRAVISIÓN transmitiera los Juegos por televisión pública.

Durante los eventos, los escenarios deportivos estuvieron llenos. La final se dio entre un club de Cali y uno de Antioquia. Para ese entonces ya había jugadores colombianos jugando en los Estados Unidos. Había un jugador, William Giraldo, quien hacía con mucha facilidad cestas de tres puntos y otro llamado John Darío Rendón.

Los rumores en su momento eran que, tras la realización de los Juegos Panamericanos en Silla de Ruedas en Mayagüez, Puerto Rico, muchos jugadores empezaron a ver oportunidades para migrar. Hay quienes dicen que algunos se fueron de ilegales para poder jugar en equipos en Estados Unidos, ya que las condiciones en Colombia no eran favorables para ellos. A partir de esto, muchos de ellos se hicieron ciudadanos estadounidenses. Luego vinieron y jugaron con sus clubes acá.

Este evento es especial, porque se estableció por primera vez una bolsa de premios, pues este concejal motivó al alcalde para conseguir recursos económicos. Así, los jugadores tendrían una premiación con un estímulo adicional a los diplomas, medallas y trofeos.

El alcalde ofreció dos millones y medio de pesos para el primer puesto y un millón y medio para el segundo en la competencia de baloncesto. Esto fue una grata sorpresa para los atletas, dado que ese tipo de estímulos no se habían recibido nunca. La final estuvo muy emocionante e incluso se dividió la audiencia, apoyando la mitad a un equipo y la otra mitad al otro usando bandas, barras y demás.

Anteriormente, en el año 1984, el gobierno del presidente Belisario Betancourt emitió un decreto que sería reformado ampliamente con la ley del deporte que se estaba trabajando en ese año, tras una década de análisis alrededor de las necesidades del deporte. A FEDESIR se le concedió la oportunidad de participar en su construcción, siendo invitado a una mesa de trabajo abordando lo que se entendía como una ley marco que iba a modificar en su totalidad el deporte recreativo y competitivo. Toda la normatividad del deporte colombiano se iba a cambiar y, por supuesto, lo que tenía que ver con el deporte asociado también.

De ese ejercicio recuerdo los foros convocando diferentes congresistas. Ellos presentaban sus propuestas y se hablaba de un modo ideal, de manera que veíamos esto como una realidad. Valorábamos lograr estar inmersos en este ambiente de acuerdo con las referencias que se tenían a nivel mundial, pues ya existía un Comité Paralímpico Internacional, además de los comités en diversas partes del mundo y federaciones internacionales por discapacidad.

Nuestra pretensión era que las diferentes ligas pudieran existir. Muchos clubes tenían apoyo a nivel municipal, varios de ellos con bastantes dificultades. En muchos departamentos le asignaban los apoyos a las ligas; sin embargo, los organismos de discapacidad no contaban con ligas, debido a que la normatividad no lo permitía. Entonces, básicamente ese año iniciamos con ese trabajo.

En ese mismo año, fue destituido el director de Coldeportes, el señor Miguel Ángel Bermúdez. Lo sucedió el señor Luis Alfonso Muñoz Aguirre, que venía de ser el vicepresidente del Comité Olímpico Colombiano. Lógicamente él heredó la responsabilidad de llevar a cabo la reforma de la ley, que ya estaba bien avanzada. Nosotros dialogamos en ese año 94 con el nuevo director de Coldeportes.

Para varias de las ideas que planteamos, le pedimos ayuda a Jairo Clopatofsky desde su labor en el Congreso. Él consideró como un triunfo el hecho de que hubiéramos quedado referenciados en el artículo 24 de la ley 181, que crearía el Sistema Nacional del Deporte (SND). Por el contrario, para nosotros no significó exactamente un triunfo ya que, en dicho artículo, quedó referenciado que "los organismos pertenecientes al SND fomentarán la práctica del deporte, la recreación y el aprovechamiento del tiempo libre para las personas con limitaciones físicas, mentales y sensoriales, orientándolas a su rehabilitación e integración social".

Nosotros veíamos que la asignación de fomento hacía prácticamente desaparecer la competencia, centrando nuestro deporte hacia la rehabilitación y la integración social. Si bien es cierto que esos fueron los orígenes de nuestro deporte, para nosotros ya era claro que trascendía a la competencia y el alto rendimiento. En ese año le dimos prioridad a nuestra participación en la elaboración de la ley, pero no lo hicimos sólo a nombre de FEDESIR, sino que pensamos en representar a todas las discapacidades en dicho proceso.

Además de nuestra participación en la construcción de la ley, nosotros continuamos con nuestro calendario deportivo con los Juegos Nacionales de FRAPON, algunas capacitaciones y competencias regionales.

Hacia 1995, cuando finalmente se expide la ley en el artículo 89, el Congreso le dio facultades al gobierno por un lapso de seis meses para expedir un decreto con fuerza de ley que reglamentara el deporte asociado. Esto, en términos prácticos, es que el Congreso le da facultades de legislar al gobierno y, aunque dicha norma no pasa por el Congreso, es como una ley cualquiera. El decreto mencionado fue el conocido decreto 1228 en el cual, entre otras, se creó la Federación Paraolímpica Colombiana. Asimismo, dio plazo de un año para que las federaciones deportivas se anexaran a esta federación y, en general, que los organismos deportivos se ajustaran a la nueva ley.

En ese mismo año, el director de Coldeportes convocó a una reunión con todas las federaciones, en el salón de la Constitución de Coldeportes. Así se dio inicio de año deportivo. Fue una reunión muy amigable y nos informaron que:

- La reglamentación del decreto se haría de manera concertada con todos los organismos deportivos.

- Se iba a hacer una mesa de trabajo con las federaciones, COC y Coldeportes.
- Todo el procedimiento sería transparente.
- Debíamos inscribirnos en su despacho.

Tras inscribir a nuestra federación, me llevé la sorpresa de que a la reunión habíamos asistido solamente cinco federaciones de aproximadamente 45 en esa época. Prácticamente todas estaban ausentes, siendo ésta la única reunión realizada por Coldeportes.

El director fue muy protocolario. Habló en términos políticos de los apoyos que tenía para esa norma, refiriéndose a congresistas y demás. Solicitó que las siguientes reuniones se hicieran en el COC. Básicamente, nos indicó que teníamos la posibilidad de seguir deliberando allí, con las instrucciones precisas de Coldeportes. Fue así como la entidad se desentendió de la elaboración de esa ley y delegó la responsabilidad al COC.

El presidente del COC era el señor Andrés Botero Phillipsbourne y el secretario general era el señor Alberto Ferrer Vargas. Con ellos empezaron las reuniones programadas para los lunes. Eventualmente la asistencia fue disminuyendo, así que empezamos a deliberar no más de cinco federaciones. Recuerdo que tuvimos dos o tres reuniones más antes de ser suspendidas, pues Colombia estaba organizando los Primeros Juegos del Océano Pacífico.

Esta situación fue muy preocupante para mí. Yo pensaba que no tenía la experiencia suficiente para moverme en el ámbito del sistema deportivo y sentía que el tiempo estaba corriendo. Nosotros nos sentimos desafiados por parte del señor Ferrer, pues él creía que las reuniones desaparecerían porque las federaciones no atenderían al llamado.

FEDESIR continuó con su compromiso junto con la federación de judo. No obstante, el avance no fue significativo en las pocas reuniones realizadas. De igual forma no estaba claro por qué, si el Congreso le había dado la facultad al gobierno, esto no era tratado por Coldeportes sino por el COC, un organismo asociado ajeno al gobierno.

Terminados los Juegos, volví al siguiente lunes, pues suponía que las reuniones se iban a reanudar. Sin embargo, me comunicaron que ya no habría más reuniones y que, de aquí en adelante, el proceso lo seguiría la oficina de Control, Inspección y Vigilancia de Coldeportes. Me plantearon que hablara con la señora Miriam Gutiérrez Pulido, quien era la jefe del área.

Mi preocupación se acrecentó al ver que habían pasado unos tres o cuatro meses y, prácticamente, no habíamos avanzado nada. De todas maneras, hablé con ella. Le dije cuáles eran nuestros planteamientos. Expresé por primera vez lo que queríamos: un comité paralímpico, como existía en muchas estructuras del mundo, y federaciones por discapacidad, como existían a nivel internacional.

Ella me dijo una frase que me quedó muy grabada. Dijo:

— *"Ustedes se quieren poner a la altura del Comité Olímpico Colombiano".*

A lo cual le respondí:

— *"Doctora, ¿y cuál es el problema? ¿No estamos en un país en el cual existe igualdad de acuerdo con la constitución? ¿No hay un derecho constitucional al deporte, la recreación y el aprovechamiento del tiempo libre para todos los colombianos sin distinción de raza, sexo, condición filosófica y demás? Este mismo sistema ya lo hay en otros países del mundo; es decir, yo no le veo problema".*

Por supuesto, me inquietó mucho más que una funcionaria pública nos diera a entender que estábamos pretendiendo un imposible.

Dadas las circunstancias, hicimos escritos que radicamos y el tema siguió avanzando. Coldeportes convocó a una reunión antes de que fuera publicado el decreto, a la que fueron invitados los directores de institutos departamentales de deportes[3] y el COC. Sin embargo, las federaciones no fueron convocadas.

---

[3] Cabe señalar que antes de la ley 181, el deporte era descentralizado y dependía de un instituto que, a su vez, dependía de Coldeportes.

Recuerdo que había estado en contacto con el director de la Junta de Deportes de Bogotá, el señor Santiago Aristizábal Arango. Él fue una especie de mediador, porque iba a estar en esa reunión. Le pedimos que llevara las intenciones y propuestas nuestras, pues las había presentado en todos lados y hecho todo el proceso, pero, básicamente, no nos querían escuchar. Él se comprometió con nosotros a hacer esa gestión.

Cuando nos encontramos de nuevo, nos dijo que había muchos celos del COC. Por esta razón se veía un panorama muy difícil, ya que el COC veía como una amenaza la creación de un comité paralelo. En realidad, ese proceso se dio de la misma manera en muchos países. Por eso percibimos que ya la suerte estaba echada y el panorama era poco esperanzador.

Finalmente, el 18 de julio el señor Hernando Ayala me informa que el decreto 1228 ya había sido sancionado y me pregunta: *"¿qué opina de la federación paralímpica?"*. Al no saber nada, respondí: *"¿de qué federación me está hablando?"*. Entonces, él me invita a leer el decreto y me dice que, en el artículo 13, lo establecía.

Para nosotros no era más que un esperpento. En primer lugar, el gobierno no crea las federaciones, las reconoce. El artículo 13 de ese decreto decía: "Créese la Federación Paralímpica Colombiana como ente de derecho privado conformada por personas con limitaciones físicas, sensoriales o mentales".

En ese momento se cambia nuestra intención por la del Estado, que pretendía convertir a FEDESIR en una sola federación que agrupara a todas las discapacidades. En términos sencillos, se percibía como que se estaba dando acceso al deporte, pero como uno más — yendo incluso en contravía de los lineamientos internacionales que en ese momento regían. Básicamente, esa fue la herramienta que nos proveyó el Estado para poder continuar en la actividad deportiva.

Yo vi eso como una oportunidad de unirnos con las demás organizaciones que se habían acercado a nosotros, pero que no tenían reconocimiento por parte de Coldeportes. Intenté hacerle ver a ADELIVICOL y FECOLDES que, si ellos antes sentían que nosotros estábamos en la cama y ellos en el suelo, en ese momento todos estábamos en el suelo. Con la nueva norma, a FEDESIR le querían dar sepultura ya que, a través del nacimiento de la Federación Paralímpica, perdíamos vida legal.

Entre otros ajustes, se requería pasar de ser una federación constituida por clubes a estar integrada por ligas. De por sí, eso ya era un gran desafío. Yo creí que FEDESIR iba a sobrevivir solo un año más. Para adaptarnos al nuevo decreto contábamos con un año para hacer todas las reformas necesarias. Eso conllevó una lucha incansable.

En cuanto a ese aspecto, puedo resaltar la labor de Luis Urrego, quien fue el encargado de sacar adelante la creación de la Liga de Bogotá. De allí nace el proceso que culmina en el año 2000 con la sanción de la ley que creó al Comité Paralímpico Colombiano.

Adicionalmente, continuamos con el proceso requerido para la preparación de los juegos de Atlanta, que serían en agosto del año siguiente. Asimismo, empezó la transición para pasar a los nuevos institutos de deporte. Con esto veíamos de nuevo una dificultad, ya que en el caso de Bogotá existían dos entes: el Instituto Distrital de Recreación y Deporte IDRD y la Junta de Deporte — de donde era el señor Santiago Aristizábal.

Ellos debieron fusionarse como entidades, quedando sólo el IDRD. Ahí aumentó nuestra sensación de desamparo, porque con ello perdimos la sede que nos había asignado la Junta Administradora. El coliseo El Campín quedó en manos de un particular que nos solicitaba colaborar con los gastos del lugar. Era difícil el acceso, dado que el coliseo fue arrendado a entidades religiosas que ocupaban ampliamente el lugar. Eso nos impedía usar nuestra sede.

A partir de ello, y para evitar inconvenientes, tuve la necesidad de buscar una oficina en otro lugar. Al coliseo íbamos solamente a recoger la correspondencia, pues mucha llegaba allí. Así logramos sobrevivir como entidad.

Recibí la invitación de la Federación de Automovilismo, quienes organizaron una reunión de las federaciones que estábamos constituidas por clubes. Tenían la idea de plantear una acción conjunta ante el Estado. Era curioso, pues en ese momento ya habíamos sido citados por Coldeportes a una reunión de conciliación. Citaron federación por federación y nos informaron que la única entidad con dificultades era la nuestra. Mas, al llegar a esa reunión, me encontré con que éramos varios y que, además, eran muchas las dificultades que planteaba la ley.

Para cerrar el año participamos en los Juegos Panamericanos de Silla de Ruedas, que eran otro referente histórico a nivel internacional. A pesar de todas las dificultades para su realización, se llevaron a cabo en Mar del Plata, Argentina, bajo la dirección y organización del profesor José Luis Campo. Nuestra participación fue pequeña y, por ende, tuvimos dificultades para la clasificación a Atlanta.

En 1996 Coldeportes convocó a una reunión de inicio de año. Fuimos invitados, ya que aún estábamos vigentes debido al periodo de gracia del decreto 1228. A las federaciones nos comunicaron que recibiríamos en un sobre el dinero asignado para cada una como presupuesto del año.

La señora Miriam Gutiérrez de Pulido, jefe de la oficina de Vigilancia y Control, junto con el señor Guillermo Lombana, director del área técnica, empezaron a distribuir los sobres. Llamaron a las demás federaciones menos a FEDESIR. Terminada la reunión, me acerqué a ellos y le dije a la señora Miriam que nosotros no habíamos recibido nada. Ella no me respondió, sino que llamó al señor Guillermo y le dijo "Paralímpica". Eso me desconcertó por completo.

Al preguntarle a qué se refería, ella me manifiesta que el recurso había sido asignado a la Federación Paralímpica FP. ¡Para mí eso fue el desamparo total! La Federación Paralímpica aun no existía y, pese a eso, le asignaron un presupuesto considerable sin estar constituida legalmente. Nosotros, de otra parte, estando legalmente constituidos nos quedamos con las manos vacías.

Esto lo interpreté como una presión para que nos acogiéramos a sus intenciones. Mi posición era que "si el estado la creó, pues que se haga cargo de ella". Para mí era, además de injusto, un atropello que me invitaran a una reunión para planificar cómo FEDESIR se transformaba para ser constituida por ligas y que estaban haciendo lo necesario para liquidar a FEDESIR.

El senador Jairo Clopatofsky fue entrevistado por Miguel Gómez, quien le preguntó acerca del deporte paralímpico. Él presentó los datos que le había dado Coldeportes: se destinaron cien millones de pesos para los deportistas paralímpicos. Este mismo periodista me llamó para hacerme una entrevista y me preguntó por la asignación presupuestal. Yo respondí que eso había sido asignado a la Federación Paralímpica – pero esta no existía - y que no sabía absolutamente nada más.

Gracias a ello, empecé a ser contactado por atletas de diferentes discapacidades y deportes —de los que incluso desconocía su existencia —, para consultar por asignación presupuestal para sus necesidades deportivas. Mi respuesta siempre fue la misma: "nosotros no conocemos la tal Federación Paraolímpica. Donde le dieron esa información, pida el contacto".

Por otro lado, agradecí al periodista que me hubiera hecho la entrevista tanto en mi apartamento como en mi carro. Así se evitaban especulaciones insinuando que había malversado los fondos que jamás había recibido. A hoy, no sé si mi actitud fue soberbia o arrogante, pero me parecía indignante que nos siguieran maltratando como población.

Continuamos nuestro proceso para Atlanta con las uñas y todo el corazón, porque presupuesto no habíamos recibido. Teníamos claro que era casi imposible recibir presupuesto del Estado. Diego Barragán Correa fue nombrado nuevo director de Coldeportes, así que empecé a escribirle sobre el apoyo para Atlanta, aclarando que aún estábamos habilitados para firmar contratos.

Normalmente, de una u otra forma, me respondían con la frase desafiante de "usted no tiene senador". Al parecer querían decir que yo necesitaba una "palanca" política para lograr un mejor trato.

Para mí, el norte seguía siendo Atlanta. Ver cómo se comunicaban con nosotros desde mucho tiempo atrás, la organización tan fuerte alrededor, el esquema tan preciso, me parecía una escuela maravillosa para poder lograr mejores resultados en nuestro país. Así que en carta dirigida al señor Barragán solicité su respuesta acerca del apoyo institucional para la participación en los Juegos de Atlanta. Para ese entonces, el secretario general era el señor Gabriel Jaimes Cardona, quien amablemente nos ayudó a mantener un canal de comunicación con el director.

Finalmente obtuvimos respuesta. Nos dijeron que esperarían a que se terminaran los Juegos Nacionales en Santander y los Juegos Olímpicos de Atlanta para coordinar una reunión y "ver cómo les podemos colaborar". Ante esta respuesta, sentí que era una forma de burla a nuestros derechos.

De ahí tomamos fuerza con las organizaciones de sordos — en cabeza del señor Rubén Darío Cachotis — y de ciegos — en cabeza del señor Dean Lermen —, para organizarnos en un frente más amplio que nos diera mejor presencia ante Coldeportes. En conversaciones con ellos y el señor Jesús Adolfo Martínez Clavijo, presidente de ADELIVICOL, les propuse que hiciéramos una toma pacífica en Coldeportes, ya que es un escenario público.

La idea era ingresar no solo las personas en silla de ruedas, sino que vieran a más personas con diversas discapacidades. El señor Cachotis asistiría a la reunión, los demás lo esperaríamos abajo y él debería avisar que nosotros le estábamos esperando en la recepción, para que fuera a atendernos. Adicionalmente invité a Andrés Botero, periodista de El Tiempo, y a Hernando Ayala, periodista del programa El Grand Prix del Deporte.

Cuando el director bajó y vio toda esa cantidad de gente con discapacidad, se asustó. Su reacción fue devolverse a su oficina. Finalmente regresó ante mi llamado, no teniendo más remedio que hablar conmigo, entre otras cosas, porque hasta la prensa se había desplazado al punto de encuentro.

El señor Barragán solicitó que la prensa se quedara afuera para atendernos en el salón de La Constitución. Así fue. Los periodistas se quedaron fuera del salón y nos esperaron hasta que finalizamos la reunión. El director pidió que le acompañara la abogada Virginia Cool, funcionaria del área jurídica.

Sin dejar de ser respetuosos, los diferentes directivos de las entidades manifestaron que nosotros hablábamos de derechos y no de limosnas. Acordamos realizar una nueva reunión con los directivos de las tres entidades. Cabe resaltar que, en esa reunión, el señor Barragán cambió totalmente. Nos escuchó y se comprometió a ayudarnos. Dio la orden de girar 30 millones de pesos para la participación en Atlanta. Sin embargo, esas no eran las únicas necesidades. Había dos competencias que también requerían cubrimiento, una para la población visual en Brasil y otra para la población sorda en los Juegos Panamericanos de Sordos. Además, el presupuesto que proponía no era suficiente para cubrir los costos de los Juegos de Atlanta.

Tomé la decisión de direccionar los recursos para las personas sordas, ya que el evento del que hablaban los visuales era un hecho cumplido, haciendo difícil la legalización de los dineros. Además, Coldeportes giró los dineros a FEDESIR sin especificar qué monto estaba destinado para qué evento. Ya que no había esa claridad, se requirió hacer gestión con una agencia de viajes para los tiquetes de los Juegos Panamericanos de Sordos.

Adicionalmente, de esa reunión surgió el compromiso por parte del director de Coldeportes, de revisar la Ley 181 y hacer los ajustes necesarios para el cumplimiento de los derechos de nuestros sectores. Nos sentimos muy bien, pues logramos un buen acuerdo y entendimiento con el director, al tiempo que logramos cohesión y sinergia entre los sectores de deportistas con discapacidad. Eso, sin duda alguna, nos hacía sentir fortalecidos.

La dicha no nos duró mucho. Tan pronto llegó de Atlanta, el señor Diego Barragán fue destituido del cargo debido a los bajos resultados en los Juegos.

Igualmente, la prensa cuestionó el que, en la inauguración, los directivos estuvieron muy elegantes, mientras que los atletas no se veían tan bien. Infortunadamente, tomaron esto como punto de lanza para decidir su destitución, aunque también se comentó mucho que, en realidad, era una movida política.

En el mes de diciembre de 1996, Coldeportes, bajo dirección del Dr. Ignacio Pombo Villar, hizo una gran reunión en Girardot con los organismos del deporte asociado y público. Las Juntas Administradoras de Deporte fueron convocadas que, con la ley, habían perdido vigencia y se encontraban en transición de traspaso a los departamentos. Y, por otro lado, convocó al COC y a las federaciones de los diferentes deportes. Curiosamente, a pesar de que FEDESIR no existía jurídicamente ante Coldeportes, fuimos invitados a esta reunión.

Llegó 1997 y la Federación Paralímpica no existía, aunque ya había pasado el tiempo estipulado por el decreto para su constitución. Coldeportes continuaba llamándonos a reuniones, a pesar de que algunas personas decían que éramos una federación pirata.

Para nosotros lo importante durante este periodo era mantenernos activos como federación. Y eso solo se lograría si nuestros atletas también permanecían activos. De esa manera, decidimos hacer los Juegos Nacionales de FRAPON y organizar un Congreso de Deporte Paralímpico y Rehabilitación en el Club Militar de Oficiales, con ponentes de altísimo nivel. De igual manera, seguiríamos haciendo torneos y diferentes competencias.

Yo tenía claro que FEDESIR no debía desaparecer. Primero, porque era inconstitucional que no nos permitieran seguir existiendo desde el principio del derecho a la libre asociación. Y segundo, teníamos toda una historia y un recorrido que no podíamos dejar echar por la borda. Adicionalmente, no quería que se perdiera el proceso conexión con las otras organizaciones de las otras discapacidades logrado hasta el momento.

Cumplido el periodo estatutario, en el mes de abril se realizó la asamblea general de FEDESIR. Para el abogado Guillermo Gómez, quien en su momento era funcionario del IDRD, esta asamblea era ilegal de acuerdo con lo que manifestaba Coldeportes. Yo le dije que estábamos amparados por el derecho constitucional a la libre asociación, teníamos una personería jurídica que había dado el Ministerio de Justicia y que en el momento la tenía validada la Alcaldía Mayor de Bogotá. Además, teníamos una afiliación a la Federación Internacional de Deportes en Silla de Ruedas Stoke Mandeville. Y, finalmente, la causal para que se acabara la federación era por voluntad de los clubes, así que en realidad era decisión de ellos.

Después de todo esto, se desarrolló la asamblea en la cual fui reelegido para hacer parte de la junta directiva. Posteriormente, en reunión del comité ejecutivo, fui reelecto como presidente. Así comenzó el segundo reto: la ley para la constitución del Comité Paralímpico Nacional. La señora Virginia Cool nos dio el impulso que necesitábamos al decirnos que si queríamos cambios reales, tendríamos que ir al Congreso para cambiar la ley.

Cuando empecé a tramitar la inscripción de los nuevos dignatarios en la Alcaldía Mayor de Bogotá, me enteré de que hacía más de un año, prácticamente desde que salió la Ley 181, todos los archivos de las federaciones habían sido remitidos a Coldeportes mediante un oficio. Coldeportes nunca nos comunicó nada al respecto. Básicamente, ellos asumieron que al surgir la Federación Paralímpica, nosotros teníamos que desaparecer.

Les informamos que la asamblea había manifestado su voluntad de seguir adelante. Sin embargo, nos indicaron que no podíamos hacerlo, porque la única posibilidad para que FEDESIR existiera era que cambiara el objeto de la institución. FEDESIR no solo manejaba el tema deportivo, sino que tenía el interés de trabajar aspectos de recreación, formación de talento humano, entre otros, que no necesariamente le competían a un organismo del deporte asociado. Por lo tanto, la propuesta de Coldeportes no era viable.

Podría decirse que dicha aclaración fue el prerrequisito para recibir un documento que certificara que la Federación existía. Así pudimos iniciar trámites de inscripción ante la Cámara de Comercio de Bogotá, entidad encargada de todas las instituciones cuyo objeto fuera diferente al deporte.

La situación era compleja. Coldeportes y nosotros acordamos que ellos nos entregarían el documento de certificación de existencia de FEDESIR, con un nuevo objeto — como nos estaban exigiendo — para que pudiéramos seguir en funcionamiento.

Con gran sorpresa vimos su contradicción al expedir dicho documento. En él, nuestro objeto era el mismo que se encontraba en los estatutos que reposaban en su archivo. Es decir, no hubo ningún cambio y seguíamos teniendo un objeto deportivo.

En el mes de agosto participamos en los Juegos Mundiales de Stoke Mandeville. Colombia llevaba varios años sin participar y bastante tiempo sin pagar la afiliación a esta organización, la cual era bastante costosa, por cierto, ya que el costo se pagaba en libras esterlinas.

A pesar de todas las adversidades legales, tomamos la decisión de participar haciendo las gestiones pertinentes. Realizamos propuestas de pago y nos pusimos al día con esa federación. En esa edición de los Juegos, el atleta Moisés Fuentes García (de Santander) participó por primera vez a nivel internacional. Junto a él asistieron tres nadadores más: Marcos Omar Suárez (de Boyacá), Angela Guluma (de Huila) y Nubia Suta (de Bogotá).

A este evento asistimos sin ningún apoyo del Estado pese a que íbamos representando al país. De todas maneras, se hizo un acto de entrega de bandera en las instalaciones del COC. Coldeportes hizo presencia por medio del señor Juan Francisco Castañeda, quien era el responsable del deporte asociado.

Para estar en los Juegos, le conseguimos apoyo a Moisés Fuentes a través de American Airlines; a Nubia Suta la patrocinó Coca Cola; a Ángela Guluma la patrocinaron en su departamento al igual que Marcos Omar Suárez.

La pugna entre Coldeportes y FEDESIR continuó. La entidad estatal argumentaba que nosotros no podíamos seguir representando al país en ninguna competencia internacional. En ese momento recordamos la reunión con otras federaciones, en la cual planteamos que nadie nos podía quitar el derecho como colombianos de representar al país donde quiera que nos presentáramos. Para salir del país solo requeríamos un pasaporte y el presupuesto para hacer la respectiva actuación.

Participamos en los Juegos y en la asamblea de la Federación de Stoke Mandeville. Allí la discusión se centró en el cambio de nombre de la federación, debido a que algunos países europeos argumentaban que no era bueno que la relacionaran con el nombre de un hospital. Había otro grupo que argumentaba que eso era como desconocer la historia y los orígenes de la federación. Al final, la federación mantuvo su nombre.

Ya que dentro de nuestro programa teníamos la realización del Seminario de Deporte Paralímpico y Rehabilitación, invitamos al señor Ronald Royet -de Canadá -, presidente de la Federación Internacional de Deportes en Silla de Ruedas Stoke Mandeville. También invitamos: al señor Juan Palau (España), presidente de la Federación Internacional de Deportes con Discapacidad Física ISOD; la señora Gloria Aravena, miembro de la junta directiva de la Federación Panamericana de Deportes en Silla de Ruedas; y dos personas más de organizaciones de deporte para personas con discapacidad, provenientes de los Estados Unidos.

De igual forma, realizamos el trámite para la asistencia del señor Robert Stewart, presidente del IPC y, aunque su presencia no fue posible, participó enviando su conferencia por video. Llevamos a cabo este evento en el mes de septiembre. En el mismo mes se desarrollaron los Juegos de FRAPON, con una inauguración en el estadio Nemesio Camacho El Campín.

En esta edición los realizamos en las instalaciones deportivas de Bogotá y de nuevo tuvimos una alta cifra de deportistas en competencia. Otro dato curioso es que obtuvimos la cofinanciación de Coldeportes, por medio de su área de recreación y mediante un convenio que hizo directamente FRAPON.

En el marco de este evento, nuestra intención era continuar abriéndonos a las otras discapacidades. Así fue como se logró la asistencia de los dignatarios anteriormente mencionados. Ellos vinieron por intermedio de la oficina de cooperación internacional de Coldeportes. Lamentablemente, para este punto no habíamos logrado los contactos con los encargados de la discapacidad intelectual y de parálisis cerebral.

El director de Coldeportes quería tener una reunión con las personas que venían desde España. Nosotros facilitamos dicha reunión a la cual, entre otras, invitamos a la FP obteniendo una negativa de parte de ellos. De todas formas, la reunión se realizó en Coldeportes después de que el señor Pombo había publicado en el periódico El Espectador su informe de gestión. A esta asistieron Fabio Parra (exciclista y funcionario en el área técnica de Coldeportes), el señor Eudoro Granada en representación de los limitados visuales, el director Ignacio Pombo, la funcionaria de relaciones internacionales y estuvo este servidor.

En el momento de mi intervención, le hice saber al director que en su informe de gestión —publicado en el periódico— no aparecía por ninguna parte sus acciones en torno al deporte paralímpico. No sabemos si fue un acto de descortesía. Nosotros estábamos inconformes con las acciones adelantadas por el Estado, ya que, básicamente, en ese informe se evidenciaba que nosotros no existíamos.

Durante el desarrollo de este mismo evento me reuní con Carlos Sánchez, Néstor Hernández y Raúl Salazar. El objetivo era generar algún tipo de impacto desde la misma población con discapacidad. Había en nuestro conglomerado un sinnúmero de profesionales que podrían apoyar a la misma población con discapacidad, permitiendo mayor equilibrio.

El eje principal era un proyecto político que nos permitiera adelantar acciones que promovieran el beneficio de todas las personas con discapacidad a nivel nacional. En primera instancia surgió Colombia Sin Límites, que buscaba aglutinar personas en función del servicio y que, además, pudiera catapultarnos a instancias políticas para influir en el poder legislativo. Incluso pensábamos en lo importante que sería llegar a incidir en el poder ejecutivo y así llegar a soluciones frente a la problemática de la población con discapacidad.

Después de establecida la propuesta, abrimos una oficina proporcionada por Néstor Hernández. Él ya había sido funcionario público por largo tiempo y ahora tenía intenciones de presentarse como candidato a la Cámara de Representantes. Así surgiría un primer movimiento para permanecer en el tiempo; es decir, que se consolidara como un movimiento político a nivel nacional.

Para estos fines se estableció una cuota económica voluntaria y también se hicieron algunas donaciones en activos fijos. Conjuntamente se empezó un cruce de bases de datos, a fin de articular la información.

Ese ejercicio me permitió conocer más a fondo a un hermano de Carlos Sánchez, Eduardo José Sánchez, quien trabajaba para un político, el señor José Ignacio Bermúdez Sánchez —a quien nunca pude conocer—, que venía de ser diputado de Cundinamarca y se estaba candidatizando a la Cámara de Representantes. Eduardo facilitó el encuentro entre los dos candidatos que pretendían llegar a la Cámara por dos territorios diferentes, pero alineándose por una causa común: la discapacidad.

Néstor Hernández logró un alto número de votos, aunque no alcanzó para llegar a la Cámara. Aun cuando la idea era continuar, con esta derrota prácticamente murió el proyecto.

Finalmente, hay un nuevo acercamiento con Coldeportes. Aun cuando no hay una relación jurídica con ellos, seguimos trabajando. Podríamos decir que nos habíamos vuelto "un mal necesario".

El señor Ignacio Pombo Billar, director de Coldeportes, me solicita una asesoría en calidad de voluntario en el área del deporte paralímpico, teniendo en cuenta mi membresía y conocimiento desde FEDESIR. Parecía que estaban "encartados" con el modelo que habían creado, pues había pasado un tiempo considerable y aún no lo implementaban.

Entre tanto, FEDESIR seguía haciendo sus eventos y actividades con los deportistas. Básicamente nos negábamos a desaparecer. Teniendo en cuenta que en ese momento la relación con la asociación de deportistas ciegos y con la federación de sordos estaba muy fuerte, decidimos — de común acuerdo — aceptar la solicitud y apoyar la creación de la famosa Federación Paralímpica.

Aceptamos, pero con la condición de buscar la forma de acabarla. El mensaje fue claro. Como ese era el único mecanismo que tenía Coldeportes para apoyar a nuestros deportistas y el cordón umbilical con el Estado, apoyábamos la idea. *"Pero vamos a trabajar también para acabar con ese esperpento"* fueron nuestras palabras.

Al ser claros en ese aspecto con las funcionarias del área jurídica de Coldeportes, iniciamos el proceso creando un comité profederación aceptado por Coldeportes. A la cabeza de este comité estaban FEDESIR, ADELIVICOL y FECOLDES. Fundamos la federación en ese mismo año y cuando llegamos de Stoke Mandeville, ya estaba convocada la asamblea de constitución.

Se citó dicha asamblea para realizarse en el INSOR y así no perder la costumbre. De la nada, aparece un señor Orlando Ariza, exdirector del INDEPORTES Santander. Estaba muy preocupado porque esperaba un vehículo y yo mismo le presté mi celular, sin saber el tipo de maniobra que se estaba gestando. En ese vehículo venían unos líderes de su departamento, quienes lograron quorum para la elección y conformación de la Federación Paralímpica. Así se llevaron la entidad a Santander y dejaron nuestro proceso por fuera.

En palabras de Olga Saenz: "uno mismo se prestó, porque les prestó hasta el celular". Claro, obviamente sin saber. Como quiera que sea, nunca entendimos cuál fue su motivación para ejecutar ese golpe. Como resultado, los sectores se empezaron a dividir de nuevo.

FEDESIR seguía siendo pirata, pero seguía trabajando. Entre tanto, desde Santander, la Federación Paralímpica empezó a realizar proyectos con Coldeportes y a plantear sus propuestas. Así lograron un recurso económico, del cual desconozco el monto. Lo interesante es que, para el momento de la transferencia, el calendario deportivo estaba prácticamente cerrado.

En su momento también se dio una reunión con el director Pombo. Él nos solicitó no intervenir más en el asunto respectivo a la ley, pues él iba a presentar una reforma. Nos quería persuadir para que no hiciéramos ningún movimiento. Nos comentaba que él conocía cómo se movía el Congreso. Nos explicaba que no era la época propicia para presentar la reforma, porque estaba terminando año y el periodo legislativo. Por esta razón argumentó que Coldeportes presentaría el proyecto de reforma a la ley en la siguiente legislatura. Finalmente, nos convencieron. Nosotros dejamos de lado las acciones pertinentes para la creación de la ley y ellos no adelantaron ningún proyecto de reforma a la ley.

A nivel internacional, nosotros estábamos haciendo las veces de Comité Paralímpico Nacional. Después de Seúl 1988, el Comité Paralímpico Internacional decidió acoger a las organizaciones de deporte en silla de ruedas de los países que no contaran con comité paralímpico. De esta manera, participamos en acciones importantes para el desarrollo del deporte paralímpico a nivel de las Américas. Por ello fuimos convocados a la asamblea constitutiva del Comité Paralímpico de las Américas (APC) en Atlanta, en agosto de ese año.

La convocatoria nos tomó por sorpresa, pues veníamos de participar en los Juegos de Stoke Mandeville en ese mes. La invitación llegó al apartado aéreo de ASCOPAR, quienes nos apoyaban en la recepción de correo. Quedaba poco tiempo para la citación. Reconocíamos la importancia de asistir, por lo que dialogamos con el señor Dean Lermen, quien lideraba el proceso del deporte para ciegos. Además, había logrado el apoyo de IBSA para ser parte de IBSA América, ya que eran muchas las organizaciones de atletas ciegos que no estaban cobijadas por las organizaciones deportivas nacionales.

Acordamos que enviaríamos un delegado de cada organización. Ellos enviarían al presidente de ADELIVICOL, el señor Edgar Rico. Nosotros enviaríamos a Jesús María Sánchez, quien tiene una historia muy particular sobre su participación.

Justo después de adquirir su cuadriplejia en un accidente en Islandia, él se acercó a mí en el Coliseo el Campín. Él fue ingeniero de vuelo de la Fuerza

Aérea de los Estados Unidos. Aunque nació en la ciudad de Cali, se fue desde muy joven a ese país y se enlistó como militar. Curiosamente, cuando nos conocimos, él no se presentó para pedir nada. Por el contrario, quería ofrecer su voluntariado desde su condición de ciudadano estadounidense. Se ofreció para gestionar lo que fuese necesario en los Estados Unido y a nivel internacional.

Además de contribuir con todo su trabajo, tenía la disposición de asumir los gastos económicos en el caso de requerir traslados o solucionar una necesidad en la gestión de alguna causa. Teniendo esto presente, consideramos que él era la persona indicada para que nos representara en esa asamblea. Jesús María normalmente necesitaba una persona que le asistiera, debido al nivel reducido de su movilidad. Así que la propuesta fue que él fuera los ojos del señor Edgar Rico y, a su vez, este fuera las manos de Jesús María. Asimismo, sería su intérprete, pues no hablaba inglés.

Para la presidencia se presentaron tres candidatos. Esa asamblea fue un poco extraña, porque no aprobaron estatutos ni hicieron mayor avance en la estructuración de la organización. Simplemente se realizó el nombramiento de un presidente para constituir un comité y avanzar, debido a que era el único continente que no tenía comité regional constituido. José Luis Campo lideró esta labor de constitución. Él provenía de liderar la Federación Panamericana de Deportes para Personas con Parálisis Cerebral y, además, se postuló a la presidencia. Los otros postulados fueron: el señor Donald Royet de Canadá, quien había sido presidente de la Federación Internacional de Stoke Mandeville; la señora Gloria Navena de Chile y el señor Alberto Bravo Agudo de Argentina, quien tenía limitación visual. José Luis y Gloria no tenían ninguna discapacidad.

Finalmente, la candidata chilena retiró su postulación. Yo le di la autonomía a Jesús María para que diera su voto de acuerdo con su criterio. Al no sentirse identificado con ninguno de los candidatos, él votó en blanco. El señor Edgar Rico se disgustó un poco, pero esa era la responsabilidad de ellos dos y así se dio.

En la asamblea se manifestaron dos formas de división. Una, por sectores de discapacidad y la otra, por regiones — algo que permitió expresar el sentimiento de abandono que sentía América Latina de parte del bloque norteamericano, evidente en la baja participación de este último en las actividades promovidas por América Latina.

Para FEDESIR quedaba un evento que había impulsado el concejal Javier Araque, quien promovió entre sus clubes y otras organizaciones una carrera en el marco del Aguinaldo Boyacense. A esta actividad fui invitado, no obstante, allí apareció el presidente de la FP adjudicándolo como su primer evento.

La carrera estuvo acompañada por la entrega de sudaderas y otros elementos por parte de la FP, algo sorpresivo para nosotros. Posteriormente entendimos que se trataba de una acción que pretendía gastar el recurso recibido por parte de Coldeportes. Dadas esas circunstancias, se suscitaron disensiones con los diversos sectores por cuestiones económicas. Por todo lo anterior, el inicio de la FP estuvo marcado por diferencias.

Es importante resaltar que no hubiese sido posible mantener activa la federación sin el apoyo de la Policía Nacional. Ellos nos dieron precios asequibles para el uso de sus instalaciones, facilitaron las instalaciones deportivas y brindaron el apoyo logístico a través del voluntariado de sus auxiliares bachilleres. Esa alianza nos permitió la realización de eventos a nivel regional y los dos eventos nacionales.

Para 1998, hubo una serie de acciones encaminadas a reiniciar nuestra idea de presentar un proyecto de ley que permitiera la formación del Comité Paralímpico Colombiano. De esa manera, enfocamos nuestra energía en ello en lugar de las actividades. Igual, seguíamos haciendo todo lo posible porque nuestros atletas se mantuvieran activos. En consecuencia, los Juegos Nacionales de FRAPON desaparecieron y también se dio la dualidad programática de FEDESIR con la de la FP.

Dice el dicho popular que "lo que mal comienza, mal termina". Ese fue el destino de la FP. Sus dignatarios renunciaron y el presidente me contactó para informarme que quería salir de la organización. Por ello, requería de mi intermediación con el sector de los limitados visuales debido a que lo habían demandado jurídicamente. No intervine porque este percance no era de mi competencia.

En resumidas cuentas, lo que hubo fue un retraso del plan inicial. Oscar Javier Cortés Cristancho asumió las riendas del proceso de la FP. Con su llegada, se retomó el plan inicial y se generó una nueva cohesión entre los sectores. Él estaba totalmente identificado con nosotros, tanto así que llegó con nosotros al proceso de creación de la ley.

Continuamos con las actividades deportivas, impulsadas en gran manera por los clubes mismos. Incluso algunos clubes ya habían institucionalizado sus campeonatos de baloncesto de silla de ruedas.

Tuvimos la oportunidad de participar en la feria del deporte EXPOSPORT, en donde tuvimos stands y exhibiciones de nuestros deportes. Esto nos reafirmó que nuestro enfoque era a largo plazo. Consideramos que, si seguíamos centrados en nuestras actividades orgánicas, no íbamos a llegar muy lejos, ni siquiera podríamos funcionar. Entonces, nos dedicamos a los trámites requeridos para la presentación del proyecto de ley que garantizaría la supervivencia de FEDESIR. Además, permitiría un desarrollo real y subsanar — por la vía legal — el gran error de Coldeportes con la creación de la Federación Paralímpica Colombiana en el decreto 1228.

Aunque en las elecciones legislativas no obtuvimos la representación directa, seguimos en contacto con el señor José Ignacio Bermúdez, quien sí logró llegar a la Cámara de Representantes. El señor Bermúdez delegó a Eduardo Sánchez y a Álvaro Fajardo para contactarse con nosotros y así nos pusiéramos a trabajar en la reforma de la ley. Las conversaciones las teníamos normalmente con Eduardo. Por su parte, Álvaro se encargaba de darle el modelamiento jurídico, para evitar que la reforma de la ley pereciera en el Congreso.

Inicialmente, hablamos respecto a la creación del Comité Paralímpico Colombiano, las federaciones por discapacidad y, en resumen, el sistema como se visualizaba a nivel internacional. A partir de esto, nos surgieron dos inquietudes: si había unos juegos paralelos a los Juegos Olímpicos, ¿por qué, si nosotros contamos con unos Juegos Nacionales, no tenemos unos juegos representativos de nuestros deportes? ¿Estos Juegos representativos podrían realizarse de forma paralela a los Juegos Nacionales?

El propósito era salir del esquema de la rehabilitación, planteada en la ley colombiana del momento, para trascender al sistema de competencia y alta competencia que nos exponía el panorama internacional. Adicionalmente, buscábamos incidir en la formulación de la política pública de cobertura hacia la población con discapacidad, desde el rol de asesores en el área del deporte, la recreación y el aprovechamiento del tiempo libre. También se planteó la creación de los Juegos Paralímpicos Nacionales.

Para redactar una ley, hay una serie de aspectos para tener en cuenta, como la exposición de motivos, redacción de la norma, ajustes pertinentes y los planteamientos básicos de la norma. Este trabajo requería de una dedicación de tiempo completo, así que empecé a desarrollarlo desde mi casa, porque la federación no contaba con el soporte jurídico para operar. Mi misión era sacar adelante la norma que reviviría a FEDESIR jurídicamente y que le daría vida al sistema nacional del deporte paralímpico.

Tras la posesión del congresista Bermúdez en julio de 1998, tuvimos una reunión directamente con él, pues hasta el momento las reuniones se habían dado con sus asesores. En este encuentro él nos plantea que el trabajo va a ser duro por ser su primera vez en el Congreso y que deberíamos seguir trabajando, a sabiendas de que se movían muchos intereses en muchos partidos. Finalmente nos propone realizar trabajo en equipo, donde él sería nuestro coequipero en el Congreso y, a su vez, nosotros sus coequiperos en nuestro sector a nivel nacional.

El proceso fue muy abierto y participativo; prácticamente toda la gente hizo su aporte a este proyecto de ley. Sumado a lo anterior, procuramos fomentar la cohesión de toda la población con discapacidad del país, en aras de tener una fuerza suficiente para tener aceptación.

Otro evento importante en 1998 fue la reunión del Comité Paralímpico de las Américas, que se realizó en Mérida, México. Para ese momento, aún estábamos en el dilema de la existencia de la Federación Paralímpica y, por ende, no sabíamos quién debería asistir a dicha reunión.

Las directivas de esa entidad invitaron tanto FEDESIR como a la Federación Paralímpica, ya que ellos reconocían a las dos organizaciones como parte del sistema. Sin embargo, la FP no hizo presencia así que, de nuevo, se veía como una federación que actuaba, escribía, pero no hacía presencia real. Para ese entonces ya se empezaban a evidenciar sus dificultades a nivel interno.

En la asamblea se aprobaron los estatutos del Comité Paralímpico de las Américas (APC por su sigla en inglés) y se nombraron los demás dignatarios, pues el presidente se había elegido en Atlanta — que había sido José Luis Campo. Quedaba entonces por elegir al secretario y al director técnico.

En el siguiente año, 1999, continuamos con el trabajo direccionado hacia la ley, teniéndola como nuestra prioridad y proyección, ocupando la mayor parte de nuestro tiempo. La idea era presentarla en inicio del periodo legislativo en julio. Mientras tanto, buscamos que, desde las regiones, hubiera un buen impulso y los políticos apoyaran la ley en el momento de ser presentada.

Podría surgir el interrogante de por qué no nos apalancamos en Jairo Clopatofsky, siendo que él es parte de la población con discapacidad. Anteriormente le habíamos planteado esta necesidad; sin embargo, no hizo eco en él. Por esta razón, nos quedamos con quien había escuchado nuestra necesidad.

El congresista José Ignacio Bermúdez presentó el proyecto de ley ante la Cámara de Representantes, siendo él miembro de la comisión quinta. Una vez se presenta el proyecto, es enviado a la comisión séptima de la Cámara de Representantes. Allí fue designado como ponente el representante por el departamento de Risaralda, el congresista Germán Antonio Aguirre Muñoz. Y así comenzó el trámite.

Por nuestra parte empezamos un acercamiento sistemático a los representantes. Los líderes de la discapacidad, en cada uno de los departamentos, buscarían personas clave para aproximarnos mejor a la política. Y de esta forma, tendríamos comunicación directa con cada una de las personas que podrían influir en el establecimiento de la ley.

Llegamos al señor Saulo de Jesús Torres, un líder con baja visión. Además, era ajedrecista y representó al país en esa disciplina a nivel internacional. Él fue el contacto directo con el representante designado como ponente. A él llegamos a través del señor Óscar Saul Cortes Cristancho, un comunicador social con baja visión y líder. Él entendía nuestra necesidad y nos brindó un apoyo muy importante en el proceso.

Hecho el contacto con el representante, le hice una presentación rápida por vía telefónica. Coordinamos una reunión en Dosquebradas, Risaralda, ya que él era de esa ciudad y con frecuencia yo viajaba a la zona.

Inicié el encuentro indagando acerca de su opinión del proyecto de ley y su conocimiento previo del asunto. Seguidamente, le ofrecimos nuestra ayuda para el equipo de trabajo responsable de redactar la sustentación de la ponencia.

Previamente habíamos preparado material de apoyo, que incluía el material fílmico acumulado desde los Juegos en Atlanta y los videos pedagógicos de presentación del deporte, creados por el periodista Hernando Ayala.

Buscábamos su comprensión respecto a la parte competitiva; que no se trataba solo de un tema de rehabilitación, sino que había un marco de rendimiento deportivo y representatividad de la nación, con unos referentes históricos tanto nacionales como internacionales. Además, nos interesaba rebatir esa idea que había planteado en su momento Coldeportes, de que esto se trataba de deporte para enfermos.

Acordamos contactarnos con su equipo de trabajo por medio del representante que había presentado el proyecto. En efecto, le dimos los insumos y él presentó la ponencia en el periodo legislativo que empezaba en marzo y finalizaba en junio de 1999. El proyecto fue aprobado por la comisión séptima y él fue ratificado como ponente en la plenaria de la Cámara.

Al inicio en julio del periodo legislativo, continuábamos sosteniendo las reuniones tanto con el congresista José Ignacio Bermúdez, como con los líderes de las diferentes discapacidades y departamentos. Nuestra intención era mantener informados a los líderes y mantener su apoyo a través de los contactos con los políticos de sus regiones. Además, queríamos conservar su confianza en el proceso.

El presidente de la comisión séptima del senado era el congresista Edgar Perea Arias. El congresista José Ignacio se reunió con él y siendo él doliente del deporte, se interesó tanto por el proyecto que se auto designó ponente ante el Senado de la República.

En el mes de septiembre se presentó la ley. Previamente establecimos contacto y me reuní con Héctor Julio Castañeda, Óscar Raúl Cortés y otro Senador oriundo de Sevilla, Valle, llamado Luis Elmer Arenas Parra. A él lo conocí como líder desde FRAPON, ya que había sido miembro de las fuerzas armadas. En ese momento él era el segundo vicepresidente del Senado.

Le contamos que el proyecto ya había pasado el proceso en Cámara y que como ponente en el Senado estaría el congresista Edgar Perea Arias. Le dijimos que requeríamos de sus buenos oficios, para establecer contacto directo con este senador y realizar la misma labor que habíamos hecho con el ponente de la Cámara de Representantes.

Entre muchas cosas, nos comentó que se encontraba presidiendo las sesiones, ya que el presidente y el primer vicepresidente se encontraban fuera de las sesiones. Eso lo vimos como un punto a favor. Igualmente, se comprometió a ayudarnos a establecer el contacto directo con el senador Edgar Perea. Entonces, se retiró de la reunión y nos dijo que lo esperáramos unos minutos. Inmediatamente nos trajo al congresista Edgar Perea.

Nos sentamos con este senador a hablar del proyecto de ley. Nos escuchó, recibió el material de apoyo y nos preguntó sobre la opinión de Coldeportes de ese proyecto. Le respondí que el director, Diego Palacios, tenía conocimiento y manifestaba su beneplácito. También le ofrecimos apoyarlo desde las barras en el Congreso para la presentación del proyecto de ley en plenaria. Él aceptó nuestras sugerencias.

El senador Perea solicitó por escrito a Coldeportes su opinión sobre el proyecto de ley. En su respuesta, la entidad hizo observaciones a algunos artículos que consideraban que se debían corregir. Asimismo, objetaban el artículo de la creación de los Juegos Paralímpicos Nacionales, argumentando que el Estado no se debería comprometer a auspiciar ese tipo de juegos porque no había infraestructura para estos deportistas. El oficio de respuesta fue firmado por el subdirector técnico de Coldeportes, el señor William Roa Ruenes.

Quedamos muy impactados con la observación acerca de los Juegos. Nos reunimos nuevamente con el senador Perea, para mostrarle la importancia de estos Juegos tanto a nivel social, como en el desarrollo de infraestructura para personas con discapacidad. Le compartimos el impacto que los Juegos Paralímpicos han tenido en la ruptura de imaginarios sociales a favor de la población con discapacidad.

Con el aval tácito que le dio Coldeportes al no rechazar tajantemente el proyecto de ley, este fue transcrito y presentado tal cual como regresó de dicha entidad, a través de la publicación previa que se debe realizar en la Gaceta del Congreso antes de la presentación en plenaria.

En aras de ser equitativo, para la sesión de presentación el congresista Edgar Perea nos invitó a nosotros y también al director de Coldeportes. En la sesión, faltaba un senador para tener el quorum requerido. Entonces Carlos Sánchez llama al senador Juan Manuel Corso. Así se logró el quorum y se pudo debatir el proyecto de ley.

El senador Perea abre la sesión, poniendo como primer punto nuestro proyecto. Como es el ponente, le cede la presidencia al senador Francisco

Rojas Birry para comenzar "su turno al bate". El senador empezó manifestando su inconformidad por la inasistencia del director de Coldeportes para tratar un tema tan importante — aunque sí había representación de la entidad con la jefe de la oficina jurídica, la señora Miriam Gutiérrez de Pulido. Nosotros sentimos que eso iba a ser un punto en contra y nos causó temor cuando el senador Baracaldo Angarita interpeló, proponiendo reagendar la sesión para que pudiera contar con la presencia del director. El senador Perea tomó como ejemplo la presencia de todos nosotros y, con la intervención del senador Rojas Birry, se calmó el ambiente.

De esta manera inició la exposición de todo el proyecto con una presentación impecable. Tuvo tal acogida, que fue aprobado. Hubo comentarios muy alentadores de parte de algunos senadores que manifestaban que este proyecto debería ser una ley que sí se ejecutara, en lugar de ser una ley más que no se cumple. Para nosotros esto fue motivador, porque encontramos total respaldo de la mayoría de los senadores presentes en esa sesión.

Además de ser aprobado el proyecto de ley, fue ratificado como ponente el senador Edgar Perea Arias. El siguiente paso consistía en buscar el respaldo para asegurar que la ley, en su última fase, no fuera a caer.

Yo hice la gestión con el senador Elmer Arenas, quien era el segundo vicepresidente del Senado. Lo propio hizo Javier Araque con el senador Ciro Ramírez. Isidro de Jesús Mora hizo su parte con el senador Miguel Pinedo Vidal. De esta forma logramos que las cabezas del Senado estuvieran al tanto, para que ese proyecto pasara dentro de las plenarias de ese año y no quedara enredado para el periodo legislativo siguiente. Argumentamos que Colombia iría a los I Juegos Parapanamericanos de México, por lo que sería muy importante compartir la buena nueva a los países de América: Colombia aprobó la ley, lo que le dio la posibilidad de tener su propio Comité Paralímpico.

A pesar de que esa gestión sirvió de alguna manera, a la hora de viajar a México no había llegado a la plenaria nuestro proyecto de ley. De acuerdo con lo que me contó Carlos Sánchez, ese día el Congreso se reunió para hacer una moción al Ministro de Educación, Germán Bula Escobar. El reglamento del Congreso dice que no se pueden hacer dos tipos de sesión al tiempo; es decir que, no se puede hacer una moción y tratar proyectos de ley en la misma sesión.

Aun así, el senador Perea pidió el uso de la palabra. De forma jocosa, comenzó a hablar del proyecto de ley diciendo que *"como quiera que fuere, el proyecto de ley para mis amigos discapacitados fue aprobado en el Senado, siendo un proyecto deportivo y como veo un quorum tan lindo"*, intentando dar curso al proyecto de ley. Ese día, Perea fue tendencia en los noticieros del país. Como no le prestaron atención, dijo *"apruébenlo o niéguenlo"*, botó un vaso de agua que tenía en su mesa, se levantó de la silla y se fue.

El representante Bermúdez me comentó que, ante la reacción del senador Perea, algunos de los comentarios de los otros integrantes del Congreso eran "hundamos el proyecto del negro". Afortunadamente sirvió el trabajo de todos los líderes que se habían puesto en contacto con los representantes y senadores de sus regiones y, por ello, no tuvo eco esa iniciativa interna. Al día siguiente volvió a sesionar el Congreso. Fue en esa sesión en la que aprobaron el proyecto de ley y procedió a sanción presidencial.

Nosotros añadimos un artículo que decía "inclúyase al presidente del Comité Paralímpico Colombiano en la junta directiva de Coldeportes". Nos habían advertido que podían objetar el proyecto por ese artículo, ya que era inconstitucional. Las juntas directivas de los organismos públicos las define el Estado y el Comité no sería del Estado, sino un organismo privado. No obstante, nosotros nos arriesgamos. En efecto, por causa de ese artículo el proyecto fue rechazado por el equipo jurídico de Palacio. Lo devolvieron al Congreso para que pasara por conciliación, plenarias y aprobación. Para que ese artículo siguiera, se incluyó como "facúltese al presidente de la República para que incluya al presidente del Comité Paralímpico Colombiano en la junta directiva de Coldeportes". Finalmente, la ley fue sancionada en junio 8 del 2000.

Paralelamente en el APC se había impulsado, bajo el esfuerzo de José Luis Campo, los primeros Juegos Parapanamericanos como juegos multideportivos y para todas las discapacidades. Era un reto muy grande. La FP existía, pero estaba en abierta crisis, no tenía recursos e incluso algunos de sus dignatarios habían renunciado, además de no contar con membresía en el APC. Nosotros recibimos la invitación a participar en los juegos y lo que sí había era atletas y como siempre en estos procesos administrativos caóticos, ellos son los que salen damnificados.

FEDESIR seguía apoyando a los atletas aun cuando seguíamos sin ninguna posibilidad de gestionar dineros y la FP ya estaba en cuidados intensivos, de hecho. Logramos desarrollar un trabajo mancomunado entre el APC y FEDESIR, con el fin de conseguir la participación de nuestros atletas en esas justas tan importantes para el desarrollo del movimiento paralímpico de las Américas.

La situación se hacía difícil debido a la convocatoria de las diversas discapacidades. De físicos asistieron ocho atletas y una delegación de visuales. Estos primeros Juegos se hicieron con pago de inscripciones, hoteles y todo lo demás que representa el inicio de unos juegos que no hacen parte del cordón umbilical que posteriormente tendría con el IPC. La voluntad, compromiso, lucha y liderazgo de José Luis Campo y el apoyo de unas personas de México fueron esenciales.

A estas alturas volvimos al punto de los esfuerzos por fuera del cubrimiento estatal. Asistimos a este evento gracias a la gestión de FEDESIR y las ligas, así como la gestión de parte de los atletas ciegos y de baja visión. Nosotros recibimos apoyo de Coldeportes con ocho tiquetes aéreos; los visuales recibieron apoyo de IBSA y gestionaron con otras entidades para cubrir los gastos de sus atletas. Del lado de FEDESIR habíamos acordado con las ligas que nosotros nos encargaríamos de los tiquetes aéreos y ellos de las inscripciones y otros gastos.

Otro caso fue el del atleta Ramiro Bermúdez. Vivía en Estados Unidos, donde entrenaba atletismo. Me contactó porque requería del aval del país para poder participar en los Juegos, pero no necesitaba apoyo económico porque su club lo patrocinaba. Hernán Troncoso, desde el área técnica, realizó todas las evaluaciones pertinentes. Cumplía con todo lo que evaluábamos en el momento.

Por otro lado, la liga de Moisés Fuentes no le había ofrecido un apoyo contundente. Entonces yo hice los movimientos del recurso destinado para Ramiro, con el propósito de beneficiar a Moisés.

Así logramos tener la representación de los dos, sin que ninguno saliera perjudicado ni sobrecargado. En cuanto a nosotros, Hernán Troncoso, el médico Parra y yo pagamos de nuestro pecunio lo tiquetes y las inscripciones, a fin de tener derecho a hotel allí.

Durante el desarrollo de los Juegos, el presidente del APC, José Luis Campo, nos invitó a una reunión, cuyo objetivo era promocionar los deportes para personas con parálisis cerebral. En varias oportunidades nos habían invitado a hacer parte de reuniones similares, pero como estábamos con todo nuestro marco legal comprometido, preferimos no asistir.

En esta ocasión, era inminente que contaríamos con la ley que nos respaldaría y nos daría un marco legal para seguir trabajando por el deporte en el país. Así que esta vez entre los profesores Hernán Troncoso, Leonardo Cárdenas y yo decidimos asistir a la reunión y escuchar para conocer cómo podíamos empezar a apoyar ese sector de la discapacidad desde nuestra federación. José Luis nos comentó de unos dineros disponibles para realizar seminarios o capacitaciones en el área de la parálisis cerebral. Además, nos proponía hacer algo en nuestro país. Hernán Troncoso creía que era una buena idea impulsar proyectos para esta población. Entonces aceptamos ese compromiso.

El planteamiento era interesante. Yo propuse que actuáramos como hermanos mayores de la parálisis cerebral, teniendo en cuenta que, en ese momento, la normativa era muy estricta. Por ejemplo, para constituir una federación se requería la participación de once regiones; es decir, la tercera parte del territorio nacional.

De igual forma, para llegar a tener la captación suficiente y llegar a la meta de constituirse como federación se necesitaba una alta promoción. Adoptamos la postura de impulsar el deporte para personas con parálisis cerebral desde FEDESIR, incluyéndolos en nuestros eventos hasta que pudieran establecerse independientemente.

Después de ese gran esfuerzo, la Ley 582 fue sancionada finalmente el ocho de junio de 2000. Acto seguido, FEDESIR solicitó a Coldeportes el reconocimiento deportivo, pues la ley autorizaba mantener este reconocimiento a todas las ligas, clubes y federaciones que lo hubieran tenido antes de la ley 181 de 1995. Además de salvar a FEDESIR, salvaba también a la Federación Deportiva de Sordos. FEDESIR había obtenido su personería jurídica en 1980 y FECOLDES la había adquirido en la década de los 70. A su vez, esa acción obligaba a hacer una serie de cambios, ya que la ley 181 exigía una estructura organizacional específica para aprobar la personería jurídica de cada federación.

En aras de cumplir con la normativa, nos vimos en la necesidad de entrar en reforma estatutaria y, de paso, cambiar el objeto de FEDESIR. Para llegar a la meta, debíamos persuadir a los clubes para que fomentaran el paso de ser una federación de clubes a ser una de ligas. En su momento sirvió hacer la transición; sin embargo, tuvo que ser revisada porque había regiones en donde no se lograban constituir como ligas. Por ello, se hizo un paso al sistema mixto de ligas y clubes.

El objeto de FEDISIR cambió. Ya no era el fomento del deporte para personas en silla de ruedas, sino el fomento del deporte para personas con discapacidades físicas. Esto nos permitía integrar a los amputados, talla baja y demás discapacidades físicas, incluyendo la parálisis cerebral. Todas estas reformas se hicieron con el fin de pertenecer nuevamente al Sistema Nacional del Deporte ante Coldeportes.

Por su parte, los limitados visuales empezaron a constituir rápidamente su federación, ya que la norma les había habilitado para ello. El proceso fue distinto. Debido a que tenían una asociación que nunca fue reconocida como federación deportiva, no requerían hacer adaptaciones sino partir desde cero a establecerse como lo pedía la normativa vigente. Fui invitado por el señor Freddy Grajales, uno de los líderes de la conformación de dicha federación, quien había sido en su momento deportista de fútbol 5 y fue nombrado presidente de esa naciente entidad.

Como habíamos adoptado a los atletas con parálisis cerebral y habíamos aceptado realizar el seminario de promoción de los deportes para esta discapacidad, yo dije: *"es el momento de reivindicarnos con José Luis y de arrancar con toda con el proceso con parálisis cerebral"*. Así que contactamos a la Fundación para el Niño Diferente. Ellos serían el enlace con las demás fundaciones.

Organizaron una reunión con todas las fundaciones. Asistieron IDAFE y otras fundaciones que estaban trabajando con personas con parálisis cerebral. Estas se enfocaban hacia el área educativa. Lamentablemente, en ese momento no le dieron mucha importancia al tema, sobre todo porque la propuesta les representaría trabajo y no ingresos.

Para mí, eso fue impactante. Yo pensaba que se iban a motivar; sin embargo, lo que encontré fue una resistencia hacia la actividad, a pesar de haberles presentado la idea de ofrecer servicios deportivos como una oportunidad para cautivar aún más a los papás.

La única fundación que participó en la realización del Seminario Internacional de Deporte para personas con Parálisis Cerebral fue IDAFE. Así iniciamos el trabajo. Contactamos algunos países; los conferencistas eran extranjeros, por eso hablamos del evento como internacional, aunque la motivación era movernos a nivel nacional.

El equipo de conferencistas estaba constituido por Marcelo Sánchez — técnico de fútbol siete, una clasificadora de natación y un médico. Todos ellos de Argentina. De Inglaterra vino el señor Fisher, un técnico de fútbol siete que había sido directivo de la CPISRA, con la intención de conocer qué había en Colombia en torno a la parálisis cerebral.

Nosotros nos habíamos apalancado con la Fundación de Ayuda al Deporte, una institución que funcionaba en las instalaciones de Coldeportes y a la cual pertenecía el secretario del COC, el señor Alberto Ferrer, entre otros. Esta fundación conseguía recursos para patrocinar actividades de desarrollo deportivo. Al generar esta cooperación, esperábamos que actuaran como operadores del evento.

Hablamos con el decano de la facultad de Fisioterapia de la Universidad del Rosario para que nos dieran el aval académico y, de paso, invitaran a sus estudiantes. También se sumó COMPENSAR prestando los escenarios deportivos y las instalaciones para la realización del seminario. Coldeportes a su vez se encargó del pago del hospedaje.

Lo único que nos faltaba era "pueblo", gente que quisiera participar. Pusimos una tarifa de treinta mil pesos e IDAFE comenzó a promocionar el evento para diciembre. Se hicieron reuniones regulares con la fundación. Ellos estaban muy entusiasmados; sin embargo, días antes del inicio había muy pocos inscritos, por lo que empezaron a sentir que las cosas no iban bien. Incluso se comunicaron conmigo para cancelar y evitar inconvenientes. Mi respuesta fue que íbamos a iniciar como fuera, así seguimos adelante.

Aunque el evento iniciaba el lunes siguiente, nos retrasamos en el inicio porque llegaron tantas personas que tuvimos que realizar el proceso de inscripción en ese momento. Llegaron participantes desde Venezuela, diferentes universidades, mamás y papás de niños con PC. Para mí fue muy impactante encontrar personas de muy bajos recursos tomando el Seminario con la intención de recibir el aval de una universidad prestante y aprovechar algo que sería de beneficio para sus hijos. El evento resplandeció de la noche a la mañana, de manera que podemos decir que fue un éxito total. Hubo charlas teórico-prácticas. COMPESAR prestó las canchas de fútbol, la piscina, en fin.

Adicionalmente, le planteé a las ligas de físicos en el país que, si ellos ponían los recursos extras para que se diera el mismo evento en sus ciudades, podrían tener ese avance para sus regiones. Medellín y Bucaramanga tomaron la iniciativa y llevaron a cabo sus seminarios con el mismo personal.

De esa manera impulsamos todo el proceso a nivel nacional. En Medellín, el señor Gustavo Henao, quien había hecho parte de la FP y luego estuvo vinculado por mucho tiempo con el fútbol siete, fue quien impulsó la actividad. Así cerramos el año 2000 con la firme intención de ayudar a establecer el proceso del deporte para personas con PC.

Comenzamos el 2001 con la asamblea de reforma de estatutos para realizar la asamblea ordinaria en marzo, en la cual se elegían dignatarios y se hacían todas las revisiones pertinentes. Esta vez se hizo en la ciudad de Manizales. Ya se habían hecho todos los cambios pertinentes para revivir completamente a FEDESIR.

A mí ya se me había terminado el ciclo en la Federación. Sentía que ya había cumplido con el reto de la ley, la reestructuración de FEDESIR y su reconocimiento deportivo. Al mismo tiempo, yo me sentía en deuda con las Fuerzas Armadas, así que tuve como propósito organizar la liga. Sin embargo, todavía quedaba una parte esencial de la misión primordial. Por ley había sido creado el Comité Paralímpico Colombiano, pero faltaba constituirlo. Entonces empezamos la labor.

Yo me había dado a la tarea de documentarme acerca de experiencias internacionales, a través de los modelos que se podían observar de las constituciones de los comités en otros países. Todo con el fin de crear una estructura adaptada a nuestra realidad nacional, pero con el soporte de lo vivido en otras organizaciones, en aras de prevenir los errores que otros ya habían cometido.

Sin embargo, ante el avance de la creación de FEDELIV, ellos hicieron sus propios progresos. En enero recibí una carta por fax, con la invitación a participar en la reunión de creación del Comité Paralímpico Colombiano. Para mí, esto fue entre sorprendente y desconcertante. Era increíble que FEDESIR hubiera estado liderando un proceso para articular todo, sin prisa y lo mejor posible. Por eso, esta invitación nos tomó desprevenidos. Seguramente presumíamos que la invitación iría de nosotros hacia los demás sectores, no al contrario.

Mis preguntas en ese momento fueron: *"¿Qué tan preparados están? ¿Tenemos todo lo que requerimos en este momento?"*.

Llamé al señor Freddy Grajales, presidente de FEDELIV, para concertar una cita. Al reunirnos le comenté el proceso que estábamos haciendo. Mi intención era sugerirle que nos diéramos un plazo para hacer un ejercicio juicioso de observación de las experiencias externas. Además, le sugerí que creáramos un modelo institucional que incluyera el prototipo estatutario, teniendo en cuenta que dos federaciones iban a crear el comité. Estábamos en un balance de cincuenta-cincuenta así que, si llegábamos separados a las negociaciones, básicamente no nacería el comité. Acordamos darnos plazo de un mes para hacer las actividades pertinentes que facilitaran la gestión de creación y, así, llegar alineados a la constitución de la entidad.

El tres de febrero de 2001 nos reunimos para iniciar la constitución del Comité Paralímpico Colombiano. Asimismo, pedimos el soporte de Coldeportes. La sesión se dio en el salón de la Constitución en sus instalaciones. La creación de estatutos y estructura incluía unos fragmentos inspirados en la forma del Comité Paralímpico Español. Llegamos a hablar de presidencias honoríficas, con el ánimo de contar con personas de prestigio y poder político que nos ayudaran tanto a apalancar procesos, como a facilitar la obtención de recursos.

FEDELIV nos informó que estaban interesados en la presidencia. Recuerdo que Carlos Sánchez y su hermano Eduardo José realizaron las interlocuciones principalmente. Eran ellos los encargados de "destapar" las cartas y las pretensiones de cada sector. Nosotros habíamos sugerido a las ligas que postularan personas para el órgano de administración, específicamente para la presidencia. Incluso, a mí me postularon desde la liga de Bogotá. Propusimos entonces que hicieran el mismo proceso en su federación y así se hizo.

Por otra parte, propusimos la presencia y representación de los atletas sordos. El espíritu de la ley tenía como base la cobertura de todas las discapacidades, independientemente de su estructura o que su constitución fuera diferente. El objetivo era no desconocer la federación de atletas sordos con todos los detalles de rigor. Por esa razón fueron invitados tanto FENASCOL como FECOLDES y, de esa manera, los sectores que estaban organizados en ese momento tuvieron representatividad.

No hablamos de PC porque en ese entonces FEDESIR los estaba cobijando y estaban haciendo parte de nuestras actividades. Lo que no era negociable para nosotros era la presencia de los auditivos; para los visuales, lo que no era negociable era la presidencia.

Como encargado de liderar la negociación, Carlos Sánchez me consultó sobre el deseo expreso de FEDELIV por la presidencia. Para mí no había ningún problema. Le expresé mi convicción de que nuestra labor había sido muy grande y se proyectó mayor trabajo, así que no veía inconveniente con que quisieran continuar con el proceso. Así comenzó el acuerdo inicial.

En una de las reuniones, Eduardo José Sánchez — quien ejerció con mucha entrega y vocación la asesoría jurídica junto con el abogado Álvaro Fajardo — sugirió plantear que las presidencias fueran rotativas. Al inicio seríamos sólo dos federaciones, así que era lógico que hubiese tanto interés como protagonismo y liderazgos diferentes. Entonces, una forma de unir al sector era que todos pasaran por la presidencia.

La idea me pareció muy acertada, pues evitaba que alguien se eternizara en ese cargo. Además, cada uno ejercería diferentes roles y propiciaría la unidad. Sin embargo, no quise compartir este sistema antes de la asamblea. Básicamente lo dejé como último punto, después de haber conciliado todo.

Llegó el día de la asamblea. Abordamos el tema estatutario artículo por artículo. Cuando llegamos al punto de la presidencia, ya estaba consignada la idea del cargo rotativo. Fue algo sorpresivo para el sector visual, por lo que llegué a pensar que ellos harían mucha oposición. No obstante, la persona que más se opuso fue la señora Marta Lucía Osorno, quien tenía voz mas no voto en la asamblea, pues la persona enviada como representante de los sordos.

Su argumento principal era que si un presidente lo estaba haciendo bien, había que reelegirlo. Yo le planteé que la idea era mantener el equilibrio y, como en su momento fue expresado por Eduardo José: "eso les va a servir a ustedes para que no nazcan muertos. De lo contrario, van a comenzar con diferencias irreconciliables y no van a surgir".

Agregué que habíamos pregonado que íbamos a ser un sector muy fuerte, que solos éramos unos aparecidos pero que unidos, íbamos a ser muy respetados. Además, eso ya se había probado en la elaboración de la ley. El proceso lo lideró FEDESIR y, aun así, el trabajo fue mancomunado entre sordos, ciegos y físicos con sus respectivos líderes. Con esa sustentación se adoptó ese artículo y continuamos con la constitución del CPC.

De igual forma, quedó muy claro en la asamblea que yo no tenía ningún tipo de aspiración. Había manifestado en la asamblea de FEDESIR que había cumplido mi ciclo. Tenía una deuda por saldar con el sector al cual pertenezco, las fuerzas armadas.

Continué con lo que quedaba por hacer para la constitución del CPC. Carlos me había pedido ser el secretario, manifestándome que él quería tener el honor de hacer parte de ese momento específico de la historia. Comenzó entonces todo el proceso de validar y llevar registros, Cámara de Comercio y todo aquello que se requería para alcanzar la personería jurídica. Todos esos documentos fueron entregados al presidente electo para el primer periodo del CPC, el señor Héctor Julio Castañeda.

De físicos quedó el señor Rafael Pinilla, del Valle del Cauca. La señora Marta Lucía Osorno, del sector de auditivos, fue la tesorera. Físicos de Antioquia postuló a una persona con toda la cualificación para hacer parte del comité; sin embargo, nunca le conocimos, pues no asistió a ninguna reunión. Por último, hubo otro integrante de los visuales. Así, el comité quedó constituido por una presidencia, una secretaría y dos vicepresidencias; es decir, vicepresidente administrativo, vicepresidente técnico y un vocal.

Estando en FEDESIR, uno de los encargados de Sanidad me preguntó qué podíamos hacer con los muchachos que llegaban allí, pues debido a que la guerra recrudecía alarmantemente en el país, los soldados heridos en combate — y con secuelas — incrementaban. Además, me comentó que, aunque ellos hacían todo el proceso de rehabilitación, los muchachos tenían tiempos muy largos de ocio. Incluso, algunos habían caído en problemas con las drogas. Para él, el deporte sería un buen aliciente.

Recordé que en 1997 invitamos a todo el sector a hacer parte de los Juegos Nacionales de FRAPON, donde les dimos charlas en el batallón de Sanidad. La Federación Deportiva Militar nos manifestó que ellos manejaban todo lo relacionado con el desarrollo de deporte competitivo con personal activo[4].

De esa manera, Coldeportes facultó a FECODEMIL para que se organizara como quisiera. Al fin y al cabo, los militares contaban tanto con el recurso humano, el logístico como la infraestructura. Es más, tenían un sistema deportivo interno, interfuerzas, a nivel nacional e internacional.

Cuando un militar sufre una lesión y adquiere una discapacidad, es dado de baja para el servicio y pensionado. De esa manera, el militar se convertía en un civil. Y ese era el conflicto para la constitución del deporte para personas con discapacidad en la FECODEMIL, pues su inversión debía darse exclusivamente hacia personal activo.

Honestamente, nunca llegué a entender por qué daban de baja y no la reubicación en el servicio. Para mí, no era lógico que nos pensionaran por haber perdido o disminuido la movilidad. Mas ese era el modelo y nos ponía en una situación compleja.

Yo veía cómo en otros países los militares eran la base del sistema paralímpico. No entendía cómo no íbamos a ser capaces de organizarnos para lograr incluir a todos los compañeros con discapacidad. Vivíamos en un país con un conflicto armado bastante complejo, que produce militares con discapacidad por montones. Para mí, era vital presentar el deporte como

---

[4] Teniendo en cuenta lo consignado en el Decreto Ley 1228, que dice que el deporte en el Ministerio de Defensa Nacional está regido por la Federación Deportiva Militar

una nueva oportunidad para todos ellos, entendiéndolo como parte integral de su rehabilitación.

Para esa época el presidente de la FECODEMIL era el Coronel Harold Certuche, oriundo de Cali y graduado en Educación Física. Llegó a ser Coronel de la Fuerza Aérea Colombiana y en la federación duró alrededor de cinco años hasta darse su retiro. Cuando llegué a su oficina, yo no tenía ningún cargo en FEDESIR ni en el CPC. Llegué casi como un disponible y con el reto de retomar la idea de un comandante de batallón: "cómo ayudar a estos muchachos".

Recuerdo que el primer año se nos ocurrió con el comandante del batallón de Sanidad de ese momento hacer unos juegos. Junto con el señor Antonio Infante, director del Centro de Alto Rendimiento, desarrollamos las actividades en ese centro deportivo. También nos apoyó la esposa de un oficial que era muy buena para hacer relaciones públicas y, además, le gustaba mucho el tema social. Ella fue la persona encargada de conseguir recursos logísticos, las porristas del Santa Fe, la banda; básicamente, todo el espectáculo.

Iban a ser uno juegos con toda la regularidad del caso. La orden del comandante fue que todos los adscritos al batallón deberían inscribirse a una actividad deportiva. Por su parte, él también hizo sus gestiones. Por ejemplo, ese día nos acompañó el Club MILASIR, quienes se sentían muy orgullosos de ver más de doscientos potenciales atletas uniformados. Hubo deportistas que hicieron exhibiciones de eslalon; igualmente, se invitaron deportistas paralímpicos, a fin de que se motivara a los jóvenes pertenecientes a ese batallón.

Más que juegos, se convirtió en un festival recreo-deportivo. Fue tal el entusiasmo de la señora Cecilia, que pidió la banda en diferentes fuerzas. Al final, llegaron tres bandas y para no tener inconvenientes, los turnamos. Una tocando el himno nacional, la segunda tocando otra cosa y la última interviniendo en otro momento. Finalmente, el evento fue todo un éxito. Generó motivación para que la estructuración en las FFAA del deporte paralímpico fuese posible.

En el año 2002 se arrancó con un modelo algo fuera de la estructura que yo había propuesto. Sin embargo, lo importante era comenzar. Ellos siguieron con el modelo que tenían implementado en el deporte olímpico: una liga sin jurisdicción ni clubes, compuesta por atletas, de carácter nacional, dando la ubicación a la liga en la zona de mayor influencia deportiva y el presidente de la liga sería el comandante del batallón de esa ciudad. Se instauró entonces que la liga quedara en el batallón de Sanidad, puesto que allí es a donde llegan los potenciales para atletas. Además, estaría integrada por personas pertenecientes a las cuatro fuerzas.

Después llegó el coronel Araldo Garzón. Con él, hablamos sobre la posibilidad de participación de algunos de los integrantes de la liga en la maratón en Nueva York. Adicionalmente, tendrían la oportunidad de compartir con integrantes de fuerzas de otros países, que también eran personal herido en combate. Él acepta, pero murió en un parapente antes de ejecutar la idea. Fue un golpe duro.

En reemplazo, llegó el coronel Luis Javier Pérez Orellanos. Para ese momento, la liga ya contaba con oficina en el batallón. Un sargento de apellido Mellizo era el secretario ejecutivo y se encargaba de todo lo logístico para empezar a darle cuerpo a la liga. Al momento de presentarle el batallón, le comunicaron al coronel Pérez que desde ese instante él era el presidente de esa liga. Por supuesto, eso era algo de lo que él no entendía en absoluto.

Así que pedí una cita con él para, básicamente, contarle toda la historia. Mi objetivo era continuar con el trámite de lo que ya se había comenzado. Lo hice de esa manera, porque sabía que la liga estaría supeditada a la voluntad de los comandantes de turno, dado que ellos tienen otras funciones por cumplir y prioridades por cubrir.

Afortunadamente, podría decir que en ese periodo fue el Coronel más comprometido con el proceso de la liga. Llevó a cabo una gran gestión de recursos y siguió el plan trazado previamente. Apoyó el viaje y la competencia en Nueva York y se vinculó a diferentes actividades que organizó en el mismo batallón. Es más, realizó actividades para exhibición deportiva, que incluían actividades con caballos para niños con parálisis cerebral. Así promovió el cumplimiento del derecho constitucional a la actividad física y el aprovechamiento del tiempo libre.

En cuanto al reconocimiento deportivo, este fue emitido por la FECODEMIL que, de acuerdo con el decreto ley 1228, es la encargada de dar ese reconocimiento a las ligas que pertenezcan al área de las fuerzas armadas (Armada Nacional, Ejercito Nacional, Fuerza Aérea Colombiana y Policía Nacional).

Allí mismo en el batallón se empezó a gestar el desarrollo del deporte de las pesas, con el profesor Jorge Chávez. Creo que hacía parte de sus prácticas profesionales y encontró un buen espacio. Así el batallón se estaba convirtiendo en lo que nosotros ansiábamos, en templo del deporte. Entendíamos que el deporte podía contribuir a la rehabilitación y reinserción social, al estilo de lo que se hizo en su momento en Stoke Mandeville. De hecho, vemos que todo ese proceso sirvió. Hoy existe un centro de rehabilitación integral que se construyó en Puente Aranda, cerca al batallón de sanidad, y fue parcialmente donado por el gobierno coreano.

La pretensión era que esa liga se convirtiera en federación para tener autonomía jurídica, administrativa y patrimonial. Había dos razones principales para ello. La primera, la cantidad de personal de la fuerza pública que sale en uso del retiro. La segunda, el comandante de turno tenía dificultades para ejercer al tiempo, de forma eficaz y eficiente, sus funciones como responsable del batallón y presidente de la liga. No obstante, ese detalle no se llegó a concretar. También buscábamos generar una buena articulación con las demás entidades a las cuales se adscriben los militares y personal de fuerza pública herido en combate, como Coldeportes y las demás entidades del Sistema Nacional del Deporte.

Como resultado de la implementación de la nueva ley 582, en 2004 se dieron los primeros Juegos Paralímpicos Nacionales. Fue una experiencia muy linda ver a muchas regiones participando, entre ellas a nuestras fuerzas armadas. Fue muy motivador, especialmente por la ceremonia de inauguración el 23 de octubre, en el Coliseo El Campín de Bogotá. Fue un acto donde dimensionaron la capacidad, de tal manera que el escenario pudiera verse totalmente lleno, como en efecto lo fue.

Adicionalmente, el evento tuvo transmisión de televisión y una participación masiva de veintiocho departamentos, más el distrito capital y las fuerzas armadas. En esta primera edición de los Juegos se contó con la participación de mil doscientos trece deportistas, llegando a ser "la visibilización de los invisibles". Fue un acto que demostró que sí había recurso humano con el cual trabajar en este sector y, además, también se convirtió en una opción laboral para muchos profesionales en el área.

Otro punto para destacar de los juegos es que contó con la participación de atletas con parálisis cerebral, particularmente con su deporte insignia, la boccia[5]. En ese momento la boccia solo se practicaba en Bogotá y en Antioquia, así que se requería un tercer ente territorial para que la prueba existiera en los juegos. Encontramos que había militares que tenían hijos con discapacidad, a quienes les llamó la atención la boccia en una demostración que organizamos con los deportistas de la fundación IDAFE. Por eso hubo un proceso acelerado en las FFAA.

Cuando el comandante inicialmente hizo las inscripciones para los juegos, no incluyó este deporte. Nosotros le planteamos que había deportistas entrenando y que podíamos integrar esa disciplina por primera vez. Para convencerse, el Coronel Pérez Orellanos pidió una demostración que se realizó en un corredor con los atletas de IDAFE y de la fuerza pública. Ante los resultados, él dio la bienvenida a los atletas de boccia de LIDIFA. Por supuesto, los jóvenes estaban muy felices de saber que podían participar.

En una de las tantas reuniones escuché que se caía la prueba de boccia. Al preguntar el porqué de esa decisión, me respondieron que solo había dos regiones. Fue ahí cuando manifesté que las FFAA tenían su equipo. Era cierto que no habíamos tenido campeonatos, pero el trabajo se estaba haciendo. Así, la boccia cogió fuerza. Fue la punta de lanza para que el deporte para

---

[5] Es un deporte paralímpico de precisión y estrategia, diseñado para deportistas con parálisis cerebral. En la actualidad, también pueden participar deportistas en sillas de ruedas con discapacidad total o parcial.

personas con parálisis cerebral surgiera con un proceso más sólido para su crecimiento.

Poco a poco se consolidaba el proyecto inicial de tener las cuatro federaciones de las discapacidades que acoge IPC y, adicionalmente, el movimiento sordolímpico — tal como había quedado en la ley.

En 2005 llegué a la presidencia del Comité Paralímpico Colombiano, en el marco de la presidencia rotativa que se había acordado en la fundación del CPC. Para este momento, contábamos con tres federaciones: FEDESIR y FEDELIV — que habían sido las fundadoras — y con derechos completos estaba FECOLDES. Ahora lo más importante era consolidar las cinco federaciones de las cinco discapacidades.

Como parte del proceso de desarrollo, se creó la federación de los atletas llamados especiales, FEDES. Y, siendo muy respetuoso con el proceso desarrollado, quisiera reconocer algunas de las fallas presentadas en su creación.

FIDES, una organización de renombre a nivel nacional en el trabajo con población con discapacidad intelectual, empezó a liderar el proceso, facilitando la integración de esta población. El señor Alejandro Escallón — presidente de esta organización — junto a su grupo de trabajo, realizó la constitución de la federación de forma solitaria y sin asesoría desde CPC, ya que no fue invitado. Invitaron a Coldeportes y dejaron un artículo que, a mi modo de entender, subordinaba esa federación a la fundación.

Consideramos esa acción como un exabrupto jurídico, porque FIDES era una fundación y la federación ya era un organismo que entraría a hacer parte del Sistema Nacional del Deporte. Es decir, una federación con una población grande con discapacidad intelectual requería de autonomía para su adecuado funcionamiento. Incluso, el mismo nombre, Federación de Deportes Especiales, se encontraba fuera del contexto internacional en el cual se constituían federaciones de deportes para personas con discapacidad intelectual.

El CPC nace con una visión tanto internacional de la organización deportiva, como nacional desde las necesidades del contexto. Por esto es una organización muy incluyente, pues también da cabida a los atletas sordos y, durante mucho tiempo, a la discapacidad por parálisis cerebral dentro de la discapacidad física. Aunque no se sigue al pie de la letra el lineamiento internacional, había un objetivo muy claro: darle cobertura a toda la población. Todo a través de procesos de deporte terapéutico (los de juegos nacionales) y con procesos que permitieran llevar paso a paso los adelantos, pues si se llegara de una vez al ámbito internacional, no se lograría. A pesar de nuestras diversas objeciones, ellos fueron incluidos en los procesos del CPC.

Seguimos con el propósito de expansión y crecimiento, teniendo como premisa las cinco federaciones deportivas y que, en lo posible, su constitución fuese por medio de ligas. Con esto pretendíamos que el deporte empezara a masificarse, expandirse y cualificarse. Así fue como se empezó a hablar de dos ciclos: el paralímpico y el sordolímpico.

Esto fue un gran reto. Los sordos necesitaban entenderse en la actuación competitiva pues, a pesar de que existían incluso antes que FEDESIR como organización, su reconocimiento deportivo era nuevo y no tenían tanta estructura en el orden competitivo. Por ejemplo, ellos hacían sus eventos entre los clubes y las diferentes organizaciones integrantes, pero sin una estructura de competencia y clasificación a siguientes fases.

Por tener esa estructura de dos ciclos y habiendo recibido la claridad desde la misma población sorda — después desde la constitución del CPC — de que los sordos no son paralímpicos, se construyó una forma competitiva para integrar a esta población en los juegos paralímpicos nacionales. Esto se llevó a cabo gracias a que no eran unos juegos de ciclo sino unos juegos del estado y a que, paralelamente, se conducía su proceso a los Juegos Sordolímpicos.

Por otra parte, evidenciamos el desarrollo del proceso con el incremento de alrededor del 40% de participación en los Juegos Cali 2008. Además, implementamos el reconocimiento a cada una de las discapacidades, a través de la reforma del acuerdo de la junta de Coldeportes, que estipulaba los estímulos a los ganadores de medallas en eventos mundiales, paralímpicos y sordolímpicos.

Como resultado de todos los cambios que trajo la promulgación de la ley 181, el primer atleta que recibió un estímulo o reconocimiento económico por parte del estado fue Orlando Cortés Perdigón, quien hizo parte de un programa llamado "Los Cien de Oro" en el año 1995. Para el 2005, se consolidó, de la mano con Coldeportes, el programa de apoyo a los para atletas y deportistas sordos. Al mismo tiempo, se empieza a abrir el espectro para más atletas en el ámbito del alto rendimiento.

Una de las prioridades en mi gestión fue crear un plan estratégico, puesto que íbamos a recibir unos recursos que debíamos gestionar de la manera más organizada y justa posible. El 02 de febrero de 2005 se posesionó el licenciado Antonio Arias Chaparro en la coordinación del deporte asociado. Tras su posesión, su advertencia fue muy clara: si en los siguientes quince días no llegaban nuestros proyectos a su despacho, no tendríamos recursos para ese año.

Estábamos en una encrucijada. Pedí cita con el director, Daniel García Arizabaleta, para darle a conocer nuestra intención de construir un plan estratégico y pedirle acompañamiento en el proceso. Afortunadamente, tuvimos eco. De hecho, dijo que era el primer organismo que no iba a pedirle dinero sino a invitarlos a hacer planeación estratégica. Eso nos motivó y terminamos el plan estratégico hacia el mes de octubre, el cual contó con la participación de todos los sectores a través de diferentes encuentros.

En la misma reunión de febrero, le solicité al director que nos permitiera presentar el plan ante la junta directiva de Coldeportes tan pronto estuviera terminado. Y así se hizo. Presentamos nuestro plan estratégico ante un número elevado de dirigentes nacionales y departamentales, universidades y cajas de compensación. La señora María Consuelo Araujo, ministra de cultura, me preguntó si teníamos el dinero para la realización de ese proyecto. Mi respuesta fue clara y sencilla. Necesitábamos hacer mucha gestión porque, por el momento, ni nosotros ni Coldeportes teníamos el dinero para cubrir el plan. Sólo se contaba con el porcentaje de cobro de IVA a la telefonía celular.

Surgió el reto de realizar los Juegos Parapanamericanos Juveniles en 2009. Empezamos a trabajar en ello. Generamos sinergias con diferentes organizaciones deportivas que realizaban medias maratones en diferentes ciudades del país. Y, a partir de esto, participaron personas con discapacidad en todas estas carreras. Además, se logró que la bolsa de premios estuviera disponible para los para atletas élite, patrocinado por la Fundación Juancho Correlón. De esa forma se impulsó el desarrollo del deporte paralímpico en diferentes ciudades.

Una de las luchas más complejas fue lo referente a la accesibilidad de los escenarios deportivos. Aunque para diferentes actividades se solicitaba presupuesto para la implementación de juegos, eventos deportivos y demás, no se había contemplado la necesidad del acceso a los escenarios de todo tipo de población. Fomentamos la constitución de comisiones médica, de accesibilidad, de comunicaciones, planeación, técnica, discapacidades y juventud. La participación en estos comités fue bajo la modalidad de voluntariado, debido a que el comité no contaba con recursos económicos para pagarles. A partir de los proyectos que ellos constituían, se buscaba que tuvieran la posibilidad de recibir algún tipo de reconocimiento económico, pero de ninguna manera se les tenía como dependientes del CPC.

Cada área contó con profesionales, asegurando así que todos los desarrollos se ajustaran a la realidad y a una lectura profesional de la misma. En los estatutos se tenía la potestad de crear comisiones de acuerdo con la necesidad. Por ejemplo, la comisión de accesibilidad estuvo muy presente en la construcción de escenarios de los Juegos Bolivarianos Eje Cafetero 2005 y los Juegos Centroamericanos Cartagena 2006. Esto permitió que en 2008 se estableciera un convenio con Coldeportes para el censo de escenarios, lineamientos de estructura y un diplomado de accesibilidad.

Por su parte, la comisión de comunicaciones empezó el desarrollo de la página web, videos pedagógicos, material audiovisual, transmisión de los Juegos Paralímpicos y manejo de redes sociales. Se creó un boletín llamado

"Hechos Paralímpicos", que permitiría replicar toda la información acerca de nuestro deporte y la gestión que se realizaba.

La comisión de mujer y deporte hizo presencia en eventos de este eje. La comisión académica hizo propuestas de promulgación por medio de las universidades a través de foros, diplomados y actividades de formación para la sostenibilidad del proceso técnico. Así, cada comisión hizo su propio cúmulo de proyectos y aportes al sistema. Algunos fueron más visibles que otros, pero todos trabajaron con gran compromiso.

En octubre de 2005 se realizaron los primero Juegos Parapanamericanos Juveniles en Barquisimeto, Venezuela. A pesar de que participamos con un número reducido, cumplimos con el objetivo. Esto se dio gracias al convenio que teníamos con Coldeportes. Por mi parte, yo trataba de conseguir con tiempo los tiquetes aéreos a fin de lograr los mejores precios posibles. A partir de esa gestión, tuve un contacto con AVIATUR. A su vez, ellos lograron un convenio con Aeropostal, lo que nos permitió tener un precio más accesible y una mejor posibilidad para nuestros atletas.

Sin embargo, no recibimos el recurso económico a tiempo y, faltando tres días para el viaje, no habíamos pagado los tiquetes. Debido a esa demora, el agente de AVIATUR me llamó para decirme que no me podía sostener las reservas. Incluso, el señor buscó la forma de hacernos un crédito, lo cual no fue posible. Yo lo invité al acto de entrega de bandera, que era dos días antes del viaje. Después de asistir al acto él me dijo que, aunque estaba poniendo en riesgo su puesto, quería ayudarnos.

Me planteó que me comunicara con otra agencia para cederle las reservas a esa agencia y tuve que firmar un cheque. La orden de Coldeportes fue que no se girara el cheque que nos iba a dar el soporte económico para pagar, así que tuve que llamar a la señora que nos había emitido los tiquetes. Al regresar a Colombia, tuvimos que enfrentar todos los problemas económicos que se generaron por esa decisión. Lo cierto es que todo valía la pena al ver a los jovencitos con tanta alegría porque iban a viajar y a competir.

En 2006, Leonardo Ruiz Mendoza fue nombrado el primer director deportivo. A él lo conocí en el año 2001 - siendo yo presidente de FEDESIR - cuando estaba terminando su carrera en la ciudad de Manizales. Vi en él a un joven muy acucioso, comprometido con el tema y muy dinámico en la liga de Caldas. Además, desde siempre se había proyectado con el trabajo en el área paralímpica.

Como Leonardo ya tenía la ambición de salir de su ciudad para Bogotá, le ofrecí que desempeñara ese cargo como el primer trabajo en la capital. A través de este puesto y un acuerdo hecho con las federaciones, establecimos como enlaces a unos profesionales que asesoraban a las federaciones y que permitían hacer un soporte técnico al sistema. Desde esa área también se fue depurando el sistema del deportista apoyado.

Comenzamos el trámite del Campeonato Parapanamericano de Ciclismo para 2007. Apoyamos la organización y cofinanciación de unos eventos nacionales de federaciones, que fueron los VI Juegos Nacionales para deportistas con discapacidad visual. Al igual que los sordos, ellos tenían por tradición hacer juegos nacionales cada año. Por ello, tuvieron los V Juegos Nacionales y un congreso internacional que hizo el Comité Internacional de Deportes de Sordos.

Por su parte, FEDESIR tenía la copa tradicional de baloncesto en silla de ruedas. Adicionalmente se hizo el acompañamiento a diferentes eventos internacionales, entre ellos a tres campeonatos mundiales que hacían parte de la evaluación de desempeño de nuestros atletas: el mundial de ciclismo en Arbon (Suiza), el mundial de boccia en Brasil y el mundial de natación en Durban (Suráfrica). El área técnica se encargaba de proyectar posicionamiento, ranking y cupos con miras a los Juegos de Pekín 2008. En Durban, Moisés Fuentes ganó la medalla que fue el primer paso para la proyección de la medalla que obtuvo en los Juegos.

Asimismo, estuvimos en capacitaciones de accesibilidad, control de dopaje y políticas de deporte paralímpico y sordolímpico pensando en los Paralímpicos de 2008. El director Eberth Bustamante tenían la idea de reformar el deporte, por lo que hubo también participación en foros. Sin embargo, esa iniciativa nunca se concretó.

Estuvimos en un seminario de jefes de misión en Río de Janeiro, evento que se da un año antes de los Juegos. En el marco de ese evento, se realizó un seminario internacional de rugby. Incluimos en el boletín "Hechos Paralímpicos" los detalles de ese encuentro, además de las herramientas pedagógicas audiovisuales para personas sordas, a fin de que entendieran la legislación deportiva.

En marzo de 2007, hubo una reunión en Río con la respectiva visita de las autoridades gubernamentales, en compañía del señor João Havelange. Esto dio un parte de tranquilidad en cuanto a la realización de los juegos, debido a ciertas dudas de parte de sus compatriotas. Se realizó la asamblea del APC con presencia del IPC, que estaba soportando los Juegos. Como resultado, hubo unos cambios en los estatutos y yo terminé siendo electo como vicepresidente del APC.

Por nuestra parte, antes de viajar habíamos hecho un acuerdo con la Federación Nacional de Cafeteros. Llevaríamos unos recordatorios de café a los dirigentes deportivos y también llevábamos ron. Dos de las mujeres que hacían parte del personal de apoyo ingresaron a repartir los recordatorios y se dio un espacio que finalizó siendo anecdótico.

De regreso, nuestro tiquete fue Río de Janeiro – San Pablo – Bogotá. Viajé con Leonardo Ruiz. Junto a él, en la escala, se sentó Germán Efromovich, el dueño de Avianca. Yo lo vi como una oportunidad. Entonces, en el momento que el señor Germán se levantó de la silla, llamé a Leonardo y le dije quién era la persona que iba a viajar a su lado. Le asigné la misión de establecer el contacto, con el fin de negociar directamente con la aerolínea y obtener mejores precios con los tiquetes de nuestros atletas. Así fue como llegamos a una excelente negociación con ellos. Incluso teniendo una muy buena negociación con Avianca, la respuesta de Coldeportes fue que podíamos ir reduciendo el número de atletas en la delegación a Río y que los sordos se podían ir a Cúcuta en bus, así el resto saldría más barato. Inmediatamente pedí una cita con el director Eberth Bustamante. Él me dijo que era cuestión del área técnica.

No fue nada fácil nuestra relación con el Estado para obtener el respeto y apoyo en los eventos deportivos. Como forma de justificar los gastos, les hice el comparativo del costo entre atletas olímpicos y paralímpicos. El señor Juan Carlos Peña, quien se desempeñaba como encargado del área técnica me respondió:

— *"Mi abuelita me enseño que las comparaciones son odiosas"*.

A lo que yo respondí:

— *"Y la mía me enseñó que no hay que discriminar"*.

No hubo respuesta de su parte.

Finalmente, logramos viajar. Estuvimos en los Terceros Juegos Parapanamericanos en Río de Janeiro, Brasil. Paralelo a estos Juegos, en Venezuela se realizaron los Juegos Panamericanos de Sordos. Así que teníamos el gran reto de darle la misma importancia y cobertura a los dos eventos. En cada uno ganamos medallas y hubo unos logros interesantes que también soportaron nuestra gestión.

También enviamos delegación a los Juegos Mundiales de IBSA. Pero mi niño consentido fue el Campeonato Parapanamericano de Ciclismo. José Luis Campo me había propuesto un año antes llevar a cabo este evento, teniendo en cuenta que Brasil no iba a realizar esas pruebas en los Juegos. Su sugerencia fue que, como Colombia era un país fuerte en este deporte, nos sería mucho más viable la realización de este campeonato.

Debíamos gestionar todo el proyecto y buscar la financiación. Afortunadamente, teníamos una ventaja. Nosotros no estábamos pidiendo la construcción de escenarios, sino sólo la adecuación y la accesibilidad de uno ya existente. En ese momento, una comisión — que estaba siendo asesorada por la UCI — manejaba el ciclismo.

Empecé las negociaciones con el señor Tonny York. Inicialmente, tuve con él una charla informal en la que percibí que tenía una visión de poca fe ante nuestra capacidad de realizar el evento. Me indicó dónde encontrar los documentos requeridos para establecer el convenio. Además, me pidió, entre otros documentos, una carta de intención y apoyo del gobierno nacional. Yo ya había hablado con el director de Coldeportes al respecto y había recibido su respuesta positiva. A pesar de ello, la carta no estuvo a tiempo.

De igual forma, había adelantado conversaciones con la Federación Colombiana de Ciclismo y su presidente, el señor Ettore Sangiovanni, quien me dio una carta en la que manifestaba su apoyo como Federación, aclarando que el soporte económico no vendría de su parte. Pedí que me permitieran recibir un fax donde me encontraba hospedado y así pude cumplir con las solicitudes del señor York.

Cuando me reuní con el señor York y le presenté los documentos, le cambió la cara. Empezó a creer que nosotros seríamos capaces de realizar un evento de esa magnitud e iniciando el año, me informó que teníamos el visto bueno para la realización del evento. Yo recibí de parte del IPC su confirmación. Me manifestaron que, si yo quería que fuera un evento clasificatorio a Juegos Paralímpicos, se requería que fuera open. Eso me agrandó el reto, pero dije que sí.

En primera instancia, el evento se realizaría en Bogotá. Yo le había propuesto a la junta directiva de Coldeportes que lo hiciéramos en el marco del Festival de Verano. La ministra Consuelo Araujo preguntó por qué hacerlo como un evento más del festival, siendo que nosotros deberíamos ser protagonistas. Mi posición era que el Festival de Verano atraía mucho los medios de comunicación y público, de tal manera que nuestro evento no pasaría desapercibido. Mi idea era no quedarnos sin cubrimiento periodístico o público. La ministra seguía creyendo que no era bueno para nuestro protagonismo, pero respetó nuestro argumento.

Sin embargo, Andrew Parsons me llamó a la reflexión poniendo sobre la mesa que, si poníamos nuestro evento en agosto, casi paralelo con los

Juegos Parapanamericanos, era un riesgo tanto para nuestro evento como para los Juegos. Además, necesitábamos tener presente que el evento parapanamericano no contemplaba cobro de ningún costo, en cambio el nuestro sí. Muchas de las delegaciones tendrían que escoger porque no considerarían el asistir a los dos.

Eso me llevó a pensar en Cali. Yo sabía que era una ciudad que contaba con un velódromo — el único cubierto en el país — y que además era de alta calidad, pues había sido construido para los juegos panamericanos de 1971. Infortunadamente había tenido un daño en el techo y un deterioro en la pista.

El director del momento, el señor Daniel García Arizabaleta, siendo de la ciudad asumió la responsabilidad de la restauración del escenario deportivo. Se puso en contacto con INDERVALLE y la alcaldía de Cali, quienes hicieron una "vaca". Coldeportes aportó el cincuenta por ciento, la gobernación el veinte por ciento y la alcaldía el treinta por ciento restante. Hicieron un convenio tripartito con FONADE y ahí comenzó la restauración. Al conocer esa información me sentí más tranquilo y motivado para proponerle al IPC que realizáramos el open en esta ciudad.

Al momento de entregar las propuestas requeridas, modifiqué la fecha del evento de agosto a noviembre. Lo moví a ese mes, teniendo en cuenta las informaciones que había conseguido sobre fechas estimadas de entrega de las remodelaciones del velódromo. Proyecté que estaríamos a tiempo y estrenando escenario, además de quedar fuera del espectro de las fechas de los Juegos Parapanamericanos. Realmente lo vi como una tabla de salvación perfecta.

Hecho ese cambio, llamé al señor Ettore Sangiovanni para darle la buena nueva de que habíamos hecho el cambio de Bogotá a Cali. Esperaba que estuviera contento con la noticia, considerando que él es oriundo de esa ciudad. Sin embargo, su respuesta fue un disgusto enorme porque habíamos negociado el evento para Bogotá y no para Cali.

Me enteré de que la Federación Nacional de Ciclismo se había postulado para una parada mundial de la UCI y el velódromo había tenido la respectiva visita. Así que, para completar el cuadro desalentador, me informaron que no había recibido la aprobación dado que los arreglos aún no habían comenzado. Colombia había perdido la oportunidad de realizar la parada. Por esto, el señor Sangiovanni estaba muy decepcionado y creía que era mala idea cambiar el evento de sede.

Inmediatamente pedí cita con el señor Apolinar Salcedo, alcalde de Cali, quien era dirigente con discapacidad visual. Me acompañaron Hernán Troncoso y Leonardo Cárdenas, quienes hacían parte del área técnica del comité y Coldeportes respectivamente. Le presentamos la propuesta, pero al alcalde le preocupaba que los ojos del mundo estaban puestos en esta ciudad, debido al secuestro de los diputados de la Asamblea del Valle del Cauca y a una bomba explosiva que habían instalado en frente del comando de la policía. Él manifestaba que, ante un evento que congregaría este nivel de atletas de los cinco continentes, debía encontrar la forma de mostrar la mejor cara de la ciudad.

Y llegamos al tema del dinero. A su pregunta del costo del proyecto, mi respuesta fue que el presupuesto era de alrededor de mil millones de pesos. Ahí me preguntó que cuánto esperaba de apoyo económico por parte de la alcaldía. Yo le pedí el diez por ciento de la estimación total de costos, es decir, cien millones de pesos.

Yo tenía claro que, con una buena promoción del evento, podría conseguir más del cincuenta por ciento del presupuesto por medio de las inscripciones. Además, una buena gestión podía optimizar el uso de los recursos. Claramente se requería hacer una gestión juiciosa, tanto en el sector público como en el privado.

Volviendo a la reunión, al conocer el presupuesto solicitado el señor alcalde llamó a su secretario de hacienda, manifestó su intención de apoyar el evento y, finalmente, aportó ciento cincuenta millones de pesos.

Siguiente parada: la gobernación. A ellos les solicitamos cincuenta millones de pesos. Aunque al principio dijeron que podían darlo, al final solo aportaron veinte millones porque el departamento estaba en crisis. Nosotros los aceptamos, a pesar de que sentíamos que estábamos pidiendo porcentajes muy bajos y llevando un evento de muy alto nivel a la zona.

Yo consideraba que Cali tenía muchas ventajas. La primera, un velódromo en el que estaban invirtiendo diez mil millones de pesos. La segunda, teníamos la posibilidad de hablar directamente con los encargados de la remodelación, lo que nos permitía tener incidencia directa en todo lo referente a las adecuaciones de accesibilidad. Eso sería muy positivo para el paralimpismo y un gran legado de nuestra parte.

Tuvimos una reunión con la arquitecto encargada de la infraestructura, la señora Patricia Paz. El encuentro fue muy positivo y se proyectó una visita de la UCI. El señor York me manifestó las condiciones y que el evento sería manejado por la UCI, ya que ese deporte estaba haciendo tránsito a la federación. Llegó la visita de la UCI. Aparentemente todo iba bien, pese a que había algunos retrasos en las obras. Como había mundial de patinaje, ellos estaban priorizando el patinódromo. Por eso, las intervenciones en el velódromo se realizaban con lentitud.

Estábamos en el Hotel Torre de Cali con el personal de la UCI. Hicimos una reunión para ultimar temas de prensa, logística y demás. Cuando fuimos a hacer la visita de campo, solicité que se incrementara el personal en el velódromo para que se viera que estábamos trabajando y que teníamos voluntad de realizar el evento. Nos mostraron sobre planos las adecuaciones que iba a tener el velódromo y el techo ya estaba reconstruido.

El señor Luis Barbou y la señora Chantal Phillipe, integrantes de la comisión de visita, no estaban tan motivados con lo que veían como con los planos. Afortunadamente habíamos podido contribuir en todo lo que tenía que ver con accesibilidad. Se veía un buen número y calidad de rampas, los camerinos quedarían con acceso para una handcycle grande y con espacio suficiente para llegar hasta el baño en ella. Adicionalmente, los accesos de los camerinos hacia la pista eran por medio de rampas. En general todo salió bien. El señor Barbou me comentó que el presidente de la liga de ciclismo del Valle, el señor Hernando Zuluaga, le había dicho que en septiembre se iba a hacer un evento para la inauguración del escenario.

Para la segunda reunión con la UCI, tuvimos el infortunio de la destitución del alcalde y de una nueva bomba explosiva en la ciudad. Aun así, el equipo acordó que iniciaríamos la visita en Palmira, teniendo en cuenta que allá estaba prácticamente todo adelantado. Posteriormente, iríamos al velódromo, a fin de que no vieran lo malo primero.

Pilar Guzmán, encargada de las relaciones públicas, logró que nos asignaran un helicóptero militar para hacer un sobrevuelo. Estaba encantada, porque le iba a presentar todo al señor de la UCI en una demostración aérea. Debo confesar que fui muy cobarde en ese momento y dejé que ella hiciera toda la demostración. El señor Barbou pidió iniciar por el velódromo. Pilar logró persuadirlo. Le mostró que ya todo estaba listo y planificado de otra manera, por lo que él aceptó a regañadientes.

Hicieron el sobrevuelo de la ruta en Palmira y aterrizaron en el velódromo. Allí estuvieron tanto Pilar como Jesús María Sánchez, quien cuenta que el señor de la UCI se puso pálido al ver el avance de las obras y dijo que no creía que fuera posible tener el escenario a tiempo. Jesús María le explicó que así funcionaban las cosas en Suramérica, que todo solía demorarse y al final salía todo bien.

Terminada la visita, acordamos un almuerzo en el mismo hotel. Ahí sí estuve. Para la tarde, organizamos una reunión con cada una de las comisiones de trabajo. Johnson Niño dio a conocer todas las informaciones médicas. Pilar Guzmán presentó la información sobre la subdirección del evento. El señor Hernando Zuluaga rindió el informe de cómo se realizaría el ciclismo de ruta. Un periodista de Cali expuso el informe de comunicaciones. Adicionalmente, me acompañaron Leonardo Cárdenas y Hernán Troncoso.

El señor Barbou pidió apagar los celulares. Abrió su intervención con una exhortación que recibí con mucho dolor, pero que acepté con mucha humildad, porque sabía que tenía toda la razón. Manifestó sentirse engañado debido a que le habíamos mostrado unos planos y un plan de obra que estaba muy atrasado, a mes y medio del evento. Él nos informó que viajaría el siguiente martes a Canadá, donde todos los países estarían esperando la respuesta de su evaluación. Nos advirtió que, ante la mala fama que teníamos los países latinoamericanos para la realización de eventos, todo dependía de la decisión que él tomara al regresar.

Yo no tenía ningún argumento por esgrimir en ese instante. Afortunadamente, él afirmó que no se iría sin que le diéramos una carta en la que especificáramos la fecha de entrega del escenario deportivo. Eso me dio la oportunidad de salir de la reunión y hacer algunas llamadas. La primera fue al señor Rodrigo Santiago, quien era el secretario de deportes de Cali. Él me dijo que se debía pedir la carta a INDERVALLE. Ellos, a su vez, me remitieron a Coldeportes. Así que llamé al jefe de planeación, Orlando Sotelo, quien estaba al tanto del evento. Él me comentó que hablaría con el ingeniero encargado de infraestructura.

Entré de nuevo a la reunión, con la moral totalmente caída y la convicción de que ese señor tenía toda la razón. Veía las circunstancias y las condiciones eran casi que imposibles de cumplir. Por suerte, el señor Barbou vio que el trabajo técnico estaba muy desarrollado, se realizaba con profesionalismo y mucho corazón. También le brindó confianza el hecho de que un equipo grande nos habíamos trasladado a vivir a Cali con anterioridad.

Finalizada la reunión, me quedé en el lobby del hotel. El médico Niño se acerca con la pregunta de "presidente, ¿usted qué opina?". Le contesté que ese señor tenía toda la razón. En la noche, tuvimos una reunión casual, donde el mismo médico me cuestiona con lo siguiente:

—"Ya hemos avanzado mucho, ¿qué hacemos para avanzar más?".

Le dije:

— "Mire doctor, tome papel y lápiz. Vamos a establecer tres puntos:

— *Primero, yo quiero dejarle claro al delegado de la UCI que esto es Latinoamérica. Lamentablemente, él tiene razón en lo que dice. Pero que si él quiere introducir el cycling en este lado del mundo, como me comentó, tiene que entender que lamentablemente la idiosincrasia de estos pueblos es así. Si bien es un riesgo, tienen que apoyarnos y ponerse la camiseta con nosotros.*

— *Lo segundo que le propondría es que se venga un mes antes. No con la camiseta de supervisor, sino con toda esa experiencia que tiene y se apropie del evento. Es importante que nos ayude a impulsar y se ponga con nosotros a liderar todo este tema, desde el trabajo en equipo.*

— *Lo tercero, es que hasta el momento hemos hecho muchos esfuerzos y recibido muchos requerimientos. Sin embargo, Tenemos pocas inscripciones de algunos países. A mí me ha tocado hasta mentir en entrevistas de prensa en cuanto al número de países, para darle un marco más promocional al evento".*

A todo esto, el señor Barbou respondió que, en lo relacionado a las inscripciones de los países, muchos estaban a la espera del informe de su visita. Ellos no creían que Colombia fuera a hacer el evento. Y al parecer era verdad porque, después de que él emitió su informe, llegaron las inscripciones en cascada.

Respecto a venirse un mes antes, dijo que no le era posible. No obstante, él aceptaba el reto viniéndose quince días antes. Nos comentó que, de todas maneras, necesitaba la confirmación de la fecha de entrega del escenario, porque muchos países tienen la costumbre de llegar entre un mes y quince días antes para familiarizarse con los espacios deportivos del campeonato. Terminó viajando el domingo sin la carta, pero con mi promesa de que el martes se la haría llegar a Canadá.

Ahora regresaba a Bogotá con la misión de conseguir la famosa carta. Llegué directamente a Coldeportes para hablar con el encargado de infraestructura. Él me respondió que no la tenía y me pidió que volviera al siguiente día para recibirla. Le dije que si él no me tenía la carta al siguiente día en la mañana, como país tendríamos serios problemas porque yo había empeñado mi palabra y teníamos un compromiso internacional. Recuerdo que me miró con cara de enojo y luego una risa que me desconcertó.

Regresé al otro día. Al preguntar por el encargado de infraestructura, me enteré de que él ya no trabajaba en Coldeportes. Había trabajado hasta el día anterior. No obstante, cuando les comenté lo de la carta, me dijeron que él la había dejado allí.

Barbou también solicitó un reporte del avance diario de la obra del maderamen. Particularmente, tuve que enviar fotos cada dos días. Finalmente llegó la primera delegación a entrenar, precisamente la de Canadá. A ellos les tocó entrenar en medio de las obras. Me dio un poco de vergüenza, aunque sabía que estaban advertidos.

Se hizo evidente que el alcalde designado por el gobierno nacional no quería apoyar el campeonato. Por sus acciones parecía que lo quería sabotear, al punto de evitar su realización. Como vio que no podía obstaculizar el evento, porque tanto FONADE como Coldeportes estaban encima de la obra, finalmente accedió a iniciar los turnos nocturnos para acelerar la construcción.

Hechas todas las adecuaciones, el alcalde hizo un evento pequeño como inauguración y, de esa manera, disminuir el impacto de nuestro campeonato en el desarrollo de la obra. Sin embargo, al momento de inaugurar el open, el maestro de ceremonias de INDERVALLE abrió diciendo: *"nos encontramos aquí en la reinauguración del velódromo Alcides Nieto Patiño..."*. Fue así como se reivindicó la naturaleza de nuestro trabajo, la incidencia en la recuperación de ese escenario deportivo y las dimensiones del campeonato.

A la inauguración asistieron: el alcalde de Palmira, el señor Ettore Sangiovanni — presidente de la Federación Nacional de Ciclismo, el viceministro de Cultura en delegación de la ministra y el delegado de la UCI. El alcalde de Cali se negó a asistir. Dado que el alcalde actual no nos había apoyado para la realización del evento, ni tampoco quería hacer parte de él, sentí que era bueno tener con nosotros al anterior alcalde. El señor Apolinar

Salcedo nos había apoyado incondicionalmente hasta el momento de su destitución, así que le extendí la invitación. Inicialmente, no aceptó por diplomacia, pero logré convencerlo. Por eso, estuvo con nosotros apoyando las premiaciones e imposiciones de medallas.

A pesar de los intentos de saboteo por parte del nuevo alcalde, debo destacar el amplio apoyo que todos los demás actores de la sociedad me brindaron. Sobresale el respaldo de la prensa, de los hoteles — que, además de recibirnos, hicieron adecuaciones de accesibilidad —, la gestión y restauración del velódromo. En general, todo fue muy positivo.

Como parte de nuestra gestión, presentamos un proyecto a la Comisión Nacional de Televisión (CNTV). Logramos que se cofinanciaran veinticinco horas de transmisión. Es decir, se emitió un programa diario, de más o menos tres horas y media. No se transmitió en directo la ruta, porque era en horas de la mañana. Este horario promovió un fenómeno bastante interesante. Ya que la ruta se acababa al medio día, las delegaciones regresaban a almorzar y así podían verse a sí mismos en ese espectáculo.

Asimismo, logré negociar con INRAVISIÓN que en las transmisiones estuvieran tanto el narrador de ciclismo, como un periodista conocedor que pudiera hacer pedagogía, debido a las diferencias de la competencia para nuestra población. Esa persona fue Hernando Ayala, teniendo en cuenta su experiencia en Juegos Paralímpicos.

Fue un evento tan bueno, que terminó postulado dentro de los mejores del año en el país. Además, permitió una apertura enorme a la práctica del ciclismo en nuestra región y la posibilidad de que en las siguientes ediciones de los Juegos Parapanamericanos se incluyera esta disciplina.

Otra cosa que aprendimos fue cómo atender los eventos de gran tamaño. Nos advirtieron que la logística era enorme, pero solo viviéndolo nos dimos cuenta de su gran envergadura. Por ejemplo, tuvimos que pedir ayuda al ejército a través del batallón Agustín Codazzi, para poder hacer el bodegaje de las bicicletas y la ceremonia de cierre.

Una de las situaciones más angustiantes la tuvimos con delegación de China. Ellos enviaron sus equipos por barco. Mas cuando la delegación arribó, no habían llegado sus bicicletas. El día de la inauguración aún no teníamos información del envío; cuando hicimos el seguimiento, encontramos que la carga estaba en Miami. Silvio López nos ayudó a hacer el monitoreo, informándonos que el envío iba a demorar una semana más. Es decir, los equipos llegarían después de terminado el campeonato.

Gracias a la labor del señor Silvio, la empresa Deprisa accedió a apoyarnos y enviar esa carga a Colombia. Para todas las labores burocráticas que se requieren en estos casos, tuve la total colaboración de las autoridades aduaneras de Cali. Además de las autorizaciones requeridas, como Comité tuvimos que crearnos como importadores temporales. Afortunadamente recibimos la información necesaria para evitar cualquier traba en el trámite de ingreso de los elementos. Básicamente, no dormimos con tal de tener todos los elementos disponibles para los atletas. Como delegación local, trabajamos juntamente con los integrantes del personal de apoyo de China.

El voluntariado estuvo a cargo de los estudiantes de idiomas de la Universidad del Valle, las facultades de fisioterapia y educación física de la Escuela Nacional del Deporte y de la Universidad de Cali. También hicimos un trabajo interesante con adultos mayores en actividades logísticas. Implementamos una estrategia de apoyo a las delegaciones con los colegios. Cada institución adoptaba una delegación y se convertía en su hinchada.

Uno de los aspectos más impactantes en este evento fue la baja cantidad de personas capacitadas para servir de traductores de chino, porque casi todas las universidades ofrecen inglés. Fue todo un desafío conseguir traductores del mandarín al español.

Terminado el campeonato, teníamos unos retos adicionales. Primero, debíamos ayudarle de nuevo a la delegación china con el regreso de sus implementos, y así evitar el mismo problema ya mencionado. Para ello, nos apoyó la empresa Deprisa, que nos facilitó el bodegaje en la ciudad de Palmira, en el aeropuerto Alfonso Bonilla Aragón.

Por otra parte, yo debía viajar a Nueva York y de allí a Seúl. Pero antes de viajar, necesitaba hacer unas gestiones con la policía antinarcóticos. Como representante legal, era yo el responsable de la importación y reexportación a sus respectivos países de los elementos deportivos de los ciclistas. Fue una tarea maratónica, pero con la satisfacción del deber cumplido.

Todo tuvo muy buena acogida. Hubo reportes satisfactorios de parte de la UCI y, en general, se dio una muy buena imagen del país ante los asistentes. Además, económicamente fue un éxito. Reportó unas ganancias para el comité que, a la postre, permitieron la compra de mucha de la dotación de los atletas que se presentarían en los JJPP de Pekín. Y con ello, empezaban a realizar su respectivo entrenamiento.

Adicionalmente, el balance de este evento fue muy positivo por el legado social. Apoyamos la apertura del paracycling tanto en Colombia como en América Latina, llegando al cumplimiento de un sueño: la integración de la comisión de paracycling con la Federación Colombiana de Ciclismo. De igual forma, logramos una participación de más o menos veinte atletas, lo cual era un número elevado para lo que generalmente habíamos tenido.

Otro de los eventos en los que hicimos presencia fue en los Juegos Mundiales de IBSA. Además, mantuvimos el apoyo a las federaciones en el respectivo calendario deportivo. Así que, además de los mencionados juegos, ayudamos tanto a FEDELIV como a FENASCOL con los juegos nacionales de sus respectivas discapacidades, teniendo en cuenta que ellos pretendían institucionarlos para su realización anual.

En junio de 2008, instauramos un nodo de comunicaciones externo — sin ningún vínculo laboral —, que se dedicó al manejo de los boletines institucionales, videoclips y alimentaba la página web. También mantuvimos el boletín habitual "Hechos Paralímpicos". Todo esto en aras de fortalecer la difusión de la información alrededor de los Juegos Paralímpicos, los Juegos Paralímpicos Nacionales y las demás actividades que llevábamos a cabo.

Algunas veces no lográbamos hacer transmisión en directo, debido a la diferencia horaria que teníamos (trece horas). Por ejemplo, la medalla de bronce de Moisés Fuentes fue como a las once de la mañana de Pekín, pero en Colombia eran las diez de la noche del día anterior. La transmisión era entregada a Colombia hasta el día siguiente, en los informativos de la mañana. Y, aunque tenía una audiencia grande, no se estaba presentando en directo.

Por decisión de Señal Colombia, logramos que nos dieran tres horas y media diarias. Montamos un estudio, en un esfuerzo conjunto por todos los costos que ello representaba. Además, nosotros tuvimos que ambientarlo. Mantuvimos el set utilizado para los Juegos Olímpicos, pues ya estaba muy bien acondicionado y solo requería el cambio de logos. Es decir, pocos ajustes. Así logramos reducir muchísimos costos.

Este fue un desafío muy grande, debido al bajo conocimiento que existía en el país acerca de nuestro deporte. Las personas en Señal Colombia estaban ya habituadas a transmitir los Juegos Olímpicos. Aun así, se les hacía increíble que se lograra el mismo nivel y, en los mismos escenarios deportivos, por parte de nuestros atletas.

Después de hechos todos los acuerdos, pude hacer el viaje a Pekín. En los primeros días, pasé muchísimo tiempo en el centro de prensa de los juegos. Esto me permitió optimizar los recursos, en especial el humano. Así, podríamos cumplir con el suministro de imágenes, entrevistas e información.

Una anécdota. El señor encargado de la asignación de derechos de televisión llamó, a medianoche de Brasilia, al hoy presidente del IPC, el señor Andrew Parsons. Quería saber su opinión acerca de lo que estaba sucediendo con el comité de Colombia. Él creía que era, más o menos, una locura lo que nosotros estábamos haciendo. El señor Andrew Parsons nos apoyó con el visto bueno. También manifestó que creía que nosotros íbamos por buen camino. De hecho, él mismo nos había aconsejado realizar ese tipo de esfuerzos pues, en sus inicios, ellos tuvieron que hacer la misma tarea.

Otro aspecto crucial fue elegir a los expertos que serían los comentaristas de los eventos deportivos. Como criterio básico, tenían que ser especialista en ese deporte específico a nivel paralímpico. Para esa tarea fueron seleccionados entre otros:

- Óscar Saúl Cortés Cristancho.
- Olga Sáenz.
- Leonardo Ruíz.
- Jairo Enrique Rodríguez.
- Alfredo Sánchez (periodista de Caracol).

Adicionalmente, en la coordinación de la transmisión estuvo Mauricio Zuluaga, quien trabajó arduamente para la armonización de las transmisiones.

A primera hora de Pekín, hacíamos un concejo de redacción diario. Y con ello, realizaban toda la transmisión del día siguiente de acá (Colombia). Se enviaban las imágenes, que eran editadas por el personal de Señal Colombia y algunos estudiantes voluntarios de áreas afines.

Al regreso, organizamos una actividad de agradecimiento en el Club Militar y les entregamos unos recordatorios de los Juegos. Quedamos muy satisfechos, particularmente después de escuchar el comentario del periodista Héctor Palau, quien nos dijo que esta transmisión les había cambiado el imaginario. El trabajo de comunicaciones fue una catapulta para el reconocimiento de nuestro deporte y nuestros atletas. Fue una labor pedagógica, en la que todos los actores se vieron involucrados.

Recuerdo que, al momento de viajar hacia Pekín, me encontré en el aeropuerto con el licenciado Antonio Arias. Era funcionario de Coldeportes y, además de ir en funciones estatales, fue como corresponsal de la emisora Antena 2. Nos volvimos a encontrar en el estadio Nido de Pájaro. Al ver las carreras en silla atlética, me preguntó si nosotros teníamos de esas sillas, a lo que respondí positivamente. Ahí me di cuenta de que todo esto era un marco de ilustración y concienciación de todos los actores en nuestro país.

Paralelo a los Juegos, había unas eliminatorias de fútbol. Aunque enviábamos a diario nuestras imágenes a los medios de comunicación, eran más importantes las eliminatorias. En este país eso es una prioridad, por encima de todo, así que nadie nos prestaba atención. Colombia fue eliminada después de perder dos partidos. Justo en ese momento, Moisés Fuentes ganó la medalla. Entonces, pasamos de estar rogando para que transmitieran la nota, a tener que enviar a nuestros muchachos — con los equipos y baterías de repuesto —, porque todo el mundo quería entrevistar y tener algo de información de nuestros atletas.

Con nosotros estaba en Pekín el profesional Germán Espitia Aponte como fotógrafo voluntario. En su momento fue diseñador del logo del CPC, ganando un concurso entre diferentes empresas de publicidad, que había propuesto Juan Pablo Salazar. El premio de dicho concurso era acompañar a los atletas a los Juegos Parapanamericanos en Río, con los gastos pagos. Gracias a ese antecedente fue que, a través de él, fue el equipo de Pirry a los juegos en Pekín. Cabe mencionar que, al llegar a Colombia, Pirry tuvo un detalle muy lindo con los atletas.

Realizamos una estrategia de medios exitosa, hecha con las uñas. Se logró a través de un monitoreo de medios. Hacíamos conteo de las notas emitidas, tanto de las que nosotros enviamos como de las adicionales con los familiares de los atletas. Además, tuvimos a los atletas una semana más después de la llegada de los Juegos.

En estos juegos obtuvimos dos medallas, la de bronce de Moisés Fuentes y la de plata de Elkin Serna. Gracias a eso, hubo un movimiento periodístico grande. Y para nuestros atletas, recibimientos por parte de diferentes sectores políticos y manifestaciones de afecto hacia ellos.

Otra nota curiosa. El senador Juan Lozano tuvo una pequeña confusión al haber escuchado el himno nacional, que había sido sobrepuesto en la transmisión. Él creyó que las medallas habían sido de oro. Por ello, tuvo una manifestación elocuente de afecto y admiración diciendo: "ustedes son unos héroes. Ustedes nos hicieron vibrar con nuestro himno allá sonando y nuestra bandera".

Una de las anécdotas especiales de los Juegos, fue la asistencia del señor José Ignacio Bermúdez, quien había sido uno de los gestores de la ley que nos permitió la creación del CPC. Él iba con permiso del congreso y en calidad de autoridad, cupo que era parte de la asignación que le atribuían al comité. Él podía ir con su esposa, pero su hija Mónica terminaba la carrera de medicina. Así que, como parte de la celebración de su logro, le llevó como acompañante. Posteriormente él me contó que ella le dijo "papá, ya sé lo que voy a hacer", y fue así como decidió estudiar medicina del deporte y ya lleva bastante tiempo trabajando en esa área acompañando el sistema paralímpico.

A nivel nacional, tuvimos además la participación en los Juegos Paralímpicos Nacionales que, en esa edición, se realizaron en la ciudad de Cali (inicialmente la sede había sido asignada al archipiélago de San Andrés, Providencia y Santa Catalina). Adicionalmente, estaban en la organización Cali y Cauca. Para nuestro caso, nos habíamos congregado en Cali.

Para esta edición tuvimos el reto del manejo administrativo de la organización e implementación deportiva de estas justas, teniendo esta responsabilidad tanto para los Juegos Nacionales como para los Paralímpicos Nacionales. Era una responsabilidad bastante grande para el comité por el imaginario que había de debilidad para el manejo de recursos, en especial de los públicos, el cual no es fácil por la normativa que hay a su alrededor, lo que lo hace excesivamente riesgoso. En el caso de Cali ya llevábamos mucho adelantado en cuanto a la accesibilidad tanto en los sitios de competencia como en la infraestructura hotelera. Fue toda una labor educativa porque se veía claramente las diferencias entre el trato que se le daba a los atletas olímpicos respecto de los paralímpicos.

Había unas delegaciones de muy pocos recursos, falta de igualdad y discriminación. Debimos trabajar muy duro en reducir las brechas y concienciar a los directivos para lograr la mejor equidad para los atletas. En esta edición ya estaba la participación de las cinco discapacidades y la participación era de las cinco federaciones, cumpliendo así la meta de que en ocho años, desde la fundación del CPC, se tendrían las cinco federaciones y se tendría participación completa en los juegos.

En el caso de la parálisis cerebral, sus deportes fueron presentados como deportes de exhibición, pero fue la vitrina y la catapulta para que finalmente pudieran estar de lleno en las siguientes ediciones. Aunque ya existía FECDEPC — liderado por la señorita Olga Sáenz, acompañada por las señoras Elvira Murcia de Rojas y Sandra Rodríguez —, no había suficientes regionales para cada deporte. Entonces, se iba haciendo con cada grupo la demostración respectiva, de manera que se abriera el campo en las diferentes regionales.

Con el señor Afranio Restrepo, quien era el gerente del comité, trabajamos en la compra de la implementación. Lo realizamos con la debida licitación, procurando hacer todo completamente transparente. Obviamente, hubo ataques de quienes no se encontraban de acuerdo porque no les favorecía, ni contenía posibilidades de corrupción e intentaron vender esa idea a los medios de comunicación. A pesar de que no teníamos la obligación de hacer la compra bajo la figura de licitación, requeríamos ser lo más transparentes posible. Por eso, no hubo manera de que le lograran mostrar a la opinión pública ningún tipo de corrupción de nuestra parte, porque no existía.

Después de los juegos, la sede le suele solicitar al estado la implementación. Nosotros hicimos nuestra gestión porque considerábamos que mucha de la implementación era muy útil para nuestros atletas. Nosotros teníamos la custodia de esos implementos, así que para garantizar que no se fueran a perder y que tuviéramos la posibilidad de retener algunos para nuestros atletas, decidimos que tan pronto se acabaran los juegos, los implementos viajaran a Bogotá. Así podríamos cumplir plenamente con la custodia de ellos y no tener inconvenientes de pérdidas. Entre tanto, Cali y nosotros hicimos la gestión para la adjudicación. Fue de esa manera que a Cali le correspondió una parte y otra gran parte quedó a favor de nuestros atletas.

Para ese entonces, ya estaba por finalizar mi periodo en la presidencia. Dejamos las cuentas bancarias con una suma grande de dinero, la implementación deportiva; además, dejamos andando el proyecto de los Juegos Parapanamericanos Juveniles Bogotá 2009, el proyecto del Campeonato Mundial de Ciclismo Pista y Ruta Cali 2010, evento que finalmente no se realizó y que se cayó después de que nosotros entregamos la administración.

Para este año también dio sus frutos el trabajo de la comisión de accesibilidad, comisión que se había constituido en 2005 y que había hecho un arduo trabajo de asesoría en la construcción de las infraestructuras de los diferentes juegos que se realizaron en esa época en el país. A cargo de esa comisión estuvo Carlos Sánchez, quien era ingeniero civil de profesión y, siendo miembro del comité ejecutivo, se puso al frente de todas las actividades y productos que debían salir. Entre otras, ese año se publicaron unos manuales de lineamientos para la construcción de escenarios deportivos. Además, se incluyeron en cada comisión que creara Coldeportes, con el fin de incidir o diseñar escenarios con un asesor de accesibilidad, logrando así cumplir con un derecho de las personas con discapacidad.

Igualmente se hizo un diplomado en alianza con una universidad, en modalidad semipresencial. Lo realizamos con los arquitectos que estaban en relación directa con los institutos departamentales. Hubo presencia principalmente de Antioquia y, con ellos, tuvimos representación de Bogotá, Boyacá, Córdoba, Cundinamarca, Sucre, Tolima, Valle y Meta.

Nuestra política era que, siendo que Coldeportes cofinanciaba los escenarios, estos debían cumplir con las normativas de accesibilidad. También se pretendía construir una Colombia para todos a través de la adecuación de accesibilidad en otros lugares, como hoteles, restaurantes, parqueaderos y demás.

A finales de 2008, hicimos un gran encuentro a nivel nacional, a través de mesas de trabajo, con la dirigencia y parte técnica que pretendía el crecimiento del sistema, asesorar al gobierno nacional en la construcción de actividades de recreación y aprovechamiento del tiempo libre para población con discapacidad. La asistencia en este caso fue de más de trescientas personas de las diferentes regiones.

El 24 de diciembre de 2008 obtuvimos una certificación de calidad en el cual fuimos aprobados y, además, logramos el reconocimiento de la FECDEPC.

No tuvimos nada de descanso de las fiestas. A inicios de 2009 teníamos que entregar nuestro periodo estatutario, que iba hasta el 02 de febrero. Requeríamos dejar la casa en orden, con los informes completos y claros de lo que tenía que ver con convenios de Juegos Nacionales, de la organización e implementación deportiva, además de los proyectos que se firmaron con el estado. Así quedó documentada y detallada la transparencia de nuestra gestión en el periodo que nos correspondió. Adicionalmente, tuvimos una auditoría externa que nosotros solicitamos, a fin de garantizar que todos los dineros se habían destinado debidamente y que los informes que presentábamos eran verídicos.

Parte del sueño era que el CPC se comportara como una empresa tanto con estabilidad económica como en el personal que trabajaba con nosotros y, sobre todo, que no dependiéramos de los vaivenes políticos. Una de las acciones adelantadas fue firmar un contrato de seis meses con el gerente que había estado trabajando conmigo, el señor Afranio Restrepo, con el fin de que la información administrativa quedara disponible para la persona que me sucediera y que se facilitaran todas las actividades para esa persona. También esto permitiría blindar el CPC de actos de corrupción.

En la nueva administración, el presidente fue Miguel Zambrano, en representación de la población sorda, honrando el compromiso inicial de que la presidencia quedaría rotativa entre las diferentes discapacidades. Yo quedé como vicepresidente. Acordamos trabajar mancomunadamente, pero al poco tiempo empezaron los malestares. Yo defendía mucho el proceso de los Juegos Parapanamericanos Juveniles que pretendíamos realizar en Bogotá en ese mismo año. Para ello se había protocolizado el himno creado por el maestro Raúl Rosero. Se tenía todo listo y se hicieron los juegos de acuerdo con la programación.

El cinco de octubre de 2009 citaron a una asamblea extraordinaria para cambiar toda la junta y decían que todo ya estaba arreglado. Así salí yo del comité, en circunstancias que recuerdo fueron bastante extrañas. En su momento me llamó Olguita Sáenz para preguntarme si no iba a asistir a la asamblea. Le contesté que no tenía tiempo para esos circos. Se lo expresé de esa manera, porque fue bastante duro ver cómo trabajamos arduamente los procesos y por todo lo que tuvimos que pasar, para que nos dieran la salida de esa manera.

Finalmente, disolvieron la junta directiva del CPC y al primero que nombraron de nuevo fue al señor Zambrano. Lo curioso es que al año siguiente él me llamó pidiéndome una cita, así que lo invité a desayunar en el club militar. Me manifestó que consideraba que había cometido un error, que al momento tenía muchos problemas con los sectores y se estaban generando divisiones. Me pidió que liderara el proceso desde FEDESIR y le ayudara con FECDEPC, teniendo en cuenta mi amistad con Olga Sáenz. Yo le señalé que, a pesar de tener una muy buena relación con todos los sectores, respetaba la autonomía que ellos tenían en sus decisiones administrativas.

Como se terminó el periodo de esta forma tan particular y yo había estado como director de los Juegos Parapanamericanos Juveniles, programados para el mes de octubre, seguí hasta su realización. Tuvimos el apoyo de Coldeportes a través del licenciado Antonio Arias, quien era responsable del deporte asociado y nos conectó con las federaciones olímpicas para el apoyo técnico. Él estaba de salida de la entidad justo en el momento en el que se llevaban a cabo los juegos, por lo que decidió hacer parte de estos como voluntario.

Inicialmente, la realización de los juegos se planeó para Cartagena, pues la ciudad había sido la sede de los Juegos Centroamericanos y del Caribe, además de que, de una u otra forma, nosotros habíamos incidido en las construcciones accesibles allí. El APC ya había hecho las visitas y se había hecho un seminario con presencia de José Luis Campo y Andrew Parsons. También tuvimos presente esta ciudad porque era una de las postuladas como sede de los Juegos Nacionales en 2012.

Pero como Cartagena no ganó la sede de los Juegos Nacionales, las evasivas comenzaron a aparecer. Así que le pedí a Afranio que hiciera una visita a la ciudad y que concretara para que hubiera una respuesta certera. Después de la visita y las respectivas reuniones, concluyeron que no seguirían con la realización de nuestro evento. A pesar de todas las promesas, incluso presupuestales, que habían hecho previamente, esto nos puso en una situación bastante compleja.

Ante el dilema de seguir con el evento o enviar una carta para declinar. Decidimos irnos por la vía más difícil, pedirle a Bogotá que fuera la sede. Durante la temporada del primer acercamiento, el director del IDRD era José Tapia. Después quedó a cargo una señora que estaría allí, entre tanto que nombraran a alguien en propiedad.

Bogotá se presentó como candidata a la sede de los Juegos Panamericanos 2015, lo cual facilitaba la negociación para la realización de nuestros juegos e incluso nos daba argumentos de peso para manifestar que cambiaríamos la sede. Obtuvimos el aval para los juegos por medio de la directora encargada del IDRD, documento que debíamos presentar ante el APC. Lo que estaba difícil era el presupuesto, porque en ese momento las fechas de presupuesto habían pasado y tocaba ajustarse a los dineros existentes.

Posterior a los juegos, se hizo en Bogotá la asamblea del APC en 2009. Hacía dos años había sido nombrado vicepresidente y en esta ocasión me había postulado para vicepresidente de nuevo. En 2007, el APC realizó los cambios estatutarios necesarios para ser una entidad dependiente del IPC. Había un solo candidato para la presidencia, pero no alcanzó los votos requeridos para ganar, así que procedieron a la elección de la vicepresidencia, con la claridad de que quien fuese elegido vicepresidente quedaría como presidente encargado hasta que hubiera una nueva asamblea. De esa manera, tras haber ganado las votaciones a la vicepresidencia, llegué a la presidencia. Ejercí el cargo hasta 2011 que hubo una nueva asamblea, en la cual ya fui elegido presidente en propiedad.

Un día después de esa asamblea de 2009, la primera llamada que recibí fue de parte de Xavier González, quien era el CEO del IPC. Me dijo que me llamaba por tres motivos: el primero era para felicitar a Colombia por los juegos y su éxito, el segundo para felicitar a Colombia y a mí por el nombramiento en el APC y el tercero, para darme un mensaje de Sir Philip

Craven, quien por su cercana relación con el señor Mario Vásquez Raña — presidente de la ODEPA —, había sido invitado a la asamblea de esta organización a realizarse en Guadalajara en el mes de noviembre. Quería que yo le representara en esa reunión. Él había sufrido un percance de salud y quería responder a la deferencia que había tenido el señor Vásquez. Yo le dije a Xavier que para mí era un honor representar a una persona como Sir Philip Craven, no sólo por el cargo que ostentaba, sino por las calidades que él tenía.

El señor Craven era una persona que, aparte de haber sido un atleta de baloncesto en silla de ruedas, se había convertido en el presidente de la Asociación Británica. Ellos, a su vez, manejaban la villa de Stoke Mandeville. En su administración, la villa deportiva se transformó en un sitio autosostenible. Entre otras, era admirable ver cómo la villa y el hospital se convirtieron en un lugar en el que el modelo de inclusión daba un revés interesante, porque era una entidad de personas con discapacidad brindando servicios para personas sin ninguna discapacidad.

Luego participé en esa asamblea de la ODEPA, que duró varios días. Teníamos un día en el que se hablaba de la gestión de los Juegos Panamericanos y los Para Panamericanos. Cuando llegó el momento de presentar lo referente a Para Panamericanos, el señor Vásquez Raña sólo tenía una diapositiva y, básicamente, dijo que eso no era competencia de ODEPA y siguió en su presentación. Yo quedé con la inquietud, pero era muy novato en ese tipo de reuniones, así que había pedido los buenos oficios del señor Andrés Botero, quien en ese momento era expresidente del Comité Olímpico Colombiano y asistiría a esta reunión como miembro COI. Yo le conocía previamente desde mis primeros tiempos en FEDESIR. Solicité la palabra iniciando con los saludos protocolares, me presenté como parte del APC y, en representación de Sir Philip Craven, me puse a disposición para trabajar mancomunadamente con esta organización. Igualmente, les dejé en un documento consignadas todas mis incógnitas al respecto.

Llegando de esa asamblea tuve viajé a Kuala Lumpur, Malasia. Pues allí era la asamblea del IPC. La primera persona que me encontré fue a Xavier González, quien me preguntó por las noticias que traía de los Juegos de

Guadalajara para 2011. Yo le respondí que solo hubo la presentación de una diapositiva en no más de treinta segundos, que yo consideraba que debíamos hacer una avanzada de emergencia al comité organizador de estos juegos. En ese entonces, como era típico en ese momento en nuestra región, había cierto distanciamiento entre el Comité Paralímpico Nacional y la organización de los Juegos. Solicitamos entonces la reunión para el mes de junio de 2010.

Otro logro obtenido en el tiempo de mi presidencia en ese año fue la oficialización del Comité Paralímpico de Trinidad y Tobago, quienes habían hecho el trámite con mi antecesor; en noviembre quedó oficializado como un comité miembro.

También organicé una reunión con el apoyo de Andrew Parsons, José Luis Campo y los demás dignatarios del APC, con el objeto de proyectar hacia dónde queríamos que fuera el deporte paralímpico en el continente. Allí, entre otras, hablamos de la sede de los siguientes Juegos Para Panamericanos Juveniles. Surgió entonces la inquietud de Argentina de tomar la batuta de esos juegos. Tuvimos además en cuenta a Brasil, ya que ellos habían realizado los Juegos Para Panamericanos de 2007. Teniendo presente la infraestructura que ya estaba establecida, Andrew Parsons dijo que ellos ya estaban haciendo las gestiones para realizarlos en 2017 en Sao Paulo.

A la reunión con ODEPA de 2010 asistió el señor Georg Schlachtenberger, quien era el coordinador de comités paralímpicos del mundo. Junto con él, un grupo de trabajo del IPC. Por parte del APC fuimos Andrew Parsons, José Luis Campo — quienes además eran miembros del IPC — y yo. Nos reunimos con el Comité Organizador y el Comité Paralímpico Mexicano. La reunión tuvo una duración de dos días, terminando con una rueda de prensa. Para nosotros era imperativo regresar de allá sólo hasta que tuviéramos los acuerdos necesarios para dejar todo lo respectivo a los juegos andando.

Dejamos preparado el listado de deportes y las actividades que se iban a hacer. Todos estos logros fueron presentados en la rueda de prensa. En general, lo que se hizo fue garantizar a la población internacional la realización de los Juegos Para Panamericanos y, específicamente, garantizar a la población mexicana, que estos juegos serían una realidad bajo el esquema presupuestado. En este caso, incluimos dos disciplinas más respecto de las nueve que había tenido Río. Agregamos voleibol sentado y ciclismo.

Llegaron los Juegos PARACODICADER, que se realizan en el contexto Centroamericano y agrupan a todos los países de esa sección del continente. Estos juegos están en un contexto un poco diferente, ya que son movidos por los gobiernos e integran población joven y escolar. Además, se realizan cada año. La idea de hacer parte de estos juegos fue impulsar a los comités de la región — y las organizaciones que hacen sus veces — para que formaran parte. También para que los vieran como un semillero de atletas y de captación deportiva a largo plazo. Esta actividad tuvo lugar en Ciudad de Panamá entre el 30 de noviembre y el 03 de diciembre.

Comenzamos el 2011 con el Campamento Centroamericano de la Juventud, realizado en San Salvador, El Salvador, del 11 al 16 de abril. Lo hicimos en coordinación entre el IPC, el APC y la fundación For Global Sports. Nuestra labor fue vincular al Instituto Nacional de Deportes del Salvador, que era la entidad que hacía las veces de ministerio en ese país. Así logramos que nos apoyaran con escenarios deportivos, hospedaje, logística, etc. Este campamento incluía seminarios, talleres, actividades prácticas y de captación de población joven, tocando no solo el tema deportivo, sino también formación en valores y liderazgo.

Dándole una forma más de entidad con capacidad de gestión, se nombró a la señorita Carolina Núñez Chavarro como Asistente del APC. Con ello, se obtuvo un apoyo administrativo que permitía el soporte tanto a los comités nacionales, como a las actividades desarrolladas por el APC. A ella la conocí en el Open Parapanamericano de Ciclismo en 2007, en donde realizó voluntariado.

Me parecía de extrema importancia realizar una conexión más fuerte con la ODEPA y que hubiera una forma agrupada de los juegos bajo el mismo esquema de los JJOO. Así que logramos que fuera obligatorio para las sedes acoger las dos celebraciones deportivas.

En esa línea comenzó la relación con el señor Mario Vásquez Raña; solicitamos tanto hacer parte de las comisiones técnicas, como ser invitados a sus asambleas. Para nosotros era muy importante hacer esa cohesión y constituirnos en equipo entre las dos organizaciones, para así estimular el trabajo mancomunado entre los comités olímpicos y paralímpicos en las naciones de América. Además, logramos tener siempre presencia en las asambleas de ODEPA.

Hicimos parte del II Congreso Nacional de Deporte Paralímpico de Argentina (evento liderado por el presidente del Comité Paralímpico Argentino, el señor José María Valladares), con el ánimo de brindar un apoyo institucional al evento.

Los Juegos Parapanamericanos se dieron finalmente en noviembre y posterior a los juegos se realizó la asamblea general del APC. Como yo estaba ejerciendo la presidencia en calidad de encargado, me presenté esta vez para el cargo de presidente y en esta oportunidad fui elegido en propiedad; de esa manera, aseguré terminar el periodo de los cuatro años.

En Guadalajara también se realizó la reunión del CADE — Comité Americano del Deporte — que es una organización que agrupa a los ministerios del deporte del continente y su jefatura se rota entre los diferentes ministros de los países. Casualmente, ese año fue entregada la jefatura al director de Coldeportes, organismo que internacionalmente se reconocía como ministerio.

En esa ocasión el director era el señor Jairo Clopatofsky, quien, entre otras, había logrado que la institución cambiara de carácter a Departamento Administrativo. Nosotros también estuvimos en esa asamblea. En su momento tomamos la palabra para instar a los ministros, y quienes hacían sus veces en los países en los cuales no hay ministerio, a que fortalecieran los procesos del deporte paralímpico en sus territorios.

En 2012 se vinculó a Aimee Poyo como Coordinadora de Competencia, mediante contratación con el IPC, fruto de su labor en el equipo logístico de los Juegos Parapanamericanos 2011. Teniendo en cuenta que nosotros éramos una región adscrita al IPC, no podíamos gestionar recursos y no teníamos cuerpo jurídico que nos permitiera hacer directamente la contratación. Estas contrataciones eran posibles debido al soporte logrado a través de ODEPA y su organización de Solidaridad Panamericana, quienes nos brindaban un soporte económico girado al IPC, con destino a uso en necesidades específicas del APC.

Durante ese cuatrienio logramos regularizar los comités en los países en los cuales no existía la figura en la ley, de manera que funcionaban como organizaciones de rehabilitación, federaciones adscritas a sus comités olímpicos y organizaciones de caridad. Sin embargo, no tenían una figura que dentro de la ley les cobijara para recibir presupuesto y contar con autonomía. El deber ser era que pudieran hacer uso del derecho a la igualdad y que tuvieran cobijo bajo la ley de sus países.

Parte del resultado preliminar de esa gestión fue la constitución del Comité Paralímpico de Antigua y Barbuda. Esto fue posible gracias a los acercamientos que había hecho con el senador Chet Greene y que permitió la primera participación de este país con el atleta Jamoil Pilgrim, quien compitió en atletismo en los Juegos Paralímpicos realizados en Londres. Paralelamente, bajo gestión de Georg Schlachtenberger logramos la creación del Comité de Las Islas Vírgenes de Estados Unidos y, con ello, su participación en Londres con el jinete Lee Frawley.

Además, tuvo lugar la I Cumbre Paralímpica de las Américas. Con ello pretendíamos fortalecer los lazos entre las naciones y la capacidad académica, en aras de mejorar el desempeño deportivo del área. Entre otras actividades, realizamos un seminario de carácter internacional con presentaciones magistrales de IPC, APC y Coldeportes. También tuvimos una reunión de pre-registro de las naciones que iban para los Juegos de Londres.

Tuvimos una asamblea extraordinaria del APC, con el objetivo de aprobar el plan estratégico planteado para su ejecución entre 2012-2020 y unas conferencias de desarrollo para América, las cuales tenían modelo de taller y duraron varios días. Logramos que en las tertulias del COC se diera la disertación de Deporte Olímpico y Paralímpico, liderada por ponentes internacionales tanto del IPC como del COI, en las instalaciones del COC.

El plan estratégico era un esfuerzo iniciado en 2010, con una validación en la asamblea realizada en el marco de los Juegos Parapanamericanos Guadalajara 2011 y su aprobación final en el marco de la Primera Cumbre Paralímpica de las Américas. Logré que el plan no tuviera costo para el APC, gestionando que su totalidad fuera conducida por la Secretaría de Cultura, Recreación y Deporte de Bogotá y especialistas de la Organización Colombiana de Consultoría ALTIUS CONSULTORES. En el proceso participaron de forma virtual los comités paralímpicos miembros, asesoría del IPC, Coldeportes y la Universidad Santo Tomás. Además, en la parte operativa estuvieron Afranio Restrepo y Juan Pablo Orozco.

Bajo el liderazgo de Carolina Núñez consolidamos el voluntariado que llamamos "Unidos por América". Este trabajo lo realizamos a través de las redes sociales, vinculando varias universidades, entre ellas la Universidad del Rosario y Manuela Beltrán. Por medio de eso, se pretendía que el APC tuviera un soporte para los eventos y que se pudiera sostener en el tiempo.

Otra de las actividades que lideramos fue la transmisión en español de los Juegos Paralímpicos para América. A través de los recursos gestionados, le presenté al IPC una propuesta planteando que en el continente la mayoría de los países no hablan inglés. Por ese momento, el IPC había empezado a moverse más con el streaming y había hecho un convenio con YouTube. Así que yo creía que todo esto era viable. Además, se podían movilizar periodistas hispanos para que hicieran entrevistas, de tal forma que todo ello redundara en difusión en los diferentes países en los que no existían los recursos para pagar los derechos de transmisión.

El proyecto fue aprobado y el IPC contrató a un señor español, unos europeos y dos personas de América Latina que, coincidencialmente, eran colombianos. Uno fue Fernando Augusto Ayala, el otro fue Luis Fernando Restrepo, un periodista de la BBC que llevaba mucho tiempo viviendo en

Londres. Estuvo también un argentino, Lautaro Cheppi en el área de fotografía y una mexicana, Sandra Ortega, también en el área periodística. Los resultados de visualización fueron excelentes, tanto en la página web como en la página de Facebook y YouTube. Posteriormente, todo el material recogido se usó para ejercicios pedagógicos y de promoción.

En marzo de 2013 fue el lanzamiento de los Juegos Para Suramericanos, bajo la iniciativa de un tenista de campo chileno y la Federación Paralímpica de Chile. Todo esto permitió que el comité organizador, en el que destaco a Ximena Restrepo, se comunicara con nosotros y pudiéramos hacer un acompañamiento en ese evento de lanzamiento, con presencia de José Luis Campo, Xavier González, Ayme Poyo y yo.

Tuvimos reuniones con el ministerio del deporte, el comité organizador y el comité olímpico. Hubo demostraciones y un acto público en la plaza de armas para el lanzamiento de estos Juegos Para Suramericanos Santiago 2018, aunque el proyecto no se mantuvo.

Uno de mis propósitos era que el movimiento paralímpico estuviera inmiscuido en el ciclo olímpico que se cursa en las Américas; es decir, que paralelamente a la lista de juegos como suramericanos, bolivarianos, centroamericanos y del Caribe, hubiese una versión de los para atletas. Por ejemplo, en el caso de los centroamericanos y del Caribe, hicimos un esfuerzo muy grande para realizarlos en Veracruz; sin embargo, no fue posible. Yo entiendo que el crecimiento acelerado tiene riesgos, pero mi intención con ello siempre fue el crecimiento del desarrollo interno de los países.

Unos juegos que sí logramos impulsar y apoyar fueron los I Juegos Para Centroamericanos Costa Rica 2013, evento que se dio paralelo a los Juegos Centroamericanos, que son parte del ciclo olímpico de América Central. Se realizaron después de muchas dificultades, entre el 17 y el 21 de abril en San José de Costa Rica. Hubo presencia de cinco disciplinas deportivas: baloncesto en silla de ruedas, natación, goalball, atletismo y para powerlifting. Además de estos deportes, también hubo una exhibición de voleybol sentado con presencia de México, Colombia, Canadá y Estados

Unidos. El medallero finalizó con el local de primero, seguido en su orden por Panamá, Guatemala, Nicaragua, El Salvador y Honduras.

También empezó el proceso de consolidación de una Asociación Caribeña de Comités Paralímpicos. La idea era tener una organización paralela a la Organización Deportiva Centroamericana ORDECA. El objetivo era mantener un esquema que permitiera una mayor cohesión y, por ende, desarrollo del área, puesto que a veces las regiones pueden llegar a sentirse marginadas. Los países que hicieron parte del intento de consolidación de esta organización fueron: República Dominicana, Barbados, Bermuda, Cuba, Haití, Jamaica, Puerto Rico, Surinam, Trinidad y Tobago, Islas Vírgenes de Estados Unidos, Aruba y Guyana, estos dos últimos aún estaban en proceso de afiliación al IPC. Infortunadamente este esfuerzo no prosperó.

Estuve acompañando otros procesos. Por ejemplo, dirigiendo la Copa América de Baloncesto, que al final resultó siendo un evento más de nosotros acá en Colombia, pero que, posteriormente, se institucionalizó. También acompañé la tercera edición de los Juegos Para Panamericanos Juveniles en Buenos Aires. Allí se realizó la asamblea en la que fue elegida la persona que me reemplazó y donde terminé mi periodo.

Otros hechos y personas que quiero reconocer son:

- Hernán Troncoso y Leonardo Cárdenas, quienes fueron básicamente el binomio que impulsó el deporte paralímpico en el IDRD, (antes de ellos, en esa entidad sólo se impulsaban actividades recreativas para personas con discapacidad y ellos hicieron el proceso de rendimiento). De su proceso salieron atletas como Paola Mosquera y Naiber Ome, nadadoras de alto rendimiento que aún se encuentran en competencia.

- Jorge Enrique Sierra y otros que fueron muy trabajadores en ASCOPAR, organización pionera entre las ONGs de discapacidad que impulsó mucho el proceso.

- La Fundación Pro-Rehabilitación del Minusválido, que se referencia como uno de los orígenes de FEDESIR, cuando empezó en Colombia el boom de las

Teletones y lógicamente Teletón tenía un argumento en la parte deportiva, sabiendo que el deporte es una vitrina grande. Entiendo que Alfonso Corredor, una persona con discapacidad quien ya murió y fue novio de Valeri Townsend, fue uno de los pioneros de la Teletón. Creo que hay dos personas que están activas y que estuvieron en esa mesa directiva.

- Pedro Mejía, quien está celebrando este año (2020) 40 años de su medalla. Nosotros nos enteramos de que esa medalla existía por causa del proceso de actualización de datos que estaba realizando el IPC, pero dentro del historial recibido era desconocida para nosotros. Por eso promocionamos a Moisés Fuentes como la primera medalla que se trajo a Colombia y resulta que esa no fue la primera sino la segunda. La primera fue de Oro en el año 80, en otras épocas, en otras condiciones que me imagino fueron muy difíciles también.

Pedro entrenaba con nadadores convencionales y sus marcas eran similares a las de un deportista convencional, a pesar de que él es amputado de una pierna. Incluso me comentó que él estuvo en unos juegos de Halifax Canadá. Luego regresó cuando Leonardo (desde Coldeportes) y yo (desde el comité) nos dimos a la búsqueda. No teníamos referencia de él, de dónde estaba, si estaba vivo o muerto. Actualmente, es parte de la junta directiva del Comité Paralímpico de las Américas. Es una persona con mucho mérito, pues se destacó como deportista, como profesional y ahora quiere retribuirle al deporte que le dio muchas oportunidades. Le abrió puertas a tener otro proyecto de vida desde su discapacidad.

- Otros deportistas a tener en cuenta son Moisés Fuentes y Omar Suárez, quien alcanzó a estar en Stoke Mandeville. Fue nadador cuadripléjico, es contador y vive en Sogamoso. A pesar de tener una discapacidad tan marcada, llegó a destacarse como deportista y profesional.

- El profesor Héctor Peralta, quien ha estado, más o menos, en unas 10 versiones de los juegos paralímpicos. Se merece todo el reconocimiento porque fue uno de los que abrió camino, especialmente desde el área académica. Desde la parte técnica, a mí me tocó con: Hernán Troncoso, quien también ya se me fue; Fernando Navarro, profesor del Nueva Granada con procesos muy interesantes para entrenar a los atletas en silla de ruedas, dominándolas mejor que los usuarios regulares; Orlando Duarte Camacho, entrenador de baloncesto en las regiones. También está Leonardo Ruíz quien ha estado desde el proceso de FEDESIR.

- En el área médica está el Dr. Jorge Parra, médico que aún está como clasificador. Tuvimos una anécdota con una señora muy mayor llamada Josefina. Hacía calor en la escuela Naval, así que ella le pidió al médico que la clasificara para poder meterse a la piscina. A él le causó mucha risa, porque ella sólo podría entrar si era clasificada, pero por supuesto no se podía. Natalie Sánchez fue una fisioterapeuta que duró un año.

- También quiero resaltar que Valerie Townsend murió justo en el tiempo en que estaba organizando las memorias de lo trasegado en el deporte en silla de ruedas. Pero ella prácticamente murió sobre el escritorio. Recuerdo que yo la llamé temprano, ella estaba trabajando y a las dos horas me llamaron a avisarme que había muerto. Como se dice coloquialmente, "murió con las botas puestas", pues estaba haciendo ese trabajo de digitación de las memorias del seminario que íbamos a impartirle a la gente.

Finalizo diciendo dos cosas:

- "Nosotros realizamos nuestros aportes desde la dirigencia, pero los verdaderos héroes son ellos, el centro de todo es ellos, los deportistas"

- "Si el deporte abrió tantas puertas en los tiempos en los que había tantas carencias, ¿cuántas más podrá abrir ahora que las barreras se han reducido y que tenemos mejores posibilidades?".

Leonardo Cárdenas

Todo comenzó por allá entre 1993 y 1994, cuando yo estaba estudiando Educación Física en la Universidad Pedagógica Nacional. Un profesor llegó a clase preguntando si alguien quería trabajar con un grupo de sordos. A mí me pareció la berraquera, "eso debe ser delicioso" pensé. Comencé a trabajar solo los viernes en el Instituto Colombiano para la Audición y el Lenguaje ICAL en Chía. Contaba con el transporte, un bus que me recogía y regresaba cerca de mi casa. De ahí en adelante empecé a acercarme a esta población.

Me vinculé con la Sociedad de Sordos de Bogotá para aprender más señas y poder trabajar con los niños. Terminé mi tiempo en la universidad en el año 1995 y entré en contacto con el Instituto Nacional para Sordos INSOR, donde fui contratado para educación física. Fortalecí mis conocimientos en la lengua de señas y adquirí herramientas de comunicación que son importantes para trabajar con los niños sordos. De ahí en adelante, hice asesorías en diferentes poblaciones sordas en Colombia. Así fue como empecé a vincularme en el área educativa y deportiva. En el año 1997 incluimos el deporte en la dinámica de conectar con la población sorda, por lo que iniciamos el contacto con el Instituto de Recreación y Deporte de Bogotá IDRD.

Debido a la intención de acercar a los sordos a las demás discapacidades, entablamos relaciones con las ligas de físicos y visuales. Conocí personas que me empezaron a guiar por el contexto del ámbito deportivo. Aunque mi formación estaba orientada a la educación, la integración a lo deportivo al final era mi ruta. De hecho, los que estamos en la educación física tenemos una imagen bonita de querer hacer deporte, hacer deportistas, fortalecerlos, desarrollarlos para que en un futuro obtengan logros. En fin, esos sueños que uno empieza a imaginar, particularmente cuando uno está en la universidad.

Yo veía que prevalecían los más fuertes, los que se estaban moviendo más, los que estaban establecidos como entidades de desarrollo; es decir, FEDESIR y FEDELIV. En ese momento no se incluían las discapacidades cognitivas o parálisis cerebral, porque tácitamente hacían "parte" de los físicos, sin estar incluidos de esa manera en el sistema general.

Aunque la Federación Deportiva de Sordos existía desde hacía mucho tiempo, se encontraba desarticulada de todo el contexto deportivo. Por ello, la directora del Instituto Nacional para Sordos INSOR tenía entre sus expectativas el que yo fortaleciera esa área. Ahí aumentó mi inmersión en todo el ambiente deportivo. Mi intención era fortalecer esa dinámica de la Educación Física, así como hacer posible la construcción de esos organismos deportivos para los sordos que, aparentemente, estaban en papel porque era muy difícil su consolidación a nivel departamental y municipal.

Como parte del fortalecimiento del deporte desde el área educativa, en el INSOR realizamos un manual de lengua de señas deportivas a partir de la construcción colectiva entre la entidad y la comunidad sorda. Esto se hizo con el ánimo de fortalecer, desde el deporte, la educación física, lo que nos permitió entender que, definitivamente, ambos estaban ligados.

Recuerdo que asistí a una reunión de federaciones para apoyar a FECOLDES, por instrucción del INSOR. Este me pidió ir para observar cómo era el asunto, para apoyar siendo intérprete y conocer cómo se comportaba el sector.

En ese entonces había una presidente de la federación, que era Constanza Munévar y estaba Rubén Darío Cachotis. En Bogotá había otras personas que apoyaban el sistema. Ahí conocí a los presidentes de las otras federaciones.

Una de las cosas importantes para empezar a trabajar arduamente en el sector fue conocer a Hernán Troncoso. Hernancho era un amigo de toda la vida, un excelente profesional. Él ya trabajaba en el Instituto de Recreación y Deporte IDRD, en el área de recreación manejando la discapacidad.

En alguna de esas reuniones que se realizaron, se planteó un plan para fortalecer el sistema. En esa época todas las leyes eran de carácter social y tal vez de accesibilidad, pero no existía ningún soporte deportivo que le diera vía libre al fortalecimiento del sistema.

Entonces Hernán me propuso trabajar con él en el IDRD, con un proyecto en el área de recreación y que se estaba fortaleciendo. Renuncié al INSOR y me fui al área de recreación del IDRD, donde empezamos a soñar con Hernán. Para ese entonces éramos sólo los dos y había una tercera persona que se enfocaba en adultos mayores. Diseñamos un proyecto llamado "FIDD - Formación Integral Deportiva para Discapacitados". Y ese fue el inicio.

Nosotros empezamos a fortalecer todos lo concerniente a las escuelas deportivas, que era nuestra orientación en ese momento. No hacíamos parte del área deportiva, sino de la recreativa. No contábamos con infraestructura adecuada, ya que la accesibilidad en los parques y escenarios deportivos casi no existía. Algunos de ellos estaban en un deterioro bastante alto, de manera que la construcción de este tipo de espacios se fue dando paulatinamente.

Llegamos a atender en el parque recreodeportivo alrededor de doscientos niños con discapacidad. Mientras Hernán aprendía lengua de señas, él me enseñaba todo lo que tenía que ver con las discapacidades físicas y funcionales. Así empezó la transformación y el fortalecimiento teórico-conceptual en torno a la idea que teníamos de orientar el deporte paralímpico en Bogotá.

Más adelante, con don Octavio Londoño y don Néstor Hernández empezamos a vislumbrar una proyección fuera de Bogotá. Comenzamos a fortalecer tanto el sector de físicos como el de auditivos, donde se empezaron a dar cosas importantes. Con la federación de limitados visuales, en cabeza del señor Héctor Julio Castañeda — con quien tuve la oportunidad de trabajar —, se empezaron a dar también avances interesantes, bonitos y, sobre todo, soportados desde la orientación técnica por discapacidad y deporte.

Este fue uno de los aportes que empezamos a desarrollar. Nos era muy difícil escribir para hacer el aporte teórico, debido al aforo que atendíamos durante todo el día. Sin embargo, los proyectos quedaron sustentados desde lo técnico, teórico y metodológico.

Ese fue mi comienzo y conocí a los líderes que estaban manejando tanto en Bogotá como en Colombia el deporte en torno a la discapacidad, pero lógicamente la línea que yo tenía en ese momento era fortalecer el sistema del deporte para sordos.

Luego conocí al presidente de la FEDESIR, Octavio Londoño y a Néstor Hernández, quien sucediera a don Octavio en la presidencia. De ahí en adelante empecé a tener contacto con ese tipo de excelentes dirigentes del deporte paralímpico y que fortalecieron el sistema deportivo desde el orden legal.

Hernán y yo tuvimos la oportunidad de pertenecer a la comisión técnica de la Federación Colombiana para Limitados Visuales. Desde ese rol nos enfocamos en fortalecer el proceso en varios departamentos, a partir de la realización de eventos y campeonatos. Brindamos soporte técnico, porque la gente venía a participar sin tener en cuenta los procesos de clasificación y cuando llegaban a las competencias, se encontraban con que no podían competir. Así, empezamos a trabajar en este tópico, brindando soporte tanto en los procesos de clasificación como en los de entrenamiento, con una orientación netamente técnica.

Nos dimos cuenta de que, para participar en cualquier tipo de evento, se requería entrenar mucho. Iniciando el proceso distrital y en el año 1997-1998 ya teníamos una serie de monitores recreativos, con formación desde el punto de vista deportivo. Así fuimos fortaleciendo el proceso desde el IDRD, con gente nueva que se sintió atraída por el deporte y la discapacidad.

Así que los fuimos llevando a natación, pesas, atletismo y ciclismo, expandiendo su visión con lo que teníamos en el momento, que era baloncesto en silla de ruedas —algo que siempre ha existido en el país.

En atletismo estaba Orlando Cortés, el super atleta del momento, con su silla superaerodinámica. También estaban algunos nadadores, como Nubia Suta y Marcos Suárez. Con ellos empezamos el trabajo de preparación desde la federación, para fortalecer sus elementos deportivos. Como resultado del trabajo de don Octavio, presidente de FEDESIR, se presentó la oportunidad de participar en los I Juegos Para Panamericanos oficiales en 1999. Así que nos fuimos con ellos para México.

Estos juegos, en parte, tenían como misión mostrarle al sector convencional el desarrollo que había y la responsabilidad de organizar también juegos para las personas con discapacidad. Nosotros hicimos presencia con atletismo y natación, teniendo como logros la medalla de oro de Orlando Cortés en 200m, prueba que era su especialidad.

De esta manera, le mostrábamos a la gente que en el deporte paralímpico teníamos que: uno, entrenar y realmente sentarnos a estudiar; dos, crear equipos de trabajo; y tres, diseñar estrategias robustas que nos permitieran avanzar en el desarrollo.

Se conformaron comisiones técnicas, de capacitación y de clasificación. En esta última estaba el médico Jorge Parra, quien era algo así como el clasificador para todas las disciplinas deportivas. Él se puso en la tarea de clasificar a todo el mundo, independientemente del nivel que tuvieran. De hecho, con esta participación habíamos obtenido unas wildcards para atletismo y natación. Y fue esta la oportunidad maravillosa para que, Hernán y yo, asistiéramos a los Juegos Paralímpicos de Sídney 2000, como entrenadores de Colombia.

Nosotros seguíamos proponiendo estrategias y recibiendo el apoyo de don Octavio, sin salirnos del marco legal que nos cobijaba. Don Octavio, que siempre fue muy acucioso, junto con Olga Sáenz y las demás personas de ASCOPAR, don Carlos Sánchez y don Néstor Hernández impulsaron todo el fortalecimiento desde lo legal, lo normativo y ese tipo de leyes que debían surgir para el desarrollo del deporte.

Contribuimos al proceso a partir del elemento técnico, ampliando la visión del deporte paralímpico desde el sistema, entendiendo cómo nosotros debíamos crear lo que hoy en día es el Comité Paralímpico Colombiano. Dábamos ese aporte de la estructura, de las federaciones, los deportes, disciplinas y clasificaciones.

Creo que de ese importante aporte e interlocución mancomunada, tuvimos como fruto la integración en dos vías: el fortalecimiento deportivo y la estructuración de los marcos legales. En virtud de ello, se gestó el proyecto de ley que luego se sancionaría como ley 582 del 2000.

Teníamos la intención de hacer juegos en el mismo año de expedición de la norma. Serían los I Juegos Paralímpicos Nacionales. Sin embargo, no fue posible porque el gobierno nacional argumentó todos los posibles elementos legales para que estos no se pudieran desarrollar. Y es desde ahí que empezamos a trabajar para hacer realidad esos Juegos.

En 2001 salió la reglamentación de la ley a través del decreto 641. Nosotros seguíamos apoyando desde nuestras sugerencias técnicas y acompañamiento. Adicionalmente ganábamos al compartir con todas las personas que ayudaron a la construcción de los elementos legales y que se inmiscuyeron en las acciones políticas requeridas. A partir de esto, se empezó a fortalecer un poco más el sistema.

Yo empecé a trabajar con el recién creado Comité Paralímpico. Comencé un trabajo desde el punto de vista estructural, tratando que:

- Las ligas y federaciones tuvieran todos sus componentes legales.
- Se mantuvieran los protocolos de participación nacional e internacional.
- Confrontar a Coldeportes sobre los presupuestos que nos deberían ser asignados.
- Asegurar que hubiese tanto el recurso económico como participativo, humano, académico-formativo.
- Vigilar que se hiciera tangible lo estipulado en la ley.

Luego, en aras de seguir trabajando en pro del cumplimiento de lo consagrado en la ley 582, comencé a trabajar con Coldeportes en la elaboración del marco de los I Juegos Paralímpicos Nacionales, de la mano con el comité y de las federaciones. Desde allí se hizo más fuerte mi trabajo con don Octavio Londoño, Héctor Julio Castañeda, Olga Sáenz — quien se encargaba de crear las dinámicas para poder consolidar una federación para parálisis cerebral — y Constanza Munévar — quien era la presidente de la Federación de Sordos en ese momento —. También empezamos un proceso de articulación con FIDES para que, dentro de su estructura, pudieran proyectar la creación de la liga deportiva.

Adicionalmente, trabajé con el objetivo de robustecer el presupuesto y que así los atletas pudieran participar en los demás eventos internacionales. Por supuesto, Hernán se quedó en el IDRD e íbamos trabajando paralela y mancomunadamente cada uno desde su eje, pero buscando fortalecer los procesos. Al mismo tiempo creamos un club deportivo, de donde salieron los mejores nadadores y atletas del momento. Llegamos a tener más o menos setenta niños. La idea era atender la creación de estructura desde las escuelas y la detección de talentos, pasando por la formación hasta el alto rendimiento.

Tuvimos más oportunidades para apoyar los departamentos en sus procesos e invitarlos a crear su estructura, con el fin de lograr los juegos. Promovimos capacitaciones y les ayudamos en su organización, para que pudieran participar en los juegos que ya se estaban organizando desde 2002.

También nos dimos a la construcción de la carta fundamental de los I Juegos Paralímpicos Nacionales. Trabajamos con la Dra. Patricia Cárdenas, quien tenía manejo de ese tipo de documentos. Lo adaptamos para esta carta, de acuerdo con las características y deportes específicos en paralímpico. También ajustamos todo lo que tenía que ver con los sistemas de inscripción, planeaciones, presupuestos y logística de escenarios.

Realizamos un trabajo muy fuerte en todo lo que tenía que ver con ajustes de accesibilidad, con la ardua participación de don Octavio y don Carlos Sánchez. Normalmente se pasaban por alto todas las normativas referentes a accesibilidad en infraestructura y, al respecto, teníamos como ventaja la ley 361, impulsada por Clopatofsky y que se llevaría a cabo en Bogotá.

Finalmente llegó el 2004. Tuve la fortuna de ser el coordinador técnico de los juegos a los que asistieron 1.203 atletas, de 32 departamentos. Fue algo tan espectacular, que creo impulsó de forma importante el deporte paralímpico.

Mientras hice ese tránsito a Coldeportes, Hernán lo estaba haciendo desde el área de recreación al área de deportes en el IDRD. En este momento el movimiento paralímpico de Bogotá obtuvo el estatus de deporte, estructurando lo concerniente a presupuesto, asignación de personal, fortalecimiento legal y deportivo, permitiendo un avance perceptible en todas las dinámicas.

Creo que, con la consolidación de los I Juegos Paralímpicos Nacionales, se dio el reconocimiento al trabajo de don Octavio y de todos los que trabajamos arduamente para lograr el establecimiento del deporte desde el orden legal y presupuestal, entre otros.

También fue un cambio de paradigmas. Cuando yo estuve revisando todo este asunto en 2002, se entendía que en las federaciones — tanto paralímpicas como convencionales — se daba participación a todo el mundo. Es decir, que podían estar dos atletas e iban hasta ocho o diez delegados. Una dinámica que no era desconocida por nadie.

Tanto con el apoyo, como con el sustento teórico y administrativo de don Octavio y don Héctor Julio Castañeda, logramos erradicar ese comportamiento en nuestro sector. Nuestro argumento era sencillo. Si alguien iba a ir a representarnos, irían deportistas con discapacidad y no una delegación acompañando la discapacidad.

Otro de nuestros aportes fue la alta proporción de profesionales impactados, a través de las capacitaciones realizadas en el marco previo al evento. Logramos llegar a personas que no tenían ni idea de qué era el soporte al deporte paralímpico. También accedimos a la academia, por medio de la vinculación de jueces, profesionales en deporte, etc.

Creo que la repercusión de estos juegos fue netamente social. Se ampliaron puestos de trabajo. Dimos opciones de vida profesional. Impactamos vidas de deportistas y profesionales. Y obtuvimos el reconocimiento por parte del estado, ante algo que nunca se había visto ni vivido.

En virtud de la aplicación de la ley, se instituía la asignación de presupuesto para el sector paralímpico. Muchos de los departamentos desconocían la norma, así que fue una labor muy bonita brindar apoyo desde lo administrativo, con todas las personas que integraban el CPC. Les enseñamos la bidireccionalidad del establecimiento de las necesidades y cómo el estado, desde sus obligaciones, cubría esos espacios.

En lo técnico, articulamos convenios de asignación de partidas presupuestales dirigidas específicamente al sector paralímpico. El objetivo era cubrir todo lo concerniente a lo deportivo, la implementación requerida, etc.

Eran una serie de detalles desconocidos para Coldeportes. Por lo tanto, empezamos a fortalecer esos procesos. Por ejemplo, nosotros habíamos visto casos, como el de los balones para ciegos, con costos elevados pero que no sonaban. Era impresionante ver la cantidad de cosas que se pasaban por alto, tal vez por desconocimiento.

Otro punto para reforzar fue el reconocimiento a los atletas que obtuvieran logros a nivel internacional, a través de incentivos. Desde nuestra labor, empezamos a buscar el marco legal para equiparar al deportista paralímpico con el convencional. Eso les otorgaría los incentivos y apoyos de acuerdo con su nivel competitivo.

Continuamos con el proceso hasta que, en 2006, tuve que desplazarme a la ciudad de Cali para estar al frente de toda la organización de los juegos en 2008. Dentro de mis funciones estaba la dirección técnica y evidenciar todo lo concerniente a la construcción de infraestructura. Estaban involucrados: el director Eberth Bustamante — quien apoyó muchísimo el deporte paralímpico — y, lógicamente, don Octavio.

Este último estuvo día y noche trabajando en toda la dinámica de la organización de los juegos. En ese punto, nos dedicábamos al fortalecimiento de todas las acciones operativas, administrativas, deportivas y educativas que se produjeron en el entorno.

Hernán y yo seguíamos contribuyendo a los procesos desarrollados en el comité y en FEDESIR. Mediante esa asociación, tuvimos la oportunidad de asistir a los Juegos Panamericanos en Río. Allí, Moisés Fuentes obtuvo medalla de oro y algunos deportistas ciegos también obtuvieron logros importantes. Entre las cosas que afrontamos durante estos juegos, fue la enfermedad que tomó por sorpresa a Hernán. Debió pasar más o menos cuatro días hospitalizado. Nos dio un gran susto. Asimismo, tuvimos la oportunidad de acompañar a la delegación de natación a un mundial en Durban. Apoyamos tanto lo deportivo como lo administrativo.

Después de la realización de los II Juegos Paralímpicos Nacionales en 2008, en los cuales compitieron 1718 atletas, el sector cierra fortalecido. Había nuevas direcciones y objetivos, afianzadas en el ámbito legal. Entre 2008 y 2010, empieza una vinculación masiva de profesionales, por lo que empezamos a hacer una separación mayor del trabajo.

Después de todos esos tiempos de compartir, murió Hernán. También se acabó mi periodo de trabajo en torno a la discapacidad. Desde entonces, estuve desvinculado del sistema. Regresé justo en el 2020, conectándome con el proceso en Cundinamarca. El objetivo es retomar aquella dinámica y los procesos que en ese entonces llevaba.

Volver ha sido bonito. El trabajo hoy en día es fuerte. En algunas cosas no ha cambiado, porque a algunos departamentos no les importa, en absoluto, nada de lo relacionado con la discapacidad. Reconozco que, después de la partida de Hernán, creí que todo se había acabado para mí en el deporte paralímpico. Tal vez porque con él y el equipo maravilloso que formamos en ese momento, nos atrevimos a soñar y a luchar por ese sueño. Eso nos posicionó a nivel internacional. Nos empezaron a ver con credibilidad, resultado del tipo de organización que logramos construir juntos. Como parte de mi legado en el área académica, dejé disponible:

- Mi proyecto de pregrado en la Universidad Pedagógica Nacional, titulado "Educación Física, Un Nuevo Lenguaje para el Sordo".
- Mi trabajo de especialización, realizado en Coldeportes con el médico Mauricio Serrato, titulado "Pruebas Biomédicas para Deportistas con Discapacidad". Este contribuyó al establecimiento de parámetros para la evaluación y selección de talentos paralímpicos. Debe reposar en el Centro de Ciencias del Deporte y en la universidad.

- Memorias, tanto de los I Juegos Paralímpicos Nacionales 2004 como de los II Juegos Paralímpicos Nacionales 2008. Son documentos que tienen todo el sustento estadístico, deportivo y operativo.

Debo reconocer que la institución no ha divulgado estas memorias lo suficiente. Por eso, ha sido difícil mostrar el impacto social tan grande que logramos a través de estos eventos deportivos, como:

- Crear un conocimiento más cercano a la realidad competitiva internacional, para la compra de la implementación deportiva.
- Establecer acercamientos con las universidades que tenían programas dirigidos a la educación física y el deporte.
- Realizar capacitaciones, aproximando todas las disciplinas deportivas a los futuros profesionales en la Escuela Nacional del Deporte.

En este mundo que da tantas vueltas, estoy de nuevo en el sistema. Vamos a ver qué más sucede.

Jorge González

Soy oriundo de la ciudad de Duitama, departamento de Boyacá. Llegué al deporte paralímpico en dos fases, una como deportista y otra como dirigente deportivo. Inicialmente debo decir que soy una persona con discapacidad física, cuento con amputación de miembros inferiores y de una mano. Cuando era niño, estando en el colegio no podía acceder a las prácticas del deporte convencional y mi participación se convertía en meramente teórica.

Cuando empezaron a surgir los primeros clubes de deporte paralímpico, yo pensé en la posibilidad de hacer una práctica deportiva acorde con las capacidades físicas que yo podía tener en ese momento. De esa forma, me inicié en el club deportivo de Tunja, en Boyacá, como lanzador de bala. Al poco tiempo empecé a hacer parte de la Liga de deportes de personas con discapacidad en el departamento de Boyacá, afiliada a la Federación Nacional de Silla de Ruedas FEDESIR, nombre que permanecía en ese entonces.

Mi trayecto en la liga fue realmente corto, creo que no pasaron más de dos años. En parte porque sufrí una lesión en el hombro izquierdo que era mi único hombro funcional y el médico me pidió que realizara algunos cambios, poniéndome a decidir entre una vida deportiva y una laboral. Por ello tuve que retirarme de la práctica deportiva. Luego por circunstancias laborales me trasladé a la ciudad de Bogotá. Tuve que dejar a todos mis amigos allá en Tunja. Estando en Bogotá, vimos la posibilidad de ingresar a la federación para seguir acompañando el desarrollo de nuestro deporte ya no como deportista, sino como dirigente.

Yo venía de la liga de Boyacá y en el año 2002, en una asamblea general de la federación realizada en Manizales, me presenté como representante de dicha liga y me tuvieron en cuenta para hacer parte del comité ejecutivo de la federación en calidad de secretario. Entonces allí se dio el inicio y la vinculación con los asuntos de la federación. Esa elección fue para el periodo de 2002 a 2006, periodo en el cual el presidente era el señor Néstor Hernández.

En ese tiempo tuvimos muchas dificultades con la consecución de recursos, pues no logramos gestionar recursos desde los entes privados, así que dependíamos de las asignaciones presupuestales que nos daba Coldeportes. La situación era compleja porque los recursos eran asignados bajo unas priorizaciones y, por supuesto, no era lo mismo una federación de fútbol, de ciclismo o de pesas que la de personas con discapacidad física. Nosotros teníamos muy poco peso en esa balanza. Por consiguiente, los recursos que nos asignaban eran precarios.

Nuestra primera conquista fue precisamente en esa dirección. Nos hicimos valer como federación y logramos que se incrementara nuestra partida presupuestal. La segunda batalla fue la de vender la idea del deporte de alto rendimiento en el paralimpismo, ya que el atleta paralímpico tiene las mismas exigencias que un deportista de alto rendimiento convencional y, por tanto, debería ser tratado como un atleta de alto rendimiento. En ese entonces el imaginario social era que el deportista en silla de ruedas sólo podía hacer actividades recreativas o de esparcimiento.

Nosotros pudimos demostrar que nuestros deportistas, por sus cualidades y preparación, podían llegar a ser de alto nivel y representar al país internacionalmente. Una conquista que vino como consecuencia de la anterior fue la apertura amplia de los escenarios deportivos para nuestros deportistas y las mejoras en las representaciones a nivel internacional. Recuerdo nuestra participación en la Copa Suramericana de Baloncesto que se llevó a cabo en Montevideo, Uruguay, en el año 2004. Nuestra selección obtuvo unos resultados formidables logrando el subcampeonato. Sorprendieron a equipos como los de Argentina, Uruguay, Brasil, Puerto Rico, Venezuela y Ecuador. Esto no estaba en el presupuesto, porque era nuestra primera participación a este nivel con la selección de baloncesto de silla de ruedas.

Una tercera conquista fue la interlocución con los entes directivos. Previamente habíamos empezado a tener asiento en las reuniones de Coldeportes cuando se reunían para priorizar planes y proyectos. Ahora era posible para nosotros presentar nuestros proyectos, de tal forma que hiciéramos parte de la adjudicación de presupuestos de la agenda pública de Coldeportes.

Una cuarta conquista que aún permanecemos peleando, es la accesibilidad a los escenarios deportivos. Nosotros sufrimos muchísimo con ese ítem. Como presidente de federación, tuve encuentros no muy amistosos con algunos dirigentes deportivos, porque nos negaban el préstamo de los escenarios. Por ejemplo, recuerdo mucho que en la ciudad de Tunja se inauguró una cancha de baloncesto en madera, que era lo último que se manejaba en ese entonces. Cuando nosotros solicitamos el escenario para realizar un torneo de baloncesto en silla de ruedas, no nos prestaron la cancha con la justificación de que el uso de las sillas de ruedas dañaría la cancha, a causa de impactos que la construcción no estaba preparada para recibir. En resumidas cuentas, para esos dirigentes le causaríamos daños irreparables al escenario.

Logramos llevar esto a muchos escenarios políticos y de participación obteniendo como resultado la demostración fáctica de que el impacto que una silla de ruedas sobre un maderamen de baloncesto no era de las proporciones que se consideraba.

También nos sucedía que nos decían que sí nos podían prestar el coliseo El Salitre para jugar un torneo de baloncesto; sin embargo, al revisar la accesibilidad del sitio, estaba lleno de barreras arquitectónicas que impedían que unas sillas de ruedas pudieran llegar a la cancha. Ese tipo de batallas también tuvimos que darlas.

Pienso que pusimos este tipo de temáticas en la agenda de las entidades públicas que manejaban estos temas y, poco a poco, pudimos entrar en esa área de los escenarios deportivos, de las participaciones en los presupuestos, de las participaciones en eventos deportivos de alto nivel y de las representaciones internacionales.

Fui elegido presidente para el periodo de 2006-2010. En el caso del deporte paralímpico, las pujas por la reivindicación de derechos son permanentes. Así es que cuando llegué a ese cargo, continué en la lucha por esas conquistas de las que hablaba anteriormente (y aún se sigue en esa misma pugna). Por ello, cuando llegué a la presidencia, los intereses y objetivos se mantuvieron. Necesitábamos seguir perteneciendo a la agenda deportiva, participando aún más de los presupuestos de las entidades públicas, así como tener apertura en los escenarios deportivos de las ciudades. Cada vez se conquistaban más ciudades y más escenarios.

En FEDESIR logramos aumentar de seis ligas deportivas a doce, ampliando la cobertura por departamentos. Igualmente, incrementamos tanto el número de deportistas como de disciplinas deportivas. Quisiera destacar que, con el creciente número de atletas, también aumentó su preparación con el apalancamiento en el personal biomédico y técnico brindado tanto por Coldeportes como por el IDRD. Ellos nos orientaron para mejorar los procesos implementados en nuestros atletas. Eso nos llevó a hacer una especie de clasificación de deportistas, de acuerdo con su condición física, y ayudarlos a seleccionar qué deporte podía darle mejor resultado teniendo en cuenta su perfil.

Ya no era el hecho de decir que, alguien como yo, un deportista que no tiene piernas quería practicar el ciclismo, sino que se orientaba a la disciplina en la que pudiera dar mi mejor potencial, por ejemplo, en el baloncesto. Así que se analizaba el biotipo del deportista y se le enfocaba hacia un deporte en el cual pudiera tener un rendimiento sobresaliente. Adicionalmente ampliamos el panorama de los deportes, agregando a los cinco o seis deportes que se conocían en el país, otras disciplinas que se empezaban a desarrollar en Europa y Estados Unidos. Enfocamos a nuestros atletas a hacer parte de estas nuevas prácticas con el soporte del personal científico que acompañó nuestros procesos deportivos.

Paralelamente desplegamos un trabajo a nivel de universidades e instituciones educativas, vendiéndoles la idea de que el deporte paralímpico podría ser una opción benéfica para mostrar su potencial en los escenarios locales, nacionales e internacionales. Esto llamó la atención de los entrenadores que empezaron a ver nuestro deporte como una posibilidad de trabajo remunerada.

Logramos, además, que hubiese contratación de entrenadores profesionales directamente para el área paralímpica en algunos departamentos como Antioquia, Valle del Cauca, Atlántico y, siempre a la vanguardia, el distrito de Bogotá. Rápidamente empezamos a ver los resultados, tanto en el incremento de número de atletas como de participaciones internacionales, mejora de la ubicación en rankings y resultados de nuestros deportistas.

Eso atrajo mucho más la atención de los entrenadores deportivos e incluso, hizo que algunos de ellos dedicaran tiempo para los atletas paralímpicos dentro de su tiempo de entrenamiento con atletas convencionales, así no cobraran por esto. Cuando incrementó el presupuesto de la federación y de las ligas, pensamos en la contratación de entrenadores deportivos formados, con el objeto de profesionalizar más la práctica deportiva.

Durante ese periodo, nuestros atletas participaron en Pekín, en primera instancia en las justas clasificatorias y luego en los juegos con el grupo interdisciplinario (de las mismas proporciones al suministrado a los atletas olímpicos). Recuerdo la entrega de implementos deportivos. Eran de igual calidad a la entregada a los deportistas convencionales. Bicicletas, indumentaria, implementación, todo demostró un enfoque de igualdad en todos los aspectos. Esto se vio reflejado en unos resultados como las medallas en atletismo y natación. Para nosotros esto fue un éxito total.

Otro logro muy importante fue el establecimiento del Comité Paralímpico Colombiano. Esto nos posicionó ante el estado con igualdad y nos permitió obtener patrocinios para nuestros atletas ante las entidades privadas. El comité vino a ser un interlocutor frente a las más altas instancias políticas y gubernamentales del deporte, cerrando brechas que demoraban el desarrollo. Si bien es cierto que FEDESIR no podía tener la trascendencia del comité, el hecho de tenerlo nos permitió una interlocución efectiva, presentando tanto nuestras necesidades como nuestros logros.

Lamentablemente tengo que confesar que no sé por qué en el sector paralímpico hay tantos choques, enfrentamientos e intereses encontrados cuando los objetivos y las metas deben ser las mismas. Sin embargo, sí hubo choques difíciles entre las federaciones por discapacidad, porque cada uno iba por su propio interés. Cada una intentaba obtener el mayor monto de presupuesto, cada cual quería meter el mayor número de competencias anuales deportivas que nos pedía Coldeportes para ser apoyados económicamente y cada cual quería conquistar más recursos y mayor audiencia a nivel de las entidades deportivas.

Entonces, muchas veces no íbamos como bloque unido, sino que cada uno citaba su propia reunión con el director de Coldeportes y hablaba de sus propios intereses sin ninguna otra intermediación. Infortunadamente, hubo muchísima confrontación y el comité llegó a apaciguar esos ánimos. Nos permitió halar hacia el mismo lado para que cada federación se enfocara en trabajar por la vía del comité, con intereses claros y como comunidad deportiva.

Este tipo de situaciones se daban en todas las instancias. Por ejemplo, después de que el equipo de baloncesto de silla de ruedas clasificara a la semifinal del campeonato en Montevideo, Uruguay, hicieron una especie de sindicato. Plantearon una serie de exigencias económicas que se salían del presupuesto que, a duras penas, habíamos recaudado para cubrir las necesidades esenciales de los atletas y los partidos. Tuvimos que hacer un ejercicio grande de concienciación de la situación y llegar a acuerdos, porque amenazaban con no jugar si no se les daba una bonificación al llegar a Colombia. Esto era completamente imposible para nuestras arcas, porque aún no somos potencias deportivas. Afortunadamente pudimos saldar la situación.

Entre otras cosas, nos comprometimos a buscar apoyo estatal para el ingreso en los programas de apoyos a deportistas. Finalmente, perdieron el foco y no pudieron clasificar a la final. Nosotros por el contrario les cumplimos como les habíamos prometido.

Puedo decir que hice un trabajo dedicado, desprovisto de ningún tipo de interés económico, ya que pude seguir vinculado a mi trabajo como funcionario en la Contraloría General de la República. Por ello mi enfoque era el aumento de atletas, ligas afiliadas, resultados deportivos. Pienso que eso me permitió pasar en limpio, sin ningún tipo de acusación de carácter administrativo. Por cuestiones estatutarias y legislativas no pude continuar aportando, pero me siento feliz de haber aportado al deporte paralímpico.

José Domingo Molina Pineda

Cuando era niño, a pesar de mi limitación en el miembro superior derecho me gustaba practicar fútbol y lo jugaba frecuentemente. Hacia el año 1982, uno de mis profesores me invitó a nadar para que pudiera ser un atleta paralímpico (en ese tiempo ya había algunos procesos en esa área). Sin embargo, no le hice caso. Le prometía ir, pero nunca iba. Seguía practicando fútbol y nada más. Básicamente desaproveché la oportunidad.

Comencé a hacer parte del deporte paralímpico gracias a la invitación del profesor Valentín Clavijo — quien era el responsable del deporte paralímpico en la gobernación del departamento de Cundinamarca —, a participar en el equipo de tenis de mesa. Soy oriundo de Fusagasugá por lo que me contactaron por el departamento. En ese momento los procesos no eran muy estructurados, entonces simplemente lo invitaban a ver si uno quería participar.

Como en el colegio hacía de todo y tenía algo de conocimiento del tenis de mesa, vi que era la opción más favorable dentro de la lista de deportes que nos presentaron. Esta invitación fue en el año 2003, en el marco de la preparación para los I Juegos Paralímpicos Nacionales. A mí me pareció muy bueno y junto con mi compañero Luis Alfonso Rodríguez tuvimos un muy buen resultado en nuestra primera competencia. Logramos el tercer lugar en dobles, siendo esta la primera medalla que ganó el departamento en la historia de estos juegos. De ahí en adelante me siguió gustando el deporte paralímpico.

En 2006, la Liga de Limitados Físicos de Cundinamarca necesitaba dirigentes y su reconocimiento deportivo había perdido vigencia. De allí surgió la propuesta que me hicieron. Teniendo en cuenta que mi profesión es Administración de Empresas, me solicitaron reactivarla con el objetivo de participar en los II Juegos Paralímpicos Nacionales que se realizaron en Cali en 2008 — en donde cumplí con dos roles debido a que estuve como dirigente y como atleta —. Aunque éticamente uno no debería serlo, obtuvimos de nuevo el tercer lugar en dobles y ahí sí me retiré de mi participación deportiva.

Era una situación compleja, especialmente en los juegos. Aunque trataba de concentrarme en mis entrenamientos y hacer todo lo concerniente a la parte administrativa fuera de entrenamiento, eran muchas las consultas que me llegaban durante el desarrollo de mis actividades deportivas. Debía resolver todas las necesidades de los demás atletas, estar al frente de las actividades logísticas y responder en mi resultado deportivo. Con todas estas responsabilidades a cuestas, me era difícil concentrarme y cumplir a cabalidad con mis entrenamientos. Al llegar a las competencias no estaba del todo concentrado y, además, había perdido mucho tiempo de entrenamiento base.

Por otra parte, tenía dificultades porque algunos dirigentes de otros departamentos me veían como juez y parte, pues era atleta y, además, en los momentos en los que se tenía que dirimir situaciones de sanciones o protestas, yo debía intervenir. Así que decidí quedarme en el área administrativa y no ejercer los dos roles. Desempeñé mi trabajo como dirigente en Cundinamarca durante los años 2007, 2008 y parte del 2009, período en el que obtuvimos buenos resultados con los deportistas.

Desde esa perspectiva comencé a tener una visión más clara del sistema paralímpico y pude a ser más activo en mis participaciones en las reuniones de FEDESIR. En 2009 me propusieron postularme para el comité ejecutivo de la federación. Fui elegido y, posteriormente, nombrado presidente de FEDESIR, ya que ese año habría cambio de comité ejecutivo. Este cargo lo recibí del señor Jorge González, quien había ejercido dos veces el cargo de presidente. Me pareció una persona muy correcta y eso me dio la confianza para tomar el cargo. Así ejercí durante los años 2009 y 2010, aunque este periodo debía extenderse hasta el 2012.

Durante el tiempo que estuve, obtuvimos incrementos del presupuesto adjudicado por Coldeportes. Esto gracias a la confianza que había abonado el señor Jorge González, así como el engranaje que habíamos logrado con él y el coordinador del sistema paralímpico de Coldeportes, el licenciado Leonardo Cárdenas. Él nos ayudó mucho en el manejo transparente de los presupuestos, dejando todo muy organizado. El mantener esa organización y transparencia dio pie a que, de nuevo, nos aumentaran los presupuestos.

En la dirigencia de FEDESIR estábamos el señor Jairo Patiño del Valle del Cauca, el señor Julio Cesar Araque del Meta, Juan Pablo Salazar y Sandra de quien no recuerdo el apellido, pero sé que era representativa del departamento de Boyacá y yo. En determinado momento, me dijeron que la federación necesitaba a alguien más representativo porque yo era muy nuevo y que eso afectaba los procesos. Pidieron que hiciéramos unos movimientos en las directivas y la presidencia pasó a manos de Juan Pablo Salazar, por lo cual no fui a los Juegos Paralímpicos con la federación. En esa edición de los Juegos, Colombia se ubicó en el puesto 38 con una medalla de oro, cuatro de plata y tres de bronce.

Otra de las gestiones que logramos mientras ejercía el cargo de presidente fue la migración del paracycling de FEDESIR a la Federación Colombiana de Ciclismo, en donde se creó la Comisión de Paracycling. Esto ha sido muy benéfico para este deporte. También hicimos las respectivas concentraciones y la asistencia a los eventos clasificatorios del ciclo de natación, baloncesto en silla de ruedas y los demás deportes con los que se pretendía participar en Londres 2012.

Hicimos parte de todo lo desarrollado en los Juegos Parapanamericanos Juveniles Bogotá 2009, donde la participación de nuestros atletas fue destacada, especialmente en tenis de campo. Allí se presentó María Angélica Bernal, quien ha tenido un floreciente proceso en su deporte. También hubo un buen desempeño en la natación.

Tuvimos una muy buena cohesión con el comité y en especial con don Octavio Londoño, quien era el director de esos juegos. De él aprendí muchísimo, es una persona que en su liderazgo hace las cosas con lógica y tiene una capacidad administrativa impecable. Cuando inicié mi trabajo como dirigente nunca lo vi con intereses particulares, sino con el deseo de hacer lo mejor para el bien del deporte; por esta razón, empecé a tener diferencias con algunos de mis compañeros de comité ejecutivo. Finalmente dimití de mi cargo como vocal, que era el cargo que me habían asignado en la rotación que se había dado previamente, para no tener inconvenientes.

De todas maneras, los resultados durante estos dos años que trabajé en la federación fueron satisfactorios. Parte de mi gestión estuvo aunada a la del entrenador de tenis de campo de la época, el profesor Sigifredo Ortiz, con quien logramos que el equipo de este deporte clasificara y quedara campeón del grupo dos del Campeonato Mundial de la disciplina, evento que se realizó en Antalya, Turquía.

Para su edición número 26, Colombia había participado en este campeonato dos veces y en nuestra tercera participación, logramos la ubicación en el primer lugar. Además, este equipo clasificó para el grupo uno del mismo campeonato para el año 2011. Considero que fue el mayor logro deportivo dentro del tiempo que estuve gestionando el cargo de presidente.

Adicionalmente, hicimos todas las gestiones pertinentes para el ciclo paralímpico de Londres 2012 y el trabajo iniciado con cada uno de los equipos.

Posteriormente, regresé siendo nombrado vicepresidente de FEDESIR en el año 2017. Llegué con el ánimo de reactivar la federación, que en ese momento tenía serios problemas con Coldeportes y en sus balances financieros. No obstante, de nuevo me encontré con la barrera de la dificultad para realizar un trabajo mancomunado y eso me llevó a presentar mi renuncia en la asamblea de marzo de 2019. Desde entonces estoy desconectado del deporte paralímpico.

En general, me parece que el sistema se ha fortalecido, tomando nuevos aires para continuar con los procesos deportivos del país. Tristemente, debido a las dificultades con algunos soportes documentales, FEDESIR no recibe presupuesto directo, sino que es el CPC quien lo recibe y le hace la colaboración administrativa a la FEDESIR. Es muy triste esta situación, ya que fue la federación más robusta que hubo por mucho tiempo y, básicamente, la que impulsó procesos cruciales para el desarrollo del deporte paralímpico en el país. Esperamos que pueda llegar a obtener un rescate.

Igualmente espero que las nuevas generaciones aprendan de esta historia, lo vivido para llegar a tener el sistema que tenemos. Pero también que vean el deporte como un nicho en el cual se necesita de cohesión de equipo, transparencia administrativa, trabajo en pro del atleta — sin búsquedas de beneficio propio y sin celos entre grupos poblacionales —, para que no sólo no repitan los errores, sino que vayamos para adelante y aprovechemos el potencial que el país tiene.

José Ignacio Bermúdez

Yo era representante a la Cámara por Cundinamarca. Siendo parte de la comisión V, fui el encargado de presentar el proyecto de ley que posteriormente se convertiría en la ley 582. Mi motivación se fundamentaba, en primer lugar, en mi visión de cómo el estado no proveía los recursos necesarios para el desarrollo deportivo de los atletas con discapacidad, tanto para su participación como para la realización de eventos. En segundo lugar, la profunda amistad que tenía con personas deportistas con discapacidad.

En mi Unidad de Trabajo Legislativo (UTL) trabajaba el capitán Eduardo José Sánchez, hermano de Carlos Sánchez, quien era usuario de silla de ruedas y participaba de todas estas actividades. Fueron ellos quienes me presentaron al teniente Octavio Londoño, quien era el presidente de FEDESIR para esos momentos. Ellos tenían un equipo de trabajo muy interesante del que también hacía parte Óscar Saúl Cortés. Integramos a algunas personas de nuestra UTL, como era el caso del capitán Eduardo José Sánchez y al abogado Álvaro Fajardo y empezamos a hacer el trabajo con ellos.

Debo decir que el proyecto de ley fue un trabajo de los compañeros Octavio, Carlos y Oscar. Ellos nos ayudaron a armar todo el proyecto de ley que luego nosotros presentamos en el Congreso de la República. Los compañeros que participaron en este proyecto hicieron un gran trabajo en el Congreso. Me encantaba ver a todos estos compañeros en sus sillas de ruedas movilizándose por los pasillos del Congreso, tratando de hablar con todos los demás compañeros senadores y representantes.

En esto debo reconocer que nosotros presentamos el proyecto elaborado por ellos. En la Cámara de Representantes quedó como ponente el Dr. Germán Aguirre y en el Senado fue Edgar Perea. Lo importante es todo el trabajo realizado alrededor del proyecto y la manera como ellos lo movilizaron hablando con los integrantes del Congreso de sus diferentes departamentos.

Este proyecto fue muy bien recibido por la Cámara de Representantes y por el Senado de la República. De igual manera contamos con el visto bueno del Ministerio de Educación y de Coldeportes. Debo insistir en que el trabajo fue realizado por las personas con discapacidad, yo sólo me limité a apoyarlo, firmarlo y presentarlo, el resto del trabajo fue por cuenta de ellos. El proyecto debió ser ajustado en algunos puntos, pero eran ellos mismos los que se encargaban de hablar con los ponentes, el Dr. Aguirre y con Edgar Perea. Asimismo, realizaban las modificaciones que ellos consideraban o el gobierno nacional solicitaba. De esta forma se fue afinando el proyecto que finalmente se debatiría en la Cámara y en el Senado, por lo que no tuvo objeción para ser aprobado como ley de la república.

Quiero ser un poco más explícito con las anécdotas que hubo con Edgar Perea. Debo recordar que él era una persona que aparte de narrador deportivo, era muy apasionado por el fútbol y el deporte en general. Era un personaje extraordinario en la parte deportiva. En la secretaría y en la presidencia del Senado le dijeron que nuestro proyecto lo presentarían en una fecha específica, para ser incluido en del orden del día y buscar su aprobación. Llegada la fecha, él se dio cuenta de que no estaba incluido en el orden del día y entonces se molestó tanto, que empezó a manotear y por eso cayó el vaso de agua que estaba en su puesto. Incluso, eso fue noticia a nivel nacional. Recordamos esta anécdota entre nosotros porque todo eso fue de gran ayuda, puesto que ya estaba finalizando la legislatura.

Durante esas épocas normalmente se presenta un gran número de proyectos por el afán y quedan muchos proyectos engavetados porque no alcanza el tiempo. Así que corríamos el riesgo de que no se alcanzara a aprobar nuestro proyecto. Edgar tenía ese compromiso y le había gustado mucho no sólo el proyecto, sino también el trabajo de todos los compañeros de las federaciones y asociaciones deportivas de personas con discapacidad. De ahí su compromiso con todos ellos y con todos los deportistas con discapacidades. Ese fue el motivo de su enojo y angustia en ese momento, porque existía la posibilidad de que se llegara a archivar ese proyecto, sabiendo que ya había adquirido un compromiso con el grupo de trabajo.

Para nosotros era evidente el abandono al que los tenía sometido el gobierno. Nosotros asistimos a unos eventos y les cogimos cariño y respeto. Fuimos a partidos de baloncesto en silla de ruedas, fútbol para ciegos y otros eventos; vimos sus ganas y su compromiso por competir.

Además, fuimos a reuniones de sus ligas y clubes, lo que nos motivó muchísimo para trabajar y que esta ley se llevara a cabo. Después fuimos a Cali, México y China acompañándolos, viendo tanto el entusiasmo como el compromiso con el que ellos compiten y lo agradecidos que son cuando uno los acompaña. Nos dimos cuenta de que, en ocasiones, los únicos que van a acompañarlos son sus familiares.

Nosotros les cogimos mucho cariño porque veíamos la voluntad y el positivismo que le ponían a todo lo que hacían. Además, admirábamos la forma en la que buscaban prepararse profesionalmente y de superar los obstáculos que se presentaban. Todo eso hizo que en el Congreso hubiese una voluntad absoluta de buscar la aprobación de la ley.

Cuando los acompañé a Pekín 2008, por invitación del Comité Paralímpico Colombiano, me pareció muy interesante ver que, a pesar de la dificultad del idioma, pudimos estar sin inconveniente por el nivel de organización del evento. Lloré con ellos celebrando las medallas de Moisés Fuentes en natación y Elkin Serna en atletismo.

De Elkin vi sus participaciones anteriores a la maratón y pensaba que siempre quedaba demasiado cerca de la medalla, pero que era la medalla la que le podría dar beneficios económicos. Cuando terminó la maratón, lo vimos entrar de cuarto y lloramos al ver que se volvía a quedar a nada de la medalla. Sin embargo, en el tablero aparecía como segundo. Llamé a Octavio y le pregunté qué sucedía porque yo no entendía, entonces me explicó que venían dos categorías y él quedo segundo en la que estaba compitiendo. De nuevo nos agachamos y se nos escurrieron las lágrimas de la emoción de saber que ganaba la medalla y podía acceder a los beneficios económicos que ello representaba.

Vi a Octavio muy comprometido como presidente del Comité Paralímpico Colombiano. El embajador de Colombia en China hizo una reunión en la embajada para celebrar cada medalla. En esas reuniones cada delegado y el atleta daban sus palabras, mostraban cómo se había presentado la noticia acá en Colombia — a pesar de que la presentación era una noticia muy corta y de poca relevancia — y las entrevistas a los familiares de los atletas. En fin, se hacía un evento muy humano y emotivo.

Hubo un partido de tenis de campo en el que participaba un tenista colombiano contra un chino. Había por lo menos unos cuatro mil espectadores y si mucho había entre ellos unos cuatro o cinco colombianos. De todas maneras, eso fue muy emocionante. Al finalizar, nos hicieron una invitación a comer comida colombiana en una reunión con los integrantes de la delegación en la embajada.

Otra experiencia inolvidable para mí fue mi acompañar al equipo en México en su participación en los Juegos Parapanamericanos de Guadalajara 2011. Yo iba como representante a la Cámara y Octavio me preguntó si yo quería imponer medallas, así que empecé a colaborar en ello. En la última competencia yo hablé con los organizadores para pedirles que me pusieran a darle la medalla a un atleta colombiano. Ellos me respondieron que yo ya estaba asignado a una competencia específica, entonces yo le rogaba a Dios que pudiera ponerle la medalla a algún colombiano y preciso me tocó un equipo completo. No me pude contener; rompí el protocolo, los abracé y lloré con ellos. Es muy emocionante ver la bandera y escuchar el himno en esos eventos, tanto que me dejó marcado para toda la vida y, cada que lo recuerdo, me conmuevo muchísimo.

La motivación le llegó incluso a mi hija, quien es médico. Dado el contacto que tuvimos con el deporte paralímpico, se especializó en medicina del deporte y hoy en día hace parte del apoyo médico de los deportistas con discapacidad.

Otra de mis anécdotas con los compañeros deportistas es de cuando fui una vez a acompañarlos a un partido de baloncesto en silla de ruedas. Vi cómo se cayó uno de los jugadores y, como yo desconocía cómo funcionaba todo en ese momento, mi primera reacción fue ir a ayudarlo a levantar. Cuando me di cuenta, en menos de nada él ya se había levantado. Fue muy impresionante ver cómo ellos se levantan solos y sin ayuda de nadie. En nuestro argot diría que hice un poquito el oso, pero luego me reía de ver que las cosas no son como uno piensa.

Octavio nos ayudó a traer a Facatativá, municipio de donde soy oriundo, a los compañeros ciegos y de baja visión para jugar microfútbol. A nosotros nos pusieron una venda para jugar contra ellos, pero con los ojos vendados no nos movíamos ni un metro. En Cali me impresionó verlos jugar ajedrez. Todo me parecía maravilloso.

Era muy triste para mí sentir la emoción de las competencias y ver cómo los medios de comunicación trataban tan diferente los resultados obtenidos por los atletas convencionales con respecto de los atletas paralímpicos, algo que aún sucede. Se puede ver cómo dan una amplia cobertura a los unos y cómo a los atletas del sistema paralímpico apenas les dan unos segundos de noticia, no lo transmiten ni le dan la relevancia que tiene. Me quedó el dolor de no haber dejado algo ligado para que los canales institucionales se vieran obligados a transmitir las competencias paralímpicas. O por lo menos, de haber logrado que el gobierno lo hiciera. De hecho, eso era parte de mis conversaciones con Octavio y Óscar Saúl, decíamos que este podría ser un camino de concienciación de la población general.

Nos parecía que la educación de la gente era muy importante, pues hace un tiempo las familias que tenían algún integrante con discapacidad lo escondían. Les daba pena y vergüenza que los vieran con una persona con discapacidad. Hoy en día hemos evolucionado al tener mayor libertad. Vemos a las personas con discapacidades realizando actividades deportivas y acompañados, en muchas ocasiones, por sus familiares. Aunque debería haber una mayor masificación y no solo el acompañamiento familiar.

Para nosotros el proceso fue difícil porque entre a los mismos integrantes les costaba creer que se pudieran organizar y hacer buenas representaciones a nivel internacional. Fue difícil tanto la formalización de algunos clubes, como la organización de las ligas y federaciones, porque las familias mantenían el ejercicio de la sobreprotección y aislamiento. Había que empezar con algo y yo creo que hicimos una buena tarea con el equipo que formamos con Octavio, Óscar Saúl y los demás.

También nos impactó cuando nos invitaron al batallón de sanidad, pues vimos a exmilitares víctimas de minas antipersona que estaban haciendo deporte. Nos contaban sus historias de cambios abruptos de la vida a raíz del conflicto armado del país y de cómo el deporte se había convertido en su motivación de vida. Algo muy inspirador para darle fuerza a la ley y sacarla adelante.

A hoy, yo los acompaño a los eventos. Ellos se acuerdan de mí y me saludan. Ahora mi visión no es de ninguna manera de "pobrecitos"; por el contrario, yo los veo con admiración y recibo con mucho cariño los agradecimientos que ellos tienen hacia mí y el aprecio que me brindan.

Deporte para personas ciegas y de baja visión.

Dean Lermen

El deporte en las personas ciegas y con baja visión empieza principalmente en los institutos de formación segregada. En Bogotá era la fundación Juan Antonio Pardo Ospina Instituto Colombiano para Niños Ciegos, en Cali era el Instituto para Niños Sordos y Ciegos de Cali, en Medellín la escuela Francisco Luis Hernández y en Bucaramanga la Escuela Taller para Ciegos. Esto se desarrolló entre las décadas del 50 y 60 del siglo XX. Ahí surge la actividad deportiva por algunos profesores de educación física y con algunas personas, sobre todo de baja visión que empiezan a interactuar, a ser maestros y profesores al tiempo.

De acuerdo con la información que yo manejo, hay un hombre legendario en esa labor, el señor Luis Jorge López quien tuvo mucha influencia en el deporte de las personas ciegas, sobre todo en el atletismo y el fútbol. Era una persona de baja visión, atleta de semifondo; corría media maratón y tenía gran resistencia. De todas maneras, una persona con baja visión tiene un buen grado de visión, así que él corría con personas que veían.

Los ciegos históricamente han sido consumidores de radio, entonces había un grupo muy grande de hinchas y que queríamos jugar al fútbol y es en esas instituciones donde se da esa oportunidad. En unas ocasiones se jugaba con latas de betún a las cuales les ponían unas piedritas adentro, en otros momentos se jugó con la bomba que tienen los inodoros en la cisterna y en otros se usaban otras latas. El primer fútbol de ciegos se llamó "futlata". Así comienza toda la actividad deportiva, relacionándose con el fútbol, el gimnasio y el atletismo.

Más o menos en la década del 70 del siglo XX, el Instituto Nacional para Ciegos INCI tuvo la iniciativa de impulsar y promover el deporte organizando los primeros juegos. Como los ciegos continuaron haciendo deporte, crearon un balón de un plástico grueso, al cual le hacían una pequeña perforación y lo llenaban de cascabeles. Con este empezaron a jugar microfútbol en la cancha regular de este deporte, siendo esta en cemento. La composición de equipo era de la siguiente manera: el arquero ve, el defensa es ciego, el mediocampista de baja visión y dos delanteros ciegos. Así fue como comenzó el micro con entrenadores, preparación física y entrenamiento.

Como resultado, el Instituto Nacional para Ciegos propone organizar los I Juegos Nacionales, los primeros campeonatos de fútbol y atletismo para ciegos. El primer campeonato de fútbol fue en 1975 en Bucaramanga; el siguiente torneo fue en unos Juegos Nacionales en Pasto en 1980.

La historia del deporte de los ciegos cambió por dos hechos finalizando la década de 1970. Unos de estudiantes ciegos de universidad y colegio formaron un grupo llamado GEC. Comenzaron a hablar de política, arte y tecnología, planteando discusiones en torno a: la educación y el trabajo de los ciegos, la realidad del país, etc. Era un grupo de pensamiento que también hacía deporte.

Después de esto se suscita un hecho que fue delicado en su momento y que es importante tener en cuenta. Para el momento de esos Juegos Nacionales de Pasto, ya habían surgido diferencias entre el director del INCI y la población ciega. El director del INCI de ese entonces, decidió a dedo qué atletas irían a los juegos y cuáles no. Los ciegos llevábamos jugando fútbol en muchas canchas en Bogotá, conocíamos entrenadores, conocíamos gente.

Los futbolistas ciegos de la ciudad de Bucaramanga habían constituido el primer club deportivo de personas ciegas en su ciudad. A raíz de las diferencias con el director del INCI, las personas ciegas comenzamos a crear nuestros propios clubes deportivos. El segundo club deportivo se fundó en Bogotá, con el nombre de "Valores Humanos". Aquí ya se forma un grupo de educadores físicos, personas que van a apoyar el deporte de los ciegos y es así como en la década de 1980 se crean clubes deportivos en toda Colombia.

De esa manera, aunque el deporte siguió estando cercano al INCI, a nivel local las personas ciegas organizaban sus torneos. Los futbolistas ciegos, como la gran mayoría de los atletas en este país, son personas que no tienen recursos. Así que ellos iban a cualquier tienda especializada de deporte y les regalaban unas camisetas, o iban a donde un patrocinador que les regalaba unos uniformes e imprimía, por supuesto, la imagen de su empresa. Las empresas de transportes les hacían descuentos en los pasajes de bus, dado que siempre viajaban por bus a donde quiera que hubiese un campeonato organizado por nosotros mismos.

Los Juegos Nacionales implicaban una logística e infraestructura, que era cubierta por el INCI. Los siguientes fueron en 1987 en Medellín y en este caso invitó a los clubes deportivos. Los últimos Juegos Nacionales los realiza en 1990 en la ciudad de Cali, de nuevo con los clubes deportivos de ciegos reconocidos por la respectiva seccional de Coldeportes. En la oficina de Coldeportes de cada municipio o ciudad, los clubes tramitaban su reconocimiento, de tal forma que estaban debidamente legalizados.

Por otra parte, un deporte que tuvo su auge en la década de 1980 fue el ajedrez para ciegos. Este también tenía sus campeonatos organizados por los clubes de ciegos, los que además fomentaban la práctica de la natación y el atletismo, contando con el apoyo de las respectivas oficinas de Coldeportes a nivel local.

Para ese momento, Coldeportes nacional no quería saber nada de nosotros. Nos tenía completamente marginados; sin embargo, las ganas por el deporte nos mantienen, sobre todo lo que más nos mueve es el fútbol. Puedo nombrar personas destacadas en este deporte como Apolinar Salcedo, futbolista ciego que después llegó a ser alcalde de la ciudad de Cali; Hermes Cely, de Bogotá y Juan Pablo Parra, también de Bogotá. En el atletismo puedo destacar a Héctor Cabra, Jorge López y Martín Mozo. En natación no alcancé a conocer deportistas fuertes.

Por iniciativa nuestra, desde los clubes organizamos un campeonato nacional de ajedrez, para el que conseguimos algo de plata y estimulamos al campeón de ese torneo para que, por primera vez, fuera a jugar en un campeonato mundial. Ese campeonato lo ganó Saulo Torres, deportista de Pereira quien, además, es ingeniero electrónico. El campeonato mundial se desarrolló en Rusia en 1985, donde fue el campeón mundial amateur. Mejor dicho, el campeón mundial de los nuevos.

Quiero insistir en este punto: el trabajo venía de los deportistas; es decir, el campeonato realizado en Bogotá se hizo con unos pesitos del INCI, unos pesitos de un patrocinador y otros pesitos de otro. No obstante, los deportistas debían pagarse el transporte. Llegaban ajedrecistas de todas partes del país, viajando por tierra desde sus respectivas ciudades.

El ajedrez fue también vital en el desarrollo del deporte para ciegos, en especial en Bogotá. Los deportistas ciegos entrenaban y jugaban en los clubes de la gente que veía. El club de Los Maestros, que fue un club famosísimo ubicado en la calle 18 con carrera 5 en Bogotá, era un club impulsado por los maestros del ajedrez en Colombia. Allí hacían sus actividades los ajedrecistas ciegos; por ello, tuvieron acceso a entrenadores como Carlos Cuartas y acercamiento con Alonso Zapata, Pepino González, Isolina Majuy, todos ellos grandes exponentes del ajedrez.

En definitiva, la década de 1980 fue muy rica en organización deportiva. Deportistas con iniciativa, surgimiento de clubes, dirección y administración de los clubes por parte de personas ciegas, apoyo local, apoyo del INCI —aunque bajo. A partir de todo esto nos organizamos y tuvimos todo este tipo de actividad que, en suma, fue continua durante toda esta década. También éramos recibidos en el club Lasker de Bogotá y en otros clubes prestigiosos. Éramos además invitados a eventos de ajedrez de personas que veían tanto en Bogotá como en Tunja. Como ajedrecistas destacados, además de Saulo, están Edgar Rico, Rodrigo Rusinki y Arnulfo Rodríguez, quien era muy conocido en todos los clubes de ajedrez de Bogotá.

El diario El Siglo de Bogotá trajo a Rebeca, el primer computador para jugar ajedrez. Los ajedrecistas ciegos éramos tan famosos, que el diario nos invitó a jugar con Rebeca como parte de las exhibiciones con este dispositivo. En ese momento aún no estábamos organizados como clubes, íbamos a jugar ajedrez como un pasatiempo serio. Entre otras jugábamos el campeonato de ajedrez del Instituto Goethe.

El contacto con el ciclismo se dio gracias a un evento organizado por el sacerdote Efraín Rozo, quien tenía un club de ciclismo en conjunto con la Embajada de España y el INCI. De ahí salió la primera práctica de ciclismo tándem: una doble a Tenjo y otra doble a Girardot. Finalmente, con el sacerdote hubo cuatro competencias. El ciclismo se fortaleció cuando se hizo la conexión con Coldeportes a través del CPC, porque ya hubo bicicletas adecuadas y un entrenamiento más sistemático.

Por medio de IBSA existieron los Juegos Latinoamericanos para Ciegos. Aunque eran un poco desordenados, recuerdo que en Barquisimeto hubo un torneo. La estrella colombiana para este evento fue el atleta Héctor Cabra. Luego hubo una edición en Sao Paulo Brasil, en la década de 1990. Por Colombia fueron el equipo de fútbol, un nadador, un par de atletas.

La verdad el evento fue un desastre, una organización terrible y las situaciones allá vividas fueron poco alentadoras. Por ejemplo, lo que le sucedió a Jaime Bejarano, un super atleta antioqueño al que pusieron un guía que se cansó por la mitad. Fue una experiencia devastadora y frustrante. En ese tiempo los guías no entrenaban con los atletas, sino que eran puestos por el comité organizador local.

La peor vivencia fue con el equipo de fútbol. Nos recogieron en el aeropuerto en la madrugada y nos llevaron a un estadio a dormir en unas colchonetas. Dormimos tres horas y luego nos recogieron para llevarnos a unas instalaciones deportivas en las que, literalmente, Y, para agregar, el primer partido de fútbol lo jugamos a las diez de la noche. Prácticamente llevábamos cuarenta y ocho horas sin dormir, con una mala alimentación. Por ello no puedo reconocer estos campeonatos como participación internacional.

De igual forma, no puedo entender como competencia el evento organizado por la ONCE, al que fuimos invitados a participar. Además de ser invitacional, los deportistas fueron escogidos a dedo. Nuestras competencias organizadas, ordenadas y con criterio empezaron cuando entramos al ciclo paralímpico, porque veíamos el mejoramiento de la calidad de vida de la persona ciega como oportunidad.

Otro de los grandes aportes gestados, a través del contacto permanente de los clubes con los Coldeportes locales, fue la contratación de entrenadores para los clubes de ciegos y préstamos de escenarios deportivos. La indumentaria deportiva como zapatillas, tenis especializados para atletismo, uniformes — al igual que la implementación deportiva como balones y otros elementos —, eran gastos que corrían por nuestra cuenta. Así que tuvimos que escribir cartas, gestionar patrocinios, buscar por un lado y por otro para cubrir esas necesidades.

A finales de la década de 1980 nosotros ya teníamos clubes deportivos en casi todo el país. Estaban en Cali, Popayán, Pasto, todo el eje cafetero, Tolima, Antioquia, Santanderes, Tunja, Villavicencio y en Bogotá había cuatro clubes deportivos. En la costa Atlántica se empezaban a formar clubes. Eso nos llevó a pensar en una organización nacional, con el objeto de tocar la puerta de Coldeportes nacional, porque sentíamos que ya no era tiempo de estar pidiendo todo regalado y tramitando patrocinios en cada lado, sino que debía ser el ente estatal el que se encargara de nuestro desarrollo.

Empezamos a tocar las puertas en Coldeportes nacional, pero ellos no querían saber nada del deporte para ciegos. Sin embargo, Coldeportes le plantea a FEDESIR — la Federación Colombiana de Deportes en Silla de Ruedas —, con quien sí tenían una relación directa al ser la única federación deportiva que le ayude con los deportistas ciegos. Es decir, mientras los ciegos andábamos gestionando patrocinios para arriba y para abajo, pidiendo medio tiquete acá y medio allá, yendo y viniendo en bus, FEDESIR era financiada por Coldeportes nacional. Yo asistí a la reunión de FEDESIR, que se llevó a cabo en el año 1990 en Cartagena, pagando mis tiquetes aéreos, estadía y alimentación porque las organizaciones deportivas de las personas ciegas no tenían cómo solventar eso. Allá FEDESIR iba a discutir una reforma de estatutos para aprobar que los clubes deportivos de personas con otro tipo de discapacidad se vincularan.

Mi objetivo era presentar el panorama del deporte de los ciegos. Les conté cuántos clubes deportivos habían organizados en Colombia, las actividades que realizábamos, les conté los años que teníamos de experiencia y también que sabíamos de la existencia en Colombia de clubes deportivos de personas sordas.

Sin embargo, FEDESIR no quiso hacer una reforma de fondo. Aceptaron que la federación se llamara FEDESIR y otros, que si algunas personas ciegas se querían vincular a algunos clubes deportivos para personas con discapacidad física lo podían hacer, que ellos conservarían el dominio en su federación y que si alguno de los clubes quería hacer parte tendría que hacer el trámite. Se puede decir que ese primer paso no fue lo mejor ni lo ideal.

A partir de esto surge otro punto delicado e importante en nuestra historia. Se acercaban los Juegos Paralímpicos de Barcelona 1992. La desavenencia se suscita porque nosotros llevábamos más de diez años de arduo, convencido y decidido trabajo en el fortalecimiento del deporte con participación en todo tipo de eventos, en especial de carreras. Los atletas ciegos de Boyacá corrían las medias maratones en Boyacá con atletas que veían. Eran invitados a todas las carreras que se corrían en Duitama, Paipa, y Tunja, porque tenían un muy buen rendimiento. Para nosotros entonces fue decepcionante la decisión que tomaron los integrantes de FEDESIR en 1990.

Pero hablando de los Juegos Paralímpicos, se sabe desde el comienzo que hay oportunidad de participación, tanto para atletas con discapacidad física como para ciegos. FEDESIR decide que el presupuesto que dado por Coldeportes es para los deportistas en silla de ruedas. Esta decisión desafortunada de FEDESIR coincide con mi nombramiento como director general del INCI.

Entonces, como director general, llamo a los clubes y les digo: *"hasta aquí llegamos, ya no más intentos con FEDESIR"*. Los atletas de Boyacá y su club se habían afiliado a FEDESIR para ir a los Juegos Paralímpicos y es a ellos a quienes dicha federación les responde cerrándoles las oportunidades.

Así es como el Instituto Nacional para Ciegos reúne a todos los clubes deportivos de Colombia en la ciudad de Tunja, para tomar decisiones mancomunadas acerca del futuro de la organización deportiva de los ciegos. La respuesta de los presidentes de los clubes fue que si el INCI los respaldaba, ellos crearían la Asociación de Clubes Deportivos de Limitados Visuales de Colombia ADELIVICOL. Tras su creación, la asociación entra en contacto con Coldeportes con el ánimo de pedir reconocimiento deportivo como federación, que negaron una vez más.

El INCI por su parte continuó financiando los Juegos Nacionales para Ciegos, pero le pone los recursos a ADELIVICOL y a los clubes. Es decir, nosotros como Instituto Nacional para Ciegos y parte del gobierno, entendimos que los clubes deportivos y ADELIVICOL debían tener autonomía e independencia. Debían ser ellos quienes organizaran el deporte para ciegos a nivel nacional y administraran los dineros destinados para las actividades deportivas.

Dado que el Instituto Nacional para Ciegos está adscrito al Ministerio de Educación Nacional, al igual que Coldeportes en ese momento, tuve la iniciativa como director general de hablar con el presidente del Consejo Directivo del INCI, el señor Napoleón Villareal. Quería darle a conocer todo el panorama y las situaciones que he venido narrando. Su respuesta fue de total asombro. Él internamente cita a una reunión dentro del Ministerio de Educación, a la que debían asistir el INCI y Coldeportes para que, en una posición de gobierno a gobierno, nos sentáramos a hablar.

Le expusimos la situación completa a Coldeportes, con números de clubes, atletas, deportes, les hablamos de la existencia de clubes deportivos de personas sordas. Es importante aclarar que, para este momento, ya estábamos cobijados por el artículo 3 de la Constitución Nacional de 1991, en el que se declara la igualdad para los ciudadanos en Colombia. Con ese argumento constitucional sobre la mesa, Coldeportes accede por primera vez, y a regañadientes, revisar el panorama.

Para Coldeportes no había cabida para una federación de deportes para ciegos, una para los de silla de ruedas y una para los sordos. No obstante, debe entrar en negociación, porque estábamos sentando en la mesa como entes gubernamentales y no podíamos entrar en confrontaciones. Adicionalmente, sabíamos que afuera de esa reunión estaba ADELIVICOL solicitando su reconocimiento deportivo, autonomía e independencia y que FEDESIR quería seguir existiendo como se había constituido previamente.

Tras todas las negociaciones, llega una de esas situaciones normales en estos procesos: hay que aceptar algunas cosas, así no nos guste. Finalmente, Coldeportes cede, diciendo que dentro de la ley 181 incluirá la Federación Paralímpica, aunque no es el ideal.

Los deportistas querían tener su propia federación, cada uno quería su presupuesto y su reconocimiento. Pero el hecho de que Coldeportes pusiera la Federación Paralímpica implicaba un cambio, puesto que va a poner recurso para todos. En conclusión, lo que había sucedido en el año 1992 no podía y no iba a volver a pasar. Eso era una decisión que nosotros como personas ciegas habíamos tomado y que yo, como director general del INCI, había tomado. Esta era la oportunidad.

Así es como el producto final de la negociación es la Federación Paralímpica, la que apareció en la ley 181 de 1995 y en el decreto ley 1228 de 1995. Todo esto es un momento de transición y lo reconocemos de esa manera. Pero hay problemas y surge otra coyuntura. Nosotros veíamos que ya teníamos la organización, los deportistas y el dinero; pensábamos que todo debía cambiar. Estábamos felices a pesar de que no era el mundo ideal, porque era un logro conseguido. Esta vez el detonante fue el Comité Olímpico Colombiano.

Nosotros queríamos una silla en el COC, ya que eso planteado en la convención de los derechos humanos (inclusión e igualdad) estaba en nuestra cabeza. Fuimos al COC y el director de ese momento, el señor Andrés Botero, nos dio un portazo en la cara. Su respuesta literalmente fue: *"¿cómo así? Esto es un deporte de enfermos, ustedes no tienen nada que hacer acá"*.

Luego de ver que no éramos bienvenidos en el Comité Olímpico Colombiano, decidimos que era el momento de crear nuestro Comité Paralímpico, así nos tocara luchar contra viento y marea. Es de anotar que, entre el momento en el que se abren las conversaciones con Napoleón Villareal y la creación de la ley 181 (1992 – 1995), yo ya había empezado a tener conversaciones con el señor Octavio Londoño, quien para el momento era el presidente de FEDESIR, persona con la cual tengo hasta hoy una gran amistad, un gran respeto y cariño y a quien reconozco como un gran dirigente. También establecí contacto con el señor Rubén Cachotis, a quien invitamos y gestionamos su desplazamiento desde Cali y con el presidente de ADLIVICOL, el señor Adolfo Martínez de Tunja.

Se puede decir que para el año 1993 ya teníamos una mesa de trabajo en la que tratábamos estos temas y permanecíamos en contacto todo el tiempo. Los únicos que no se unieron en ese momento fueron las personas con discapacidad intelectual, a pesar de que extenderles la invitación. Básicamente, cuando nosotros contactamos a FIDES la respuesta de su director, el señor Alejandro Escallón Lloreda, fue que ellos no necesitaban del estado. Era completamente comprensible, puesto que eran financiados por la Organización Ardila Lule.

Para ese momento, los tres sectores reconocíamos que todos teníamos derechos. FEDESIR entendió que nosotros no pretendíamos quitarles nada, que les respetábamos como institución y reconocíamos sus logros. Para los sordos y los ciegos esta nueva estructura era una victoria, no así para FEDESIR porque ellos pasarían de ser federación a ser una división. Por eso fue muy fácil que nos juntáramos para ir en bloque contra viento y marea por la creación del Comité Paralímpico, aun cuando nuestra aspiración inicial era tener silla en el COC.

Como deportistas que sudamos las camisetas y rodamos por las canchas de fútbol, hicimos todos los esfuerzos para hacer parte de la Meca del deporte; es decir, el Comité Olímpico Colombiano. Pero ante la negativa y el desprecio del director de la entidad, decidimos que tendríamos nuestro comité en paralelo. Como personas ciegas ya estábamos empoderadas. Aparecían nuevos dirigentes y después de quince años de establecimiento de los primeros clubes, empezaban a surgir las ligas.

Nos estábamos fusionando lentamente Teníamos claro que desde el INCI y la misma ADELIVICOL, que seguiría funcionando porque era una división. Igualmente, existía y aún existe IBSA que es la organización mundial para el deporte para ciegos, ante la cual Colombia era representada a través de ADELIVICOL.

Nosotros como INCI y ADELIVICOL, miembros de la división de ciegos que formaba parte de la Federación Paralímpica, hicimos unas recomendaciones, aportando unos textos para hacer el borrador de la ley 582, que fue la que creó el Comité Paralímpico. En ese momento yo digo que no todo debe tener mi nombre, ni siempre tengo que estar allá. De esa manera determino que debo dar un paso al costado.

El proyecto de ley tenía prácticamente garantizado su éxito, entre otras, porque a través de Miguel Ángel Bermúdez se había hecho el contacto con los congresistas José Ignacio Bermúdez y luego con Edgar Perea. Para mí él es el papá de la ley 582, pues se puso la camiseta de los deportistas con discapacidad, poniendo su nombre y su prestigio para esta ley, porque era una ley en contra de Coldeportes y del Comité Olímpico Colombiano.

Es así como yo participé en el primer borrador de la ley y ayudé por los laditos, porque yo aún era el director general del INCI y esta entidad era par gubernamental de Coldeportes. Seguíamos estando bajo la sombrilla del Ministerio de Educación, de manera que yo no podía ir de frente en contra del director de Coldeportes.

Continúo jugando fútbol y acompañando a los deportistas ciegos, porque allí tenía grandes amigos y lazos muy fuertes. Sin embargo, cuando aparece el CPC, yo quedo completamente afuera. Les digo adiós, un adiós con gran cariño porque les guardo un gran afecto a Octavio Londoño, a Rubén Cachotis y a Adolfo Martínez. Por supuesto, sé que detrás de Octavio Londoño había muchísima gente.

A otra persona a quien le guardo un profundo cariño es a Jorge Nuncira, quien fue un entrenador de equipos de ciegos, una persona sin ninguna discapacidad, pero con toda la disponibilidad para ayudar. Nos ayudó a buscar estatutos, nos asesoró para crear los clubes deportivos con sus respectivos trámites en la oficina de Coldeportes Bogotá. Estaba pendiente de que estuviéramos al día. Fue una persona muy importante para todos nuestros procesos y, sobre todo, que se sentaba con nosotros siendo un verdadero amigo.

Los estudiantes de la Universidad Pedagógica Nacional y los estudiantes que prestaban servicio social comunitario fueron importantísimos en los comienzos de este deporte. Esos jóvenes nos acompañaban como guías en los calentamientos, tanto en los de fútbol como en los de atletismo. Servían como monitores de los entrenamientos y dieron un apoyo fundamental para el crecimiento, desarrollo y avance del deporte para ciegos. Esto solo es posible gracias a la interacción con personas que ven. Por eso son importantísimos todos esos entrenadores que se sumaron (y se suman aún) y que le metieron fuerza, le dieron empuje y ánimo a los deportistas.

Recuerdo mucho a la entrenadora de los atletas de Antioquia en los Juegos Nacionales de Cali, quien era una campeona nacional. Ella dio toda su energía y su garra para apoyar a sus atletas. También se veían deportistas antioqueños con todo el orgullo de su región y se sentía el arraigo de ellos. Cuando íbamos a nuestros eventos en Cali, éramos recibidos en la Escuela Nacional del Deporte. Nos atendía toda la gente de la institución y reconocían a los deportistas ciegos, porque jugábamos fútbol en canchas de barrio.

En Bogotá, por ejemplo, jugábamos en la cancha de Santa Matilde de la Perseverancia, donde tuvimos un torneo de fútbol espectacular. Además, jugamos en otra ubicada en el suroriente de la ciudad. En fin, jugamos en cuatro canchas de barrio en cuatro fines de semana, cada uno en una cancha distinta y la gente nos veía jugar.

Por estas razones nuestro ideal como deportistas ciegos era podernos integrar al Comité Olímpico Colombiano. Nuestra visión era completamente diferente a la de FEDESIR y por eso en 1992 no nos aceptaron en su movimiento. Para nosotros la perspectiva es que nuestro deporte crece junto a la gente que ve, en todos los aspectos.

Recuerdo a Manuel Pasos, uno de los grandes entrenadores de atletismo, que entrenó atletas ciegos. También a Martín Mozo, uno de los atletas de Boyacá, entrenado por un entrenador y un atleta del departamento de Boyacá que veían. Así era la historia de todos los atletas de Boyacá, los atletas ciegos eran integrados a todas las actividades deportivas de los atletas que veían. En las medias maratones de RCN y Buga, también hubo participación de atletas ciegos, en especial Luis Jorge López y Héctor Cabra. Nosotros en eso estábamos adelantados a la convención de inclusión en nuestros conceptos.

Igualmente, le guardo un gran cariño a Octavio Londoño, debido a su inteligencia, a que él entendió que nosotros teníamos razón y que decidió jugársela con nosotros. Eso nos permitió cambiar para el bien de todos.

Lamentablemente el CPC fue víctima de los actos de corrupción que se suscitaron en Coldeportes entre los años 2008 y 2010, debido a un director de la entidad que determinó que el presupuesto del deporte paralímpico y de los Juegos Paralímpicos también hacía parte de la disponibilidad de la repartija burocrática.

Estos hechos nunca fueron investigados por causas políticas. Eso, finalmente, causó la división entre los sectores de paralímpico y, por supuesto, debilitó y fomentó las divisiones entre los directivos de los sectores de la discapacidad.

Tristemente cuando Jairo Clopatofsky llegó a ser director de Coldeportes, no fue un abanderado del deporte paralímpico. Uno de sus primeros actos administrativos fue pedir que nombraran gerente del CPC a Carlos Puerto, su mejor amigo. Usó como bandera el deporte paralímpico, pero no hizo gran cosa por él.

Era increíble que, después de veintidós años de lucha, sacrificio, búsqueda de recursos de los deportistas ciegos para llegar a un Comité Paralímpico, llegara un director de Coldeportes con discapacidad, que no hiciera nada por el deporte para las personas con discapacidad. Esa es la mayor frustración para los atletas con discapacidad. Llegó a administrar la corrupción que había dejado su antecesor y no cambió el rumbo de las cosas. Por el contrario, siguió el mismo rumbo, lo que redundó en un deterioro de las condiciones de los atletas paralímpicos

Augusto Acuña

Mi intervención en el deporte comienza por las invitaciones de mi hermana Gloria Acuña, que es limitada visual. Ella tuvo un club al que yo acompañaba en las distintas actividades que, en principio, eran de carácter social; más tarde se volvieron deportivas. Yo me fui interesando en los asuntos del club, tanto en lo social como en la parte deportiva.

En lo deportivo sé que el antecedente data de 1970, cuando empezaron a jugar con latas de alguna caja de betún. Era muy peligroso porque al darle un puntapié, ésta se levantaba del piso y se corría el riesgo de cortar a las personas. Usaban ese material porque la lata sonaba y les permitía seguirla, atraparla e identificarla.

Luego pasaron a un balón plástico de los comunes. Lo abrían, le introducían unos cascabeles y se tapaba nuevamente. Sin embargo, la durabilidad de esos balones era muy baja. Se requerían para un partido alrededor de unos seis o siete balones, porque se rompían o se despegaban por la mitad y se salían los cascabeles.

Después de eso obtuvimos la ayuda de unas personas que tenían fábricas de calzado, quienes nos enseñaron a sellarlos bien para que no se dañaran de esa forma. Eso aumentó su durabilidad, permitiendo que esos seis o siete balones duraran un campeonato. Posteriormente, pudimos acceder a un balón de cascabeles de fabricación española.

El dr. Luis Castañeda se interesó por el funcionamiento de ese balón e hizo un esfuerzo económico muy grande para crear el prototipo de lo que hoy en día es el balón oficial nacional. Inicialmente él fue a Moniquirá, busco personas expertas en ese tipo de artículos y finalmente logró posicionar su creación a nivel nacional y regional.

Es importante señalar que cada país buscó crear sus propios balones. Hoy en día los balones fabricados en el Japón también son balones reglamentarios y similares a los usados por los atletas convencionales. En definitiva, todo el desarrollo del deporte para personas con limitación visual ha sido resultado de la iniciativa y creatividad de esta misma población. El soporte económico, legislativo y administrativo han sido impulsados por ellos mismos, en lo que han tenido éxito.

En un principio yo creí que practicar un deporte en esas condiciones era supremamente complejo. Con el pasar del tiempo, me di cuenta de que se podía llegar a que tuvieran un gesto técnico muy depurado. En mi caso, los primeros ensayos fueron hacia el año 1982 con el fútbol. Aunque previamente ellos venían desarrollando sus actividades, tenían algunas carencias a nivel de escenarios deportivos y el desarrollo mismo de las actividades. Para mí, en ese momento, fue una actividad más de carácter recreativo. Tal vez hubo una idea muy diferente en la mente de los deportistas, que fue seguramente la que los impulsó para lograr todo lo que llegaron a hacer.

De ahí en adelante conocí a varias personas que fueron pioneras en la historia particular del fútbol sala. Muchos sin recursos económicos, físicos o técnicos intentaron llevar adelante sus ideas. Entre ellos voy a mencionar a quienes recuerdo, pues considero que merecen ser tenidos en cuenta en la historia debido a que hicieron todo lo necesario para su desarrollo. Puede que olvide a alguno pero, si sucede, no será con intención.

Recuerdo al señor Telésforo Pedraza, Luis Castañeda, José Domingo Bernal y Francisco Gómez, en Bogotá y a Apolinar Salcedo en Cali. Para mí fueron los más sobresalientes ya que, de su propio pecunio y con mucho esfuerzo, armaron los primeros clubes. A ellos se les debe lo que sucedería en el deporte, porque fueron los iniciadores de todo esto.

Fueron jugadores de fútbol que se comprometieron con el desarrollo del deporte. Apolinar Salcedo intervino para que hubiese modificaciones que facilitaron el desarrollo deportivo. Ellos mismos hacían los esfuerzos económicos porque en ese tiempo no había ayuda, cualquier ayuda para uniformes la daban ellos. Se encargaron de la asistencia deportiva y económica. Hicieron gestión con las empresas de transporte para poder viajar a los torneos, así como los hospedajes y demás.

Más adelante con algunas modificaciones logísticas, se trató de consolidar en una sola organización todas las modalidades deportivas que teníamos en el país, pero era muy difícil porque los intereses de cada uno no lo permitían. Con la intervención del Instituto Nacional para Ciegos en cabeza de su director, Dean Lermen, se encontró un camino hacia la legalización del deporte. Con algunos recursos institucionales y su dedicación, ya que él también era jugador de fútbol, El deporte en general se benefició mucho. Eso fue una batalla muy dura, en la que intervinieron Oscar Saúl Cortés Cristancho, Héctor Julio Castañeda y Freddy Grajales, haciendo parte del equipo que redactó la ley 582 que creó el Comité Paralímpico Colombiano y las federaciones por discapacidad.

No obstante, desde 1985, los mismos atletas se habían organizado y convocaban a sus propios torneos regionales y luego iban a los Juegos Nacionales quienes habían clasificado. Aunque a veces unas empresas patrocinaban a algunos de ellos a través de los uniformes, por lo general los demás los mismos atletas asumían los costos.

Paralelamente se fueron desarrollando otros deportes e implementando campeonatos distritales, con participación de deportistas de atletismo. Al inicio, quedaban lejos de las marcas requeridas para el desempeño internacional; aun así, fueron mejorando hasta ser medallistas a nivel nacional y, finalmente, se acercaron a las marcas requeridas a nivel mundial. Debo anotar que la presencia de estas personas fue la que impulsó realmente el deporte. Ellos venían sin un entrenamiento adecuado y, sin embargo, se acercaban a las marcas. En otros deportes como el ciclismo (que inicialmente fue de ruta) se empezaron a movilizar hacia la pista.

Cuando surgieron los Juegos Nacionales para limitados visuales y ciegos, todas las pruebas para atletas ciegos estaban disponibles en el país: el atletismo, el ciclismo y el ajedrez que, aunque no es un deporte paralímpico, siempre gozó de mucha acogida en el país, al punto de tener campeonatos nacionales con participación de entre 70 y 80 atletas.

A los Juegos Nacionales podían asistir fácilmente unos doscientos deportistas, siendo lo que se podría llamar una fiesta deportiva. Además, ya tenían había muchísima disciplina; los deportistas estaban en sus concentraciones y no podían salir sin el permiso de su entrenador. Básicamente, se dieron pasos gigantescos para lograr la disciplina que requiere el alto rendimiento, debido a que los deportistas se adaptaron rápidamente.

La primera liga de limitados visuales creada en el país surgió en Bogotá. Se constituye con dos clubes, pero nosotros teníamos cuatro: el club Valores Humanos, el club Pumas, el club ALDECRAC y el club El Condor, perteneciente al señor Francisco Gómez. Todo esto se logró con el soporte del INCI y el apoyo del Dr. Dean Lermen, ya que las reuniones se llevaban a cabo en sus instalaciones. La federación se constituía con dos ligas. Cundinamarca tuvo su liga y su unión con Bogotá creó la federación. Luego se fueron creando más clubes y, a través de esto, más ligas se fueron afiliando a la federación.

Mi conocimiento se centra en lo sucedido alrededor del fútbol cinco, porque fue allí donde me desempeñé. Seguramente, los otros deportes tuvieron un desarrollo paralelo. Nuestra primera participación a nivel mundial fue en el año 1998, con muchísimas dificultades. A veces teníamos concentraciones de varios días porque algunas personas nos colaboraban con el hospedaje para llevar a cabo el proceso. Sin embargo, muchas veces ni siquiera el día anterior sabíamos si podríamos viajar o no. Era bastante complejo.

Los pasajes se pedían uno a uno, entonces se priorizaban los deportistas porque los equipos eran de diez personas. En ocasiones se conseguían seis o siete pasajes, entonces tocaba hacer malabarismo con lo que había. Por lo menos una vez tuvimos que viajar con solo siete personas, entre esas el entrenador (que en ese momento fui yo) y los dos arqueros que eran videntes. Esta situación comprometía nuestro desempeño porque casi no teníamos cambios.

Esa fue una reforma que se le hizo a los equipos porque, anteriormente, se jugaba con todos ciegos o el arquero de baja visión. La norma permitió que los arqueros fueran videntes para darle un mayor desarrollo a la técnica y a los procesos estratégicos en el fútbol mundial.

Así fue como se empezó a involucrar a personas videntes para los arcos. Después del torneo mundial de 1998, con el profesor que me acompañó en el proceso pudimos ver qué se requería en términos de ajustes técnicos porque, aunque relativamente nos fue bien, nos dimos cuenta de que nos hacían falta detalles en el entrenamiento.

En una oportunidad, nos informaron el día anterior al viaje que no había los recursos necesarios. Luego, a la media noche, nos llamaron para pedirnos que alistáramos maletas porque el vuelo salía a las nueve de la mañana. Ese era el tipo de situaciones que teníamos que sortear. Afortunadamente, con la existencia del Comité y el deporte en pleno desarrollo, las cosas cambiaron. Los pasajes estaban más o menos listos con anterioridad, así como los uniformes, con los que también habíamos tenido inconvenientes en el pasado.

Por ejemplo, en 1998 viajamos a Brasil con un uniforme donado por el señor Apolinar Salcedo. Así era todo en ese tiempo. Debíamos esperar a que los balones llegaran de España. No los importábamos, pero teníamos que traerlos de alguna forma. Entonces, a veces teníamos que entrenar con unos elementos que no eran los apropiados. Teníamos seis balones cuando, normalmente, un equipo requiere entre veinticinco y treinta balones. Lo más triste es que, a veces, los balones recién llegados se estallaban y nos quedábamos con menos.

Con la aparición del Comité Paralímpico Colombiano hubo la posibilidad de que una entidad asumiera la responsabilidad de cubrir las necesidades de los deportistas de élite, no solamente en fútbol, sino también en las demás disciplinas. De esta manera, los recursos estaban presentes y podíamos pedir con confianza concentraciones de quince o veinte días.

Con todo ello el deporte fue creciendo. Empezamos a tener profesionales en las distintas áreas que un equipo necesita. Solíamos viajar máximo con diez personas, por lo que necesitábamos pagar una fisioterapeuta. Luego todo cambió y pudimos viajar con el equipo completo como se requiere. Colombia siempre fue referente y el fútbol también era, por lo vistoso del juego. Nos invitaron algunas veces a jugar torneos, porque a la gente le agradaba el estilo de juego de nuestros atletas.

Obtuvimos medallas en diferentes eventos, como en los Para Panamericanos de Guadalajara. Colombia ha sido medallista en muchas otras modalidades, especialmente en atletismo y natación. Con los avances que tuvimos, empezamos a practicar en estadios y espacios adecuados. Las autoridades del distrito empezaron a facilitar los accesos a esos escenarios. En el velódromo de la 1ª de Mayo tuvimos una sede que se prestó tanto para el ciclismo, como para otros deportes, como para presentaciones y campeonatos de buena calidad.

Aunque tuvimos campeonatos desde el año 1985, sólo fue hasta después del 2001 que empezamos a ver eventos con mayor calidad. Colombia llegó a tener muy buenas representaciones a través de atletas de natación y atletismo. En esto Bogotá fue pionera, aunque, las ligas de Antioquia y Santander también tenían buenos nadadores.

El Instituto Nacional para Ciegos INCI tenía unas sedes regionales, a través de las cuales podía mover las actividades deportivas. En cabeza del Dr. Dean Lermen, hubo un antes y un después. En su gestión el objetivo fue masificar para que los deportistas se prepararan. Fue un proceso largo porque en las regiones no tenían entrenadores o tenían una forma de entrenar precaria. El INCI apoyó en la logística y los procesos de selecciones.

Hacia el año 2003, la liga de Bogotá — junto con el señor Armando Montañez — formalizaron el contacto con la Universidad INCCA de Colombia y nos pidieron hacer algunas capacitaciones en esa universidad. Allí conocimos a algunos alumnos que se interesaron por pertenecer a la liga de Bogotá.

Ahí cambió todo, pues empezamos a tener entrenadores de atletismo, ciclismo y natación. En fútbol formamos un grupo de unos cuatro entrenadores, con los que pudimos mejorar el proceso. Luego el IDRD contrató a algunos de ellos. Unos seis o siete años después, la Universidad de Cundinamarca hizo también su aporte en el recurso humano. Estos profesionales vinieron a dinamizar y a hacer su aporte en el desarrollo del deporte. Estas intervenciones de las instituciones educativas tecnificaron y mejoraron los procesos de entrenamiento.

Yo estoy desvinculado desde 2014. Sin embargo, puedo decir que durante el tiempo en el que estuve y la federación no tuvo problemas con su reconocimiento deportivo. Como en toda organización, trabajaron con personas que tenían diferencias entre sí, lo que provocó procesos complejos. Como entrenador, lo que yo hacía era centrarme en los deportistas y enfocarlos como actores deportivos, para evitar divisiones, ya que podía afectar la cohesión del equipo y su rendimiento.

Asistimos a todos los campeonatos desde 1998, cuando se dio el primer campeonato organizado por la ONCE y su patrocinio inicialmente; posteriormente con el soporte del Comité Paralímpico Colombiano. Estuvimos cinco veces en Brasil, cuatro veces en Argentina, España, Inglaterra, México, Canadá y Japón. Estuvimos además en los campeonatos en América, con el apoyo de la federación. En todo caso, siempre se necesitaba de esa cohesión vital del equipo, por lo que abogué por eso para no afectar la convivencia ni los resultados.

Por supuesto, los cambios han sido evidentes. Cada vez teníamos más certeza de cuándo viajábamos, las condiciones en las cuales íbamos a participar y cómo o a qué tipo de eventos y concentraciones asistiríamos. El desarrollo deportivo ha sido sustancial, empezando con unos ocho atletas seleccionables para el equipo nacional. En este momento hay veinte muy jóvenes y con excelentes condiciones. Tengo entendido que Cundinamarca tiene un proceso muy joven e interesante.

Hablando de mujeres, en el fútbol sólo hubo una mujer que participó como arquero. Tal vez porque no les ha llamado la atención o porque lo consideraban peligroso pues, una persona que no ve, al inicio está sometida a recibir golpes con el balón que tiene cámaras de hierro. En su momento nosotros hicimos un campeonato en el distrito, ya que contábamos con ocho equipos. Intentamos que cada uno de ellos tuviera su respectivo equipo femenino y les dimos la posibilidad de que jugaran sólo con tres. Adaptamos todo lo que pudimos, pero solo tuvimos un partido, debido a que no hubo recurso humano para desarrollar el campeonato femenino.

En los demás deportes sí ha habido participación de muchas mujeres. Contrario a lo que se podría pensar, el desarrollo siempre se planteó de manera igualitaria, sin ningún tipo de discriminación. En otros países, la participación de mujeres ha sido más alta debido a que tienen menos personas con discapacidades visuales, así que hay voluntarias que se suman para ayudar en los procesos y se unen a los equipos con los ojos vendados. En mi experiencia, he visto lo difícil que es para la persona vidente adaptarse a jugar con los ojos vendados.

Además, tuvimos una exhibición con el club Independiente Santafé cuando aún jugaba Agustín Julio y el técnico era Fernando "el pecoso" Castro, una persona de bastante mal genio (seguramente muy buen técnico). Él les daba indicaciones, pero ellos seguían teniendo como foco el balón, así que todos iban hacia el balón. En cambio, como las personas con limitación ya habían pasado por eso, se sabían posicionar y enfocar en su función. El titular del diario El Espacio fue "Hasta los ciegos le ganan a Santafé". Aunque esta fue una forma de apalancamiento de los medios de comunicación, que redundó en la obtención de algunos recursos que ayudaron a continuar con el desarrollo.

Quiero reconocer a: los profesores Yardanid Mosquera y Daniel Castro, así como a los profesionales de las ciencias aplicadas que se sumaron al equipo posteriormente. A los profesores que hicieron parte de mis cuerpos técnicos. Creo que yo pude resistir gracias al apoyo de todos ellos, mientras que nuestros deportistas recibieron su cuidado, elementos fundamentales para el desarrollo que tenemos.

Aunque hoy podemos decir que no tenemos fútbol profesional en Colombia, sí se han hecho intentos. Aún así, varios de nuestros atletas han sido contratados por equipos argentinos y brasileros. Eso los ha hecho crecer, lograr posicionamientos de liderazgo y le ha dado un peso diferente a nuestras selecciones, que esperamos sigan desarrollándose.

Deporte para personas con parálisis cerebral.

Olga Sáenz por Gladis Sáenz

Conocí del deporte paralímpico a través de mi hermana Olga Sáenz, quien tenía secuelas de la poliomielitis que le dio a los nueve años. A raíz de que mi padre buscó que ella tuviera contacto con más personas con discapacidad, y Olga inició su contacto con personas con su misma discapacidad desde 1978. Nosotros teníamos entendido que más o menos en 1972 se habían gestado movimientos deportivos con personas con discapacidad. Mi padre se interesó en que ella tuviera ese contacto para que viera que no era la única en una silla de ruedas. Entonces él conoció a unos jóvenes que vendían lotería y tenían un club deportivo en silla de ruedas llamado Club Deportivo Bogotá. El deporte que más se practicaba en ese entonces era el baloncesto en silla de ruedas. Aunque había otros deportes, este era el más visible.

Olga empezó a ver cómo era que funcionaba todo. En ese momento, lastimosamente, no había más mujeres en el club y tampoco había más deportes que ella pudiese practicar. Sin embargo, Olga empezó a inmiscuirse en el área administrativa y organizacional también.

A su vez el club tenía la Cooperativa La Esperanza, que agrupaba personas con discapacidad de silla de ruedas. Su objetivo era brindar oportunidades de trabajo a través de la venta de lotería, ya que muchos de ellos carecían de pensión o de un trabajo estable que les permitiera tener condiciones de vida dignas.

A través de esa cooperativa, en 1984 lograron que el entonces Instituto de Crédito Territorial, que estaba dirigido por la señora María Eugenia Rojas de Moreno, adjudicara unos apartamentos (en los primeros pisos) adaptados con los requerimientos en baños, movilidad, etc., en la urbanización de Techo en Kennedy.

No recuerdo exactamente cuántas unidades les adjudicaron, pero creo que fue en todos los edificios. La fundación hizo todo el proceso para que esta población pudiera acceder a esas viviendas que, para la época, fueron muy económicas porque les hicieron un descuento. Así fue como muchos de los socios obtuvieron casa propia en esas unidades residenciales. Desafortunadamente, la cooperativa no pudo seguir. Tuvieron algunos inconvenientes y la debieron liquidar, pero hicieron una gran labor.

Después Olga se vinculó con ASCOPAR, que era un club deportivo que contaba con más disciplinas deportivas. Ella comenzó a competir en eventos regionales y nacionales, en los deportes de natación y tenis de mesa. Igualmente, participó y tuvo su vida deportiva en eventos fuera del país.

En 1998 ella comenzó a decir que, por su edad, no podía competir más, así que se vinculó al área administrativa, pues profesionalmente obtuvo el título de Licenciada en Administración y Supervisión Educativa. La impulsamos para que hiciera una carrera como todos nosotros acá en la casa. Entonces, Olga validó su primaria y bachillerato en el ICFES obteniendo un excelente puntaje, lo que le abrió las puertas para cursar una carrera universitaria.

En esa época no existían las carreras a distancia. Había una modalidad semipresencial en la que recibían módulos y en la temporada de vacaciones de los estudiantes regulares, ellos iban a hacer su presencialidad. Así Olga estudió y se graduó de la Universidad de la Sabana.

En su primer día en la universidad, el rector en persona la recibió porque le parecía increíble que una persona de sus condiciones llegara a la universidad. Creo que en ese momento era la primera persona con discapacidad que llegaba a esa institución y le brindaron un ambiente educativo excepcional. Facilitaron que sus clases fueran programadas en los primeros pisos de las diferentes ubicadas entre la calle 70 y 72, en las carreras 11 y 12.

Como familia siempre acompañamos a Olga. Cuando era atleta, nosotros aportamos los recursos económicos sin que ella perdiera la independencia. No estuvimos involucrados trabajando ni en la federación o el comité. La acompañamos en los viajes porque ella tenía una parálisis que le afectaba también su mano derecha. Aunque en el trasegar de su vida deportiva Olga aprendió a ser más independiente y autónoma, nosotros la acompañábamos y estábamos en contacto con las personas que ella frecuentaba. De hecho, mi hija estuvo con ella en los Juegos Panamericanos de Guadalajara en el 2011.

La primera persona que acompañó a Olga en sus viajes fue mi mamá. Luego la acompañé yo y nos alternábamos. Después cumplir su mayoría de edad, mi hija ella comenzó a acompañarla. Eso significaba que uno iba como acompañante de toda la delegación; es decir, debíamos estar pendientes de todos los deportistas ayudándolos a subir y bajar de los transportes o en lo que necesitaran, en fin. En resumidas cuentas, uno iba con ella, pero asistía a toda la delegación. No tengo certeza de cuántas medallas ganó, sólo sé que ganó varias en natación y en tenis de mesa.

Al continuar en el área administrativa para mantenerse vinculada con este ambiente, comenzó a trabajar. Asimismo, en Cuba hizo un diplomado en gerencia deportiva. Con otras personas empezó a trabajar en pro de la creación del Comité Paralímpico Colombiano. Colombia había ido a algunos Juegos Paralímpicos, pero no existía comité. Por eso se dieron a la tarea de buscar a diferentes actores políticos como senadores y representantes para que llevaran la ponencia al senado e hicieran la ley que creara el comité paralímpico y que le diera la debida relevancia a las personas con discapacidad. Es decir, que realmente se hiciera un gran movimiento deportivo.

Fue así como en el año 2000 se creó la ley 582 que le dio vida al comité, fundado en 2001. Ella fue la primera secretaria general de ese primer comité ejecutivo. Empezó a trabajar con las diferentes federaciones que integraban el comité, como FEDESIR, FEDELIV, FECOLDES y después se incorporó FEDES. En realidad, creo que el comité le dio mucho impulso al deporte paralímpico, le abrió más posibilidades de participación a los atletas en diferentes justas a nivel continental y mundial. Así empezó el incremento en la participación en los Juegos Paralímpicos

Sin embargo, una de las discapacidades seguía desamparada, algo que observó Olga cuando viajó como jefe de misión a Atenas en 2004. En ese momento, tuvo la oportunidad de encontrarse con otros jefes de misión y ver competir a los atletas de PC. Ahí se dio cuenta que las personas con PC no eran visibles en el país y a nivel deportivo no era diferente.

Hizo los contactos pertinentes para conocer todo lo relacionado con el deporte para personas con PC y regresó al país con esa inquietud. Se dio a la tarea de realizar las gestiones necesarias para conformar la federación para estos atletas. Para esta labor estuvo acompañada por Octavio Londoño, Sandra Rodríguez y otras personas. La meta era darle la oportunidad a las personas con parálisis cerebral de asistir a competencias propias y de desarrollarse tanto en el deporte como en su vida personal, pues su visión iba más allá de la sola práctica deportiva.

Así emprendieron la tarea de viajar por todos los departamentos para formar los primeros clubes de atletas con parálisis cerebral. Tal vez la zona en la que hicieron muy poca cobertura fue en el oriente. Me parece que solo llegaron hasta Villavicencio. De ahí para allá era mucho más difícil su desplazamiento en esa época.

En cada uno de los municipios fundaron clubes, apalancándose con los clubes ya existentes orientados a atletas con discapacidad física. Los invitaron a que, paralelamente, crearan los clubes de atletas con parálisis cerebral. Así a su vez crearon en cada departamento la liga departamental y cada departamento tenía unos tres clubes, lo que les permitía formar las ligas y hacer la federación.

Era un trabajo arduo. No se trataba únicamente de viajar a las regiones, sino también de buscar personas en esos lugares que llevaran la vocería y se posicionaran como líderes. Necesitábamos personas que abrieran espacio a ese movimiento y convencieran tanto a los padres, como a las mismas personas con parálisis cerebral de que podían salir de la casa para algo más que hacer sus terapias. Era importante invitarlos a hacer deporte y tener la oportunidad de salir del país a representar a Colombia. La idea también era crear otra visión acerca de estas personas a nivel social. En muchos casos, las familias no querían sacar a sus familiares con esta discapacidad y que se unieran a los clubes; sin embargo, lo hicieron.

Otra labor dura fue conseguir entrenadores y capacitarlos. Esto lo lograron a través de convenios gestionados con algunas universidades con licenciaturas en educación física y carreras de fisioterapia. Buscaron a personas que quisieran medírsele a entrenar o asistir la recuperación deportiva de personas con parálisis cerebral y capacitarlos en los deportes que iban a tomar. Buscaron también las personas que se requerían para la creación de los comités de juzgamiento, clasificación y demás. Los enviaron fuera de Colombia para entrenarse en las habilidades que se requerían y que los atletas pudieran ser clasificados como se hace en las otras disciplinas deportivas. No era fácil porque acá no existía nada de eso.

De esa manera, trajeron al país la práctica del boccia, fútbol 7, atletismo y paracycling. Consiguieron el presupuesto para importar elementos, como las bicicletas especiales que se requerían para la práctica del ciclismo y proveer a los atletas que tenían el deseo de participar en ese deporte. Después del proceso de formación para el personal practicante, ellos finalizaron su vida estudiantil, pero muchos se quedaron y aún continúan trabajando dentro del deporte paralímpico, no sólo con los atletas con parálisis cerebral, sino que migraron a otras discapacidades y en especial se fueron a trabajar con personas con discapacidad visual y auditiva.

En 2008, finalmente la Federación Colombiana de Deportistas con Parálisis Cerebral obtuvo el reconocimiento deportivo, a dándole como sigla FECDPC. Así comenzaron a tener la oportunidad de acceder a escenarios deportivos para competir, hacer clasificaciones funcionales e iniciar la historia deportiva a partir de ello. Como resultado, salieron del país a representarnos en diferentes eventos mundiales, panamericanos y regionales. A Guadalajara fueron en 2011 y regresaron con muy buenos resultados.

En 2012 fue la asamblea en la se eligieron nuevos dignatarios. A pesar de que Olga fue nombrada en el área de juzgamiento, podíamos ver cómo la iban marginando de la federación. De hecho, después de su fallecimiento el 16 de agosto de 2013, las personas que habían trabajado con ella para la creación de la federación, fueron completamente marginadas de esta. Yo reconozco que han seguido trabajando y que, afortunadamente, los deportistas han podido seguir en su trayectoria deportiva, surgir y acceder a los eventos en diferentes niveles.

En lo que puedo describir, Olga era una mujer inquieta por el área administrativa; siempre le gustó todo lo que esto implicaba. Por eso comenzó a hacer parte del área directiva de ASCOPAR, aun cuando continuaba siendo deportista.

Muchos deportistas hacían lo que les correspondía en sus entrenamientos y ya. Ella, por el contrario, quería conocer las cosas desde adentro; por eso, al terminar su vida deportiva, continuó vinculada al deporte a través del área administrativa.

Entre otras cosas, ella tramitó las prácticas de estudiantes universitarios en áreas de educación física y fisioterapia. Por eso, cuando se formaban las delegaciones nacionales e internacionales, ella gestionaba que estos practicantes pudieran asistir y se les abrieran espacios. De esa forma logró cautivarlos y así fue como muchos siguieron en ese camino.

Debo resaltar que no fue fácil y que lo que hoy es la FECDPC se lo deben a todas estas personas y, en especial, a Olga Sáenz. Fueron ellos quienes se dieron a la tarea de conseguir los espacios, capacitaciones, atletas y todos los recursos necesarios, en un periodo de cuatro largos años de esfuerzos y sacrificios, para que hoy exista esa federación.

La FECDPC no existe por iniciativa gubernamental y mucho menos por la de las personas que actualmente están allí, sino por este equipo que buscó la manera de visibilizar a las personas con parálisis cerebral en el deporte a nivel nacional y mundial. Tengo entendido que en este momento hay personas de boccia con cupo asegurado para Tokio 2020 y todo esto es cosecha del trabajo de Olga y sus compañeros.

Elvira de Rojas

Mi relación con la discapacidad inicia con la Institución Integral para la Rehabilitación de Niños con Parálisis Cerebral fundada 19 de abril de 1964 por mi madre — quien era fisioterapeuta —. Desde niños nos inculcó un amor verdadero y profundo por la discapacidad. Nosotros crecimos con un respeto y cariño hacia las personas con parálisis cerebral, que nos permitía reconocer sus capacidades. Las personas creen que la persona con parálisis cerebral tiene un retardo mental y no entiende que si no te habla es porque hay una disfunción motora, no mental.

Crecimos en ese ambiente y todos (mis hermanos, mi papá y mi esposo) resultamos trabajando para la institución. Yo soy educadora y a partir de mi formación abrí un colegio de educación formal hasta bachillerato para niños con parálisis cerebral. Para mí esa fue una experiencia lindísima. Ellos tenían sus actividades deportivas, artísticas — por demás muy serias —, con exposiciones y demás presentaciones. Igualmente, tenían experiencias laborales enriquecedoras para la vida.

El deporte para personas con PC, en mi concepto, comenzó gracias a Octavio Londoño quien en ese momento era el presidente de FEDESIR, organización que junto con el IDRD citaron a las instituciones que trabajábamos con personas con discapacidad para una reunión en las instalaciones de la Fundación Para el Niño Diferente. El objeto era contarnos que el Comité Paralímpico Internacional estaba invitando a Colombia, específicamente a Bogotá, a ser la sede de la Copa América de Fútbol 7 para atletas con parálisis cerebral. Además, nos proponían que, en el marco de ese evento, realizáramos un seminario internacional sobre deporte para personas con parálisis cerebral.

A esa reunión asistimos alrededor de ocho instituciones que trabajaban con parálisis cerebral; Sin embargo, esta iniciativa no tuvo acogida en las demás instituciones, puesto que había mucha ignorancia acerca del tema. Se preguntaban cómo una persona con parálisis cerebral, con su cuerpo completamente paralizado podría practicar un deporte, o cómo es eso de que existen disciplinas regladas y medios de competencia para esta población.

Como institución, nosotros habíamos tenido contacto con el deporte a través de las actividades realizadas por FEDESIR, en las que incluían personas con discapacidad cognitiva. De manera que le propuse a Octavio que nos presentara videos o una película para conocer cómo se llevaban a cabo esas competencias (por ejemplo, de los Juegos Paralímpicos de Barcelona).

Para nosotros era muy extraño que nos hablara de fútbol 7, cuando la mayoría de las personas con parálisis cerebral están en sillas de ruedas, así que nos sonaba muy abstracto.

Y así fue. Nos presentó un video fabuloso con el que me emocioné muchísimo al ver personas con parálisis cerebral jugando fútbol. Recuerdo que era el equipo de Holanda. Vimos a otros jugando boccia, haciendo natación, atletismo y una gama amplia de deportes. Todo esto me causó una emoción infinita porque yo llevaba años esperando que mis niños con parálisis pudieran participar de algún evento deportivo. Yo quedé cautivada.

Sin embargo, a pesar del video, las otras instituciones no quisieron apoyar la iniciativa. Les pareció que todo estaba sobre el tiempo y les preocupaba que sus instituciones fueran afectadas en su imagen, por posibles falencias en el desarrollo de la actividad, debido a la premura. Yo pensaba que no sólo iba de parte de la institución educativa IDAFE, sino que iba en representación de una población de personas con discapacidad y si yo no decía que sí, ellos no tendrían la oportunidad de tener el deporte y les cerraría la puerta a ellos. Eso me animó a decir que sí.

Con Octavio empezamos a desarrollar el tema descartando la realización de la Copa América porque, definitivamente, Colombia no tenía ni idea de cómo hacerlo. La propuesta que hizo el IPC era realizar el campeonato en agosto de 2000 y la reunión fue a mitad de junio de ese mismo año. Así que no teníamos tiempo y estábamos en ceros en cuanto a atletas, entrenadores y demás. No obstante, nos pareció que era relevante hacer el seminario a final de año. De esa manera, se planificó su realización para el 4, 5 y 6 de diciembre del año 2000.

Fue muy interesante. Octavio tenía todos los contactos en el IPC; además, tenía unos conferencistas argentinos y uno inglés. Se armó un programa muy completo, con la idea de aprender del deporte para personas con parálisis cerebral. Fue un evento exitoso. Queríamos que fuera avalado por diferentes instituciones y así fue. Nos apoyaron la Universidad del Rosario, el APC, Coldeportes, IDRD, la Fundación de Ayuda al Deporte, la Red de Solidaridad de la presidencia, Compensar y nuestra institución IDAFE.

Compensar nos apoyó prestando su sede del Centro Urbano de Recreación, lo que nos brindó un espacio académico de primer orden. Asimismo, nos prestaron los sitios de práctica, ya que el seminario fue de carácter teórico en horas de la mañana y práctico en la tarde la práctica. Sin esa parte práctica todo hubiera sido muy abstracto y los asistentes no hubiesen entendido bien.

Aprendimos cómo se clasifican los deportistas con parálisis cerebral, lo cual pertenece a una estructura muy bien establecida por la CP-ISRA. Por supuesto, desde ese momento han cambiado un poco las cosas en cuanto a la organización, pero ese fue el punto de partida para que aprendiéramos que cada persona con PC, de acuerdo con su situación física, podía participar en determinados deportes y cumplir con el reglamento establecido. Eso lo hacía mucho más viable.

Recibimos instrucción en fútbol 7, natación y boccia — que es el deporte estrella para las personas con PC. Los organismos internacionales nos felicitaron porque fue un evento muy concurrido, alrededor de doscientas personas, e incluso con presencia de personas de otros países. De esta manera, se cumplía con el objetivo que era abrir las puertas para los deportistas con parálisis cerebral. Además, los asistentes fueron personas de diversas profesiones como fisiatras, médicos del deporte, fonoaudiólogos, educadores físicos, educadores especiales, entrenadores, personal de juzgamiento, entre otros.

Terminado el seminario en Bogotá, se replicó el seminario en Medellín, liderado por el profesor Gustavo Henao, director de la institución SAMADHI. Durante la realización de las dos versiones hubo participación de personas con parálisis cerebral, sus familias y cuidadores. De esa forma se garantizaba que los futuros practicantes de estos deportes se interesaran, se informaran y llegaran al ámbito competitivo.

Los profesionales André Sasiain y Marcelo Sánchez guiaron las actividades de clasificación funcional. Fue tan clara la explicación, que cuando se realizó la práctica en la tarde los mismos padres y cuidadores realizaron las clasificaciones funcionales. Los conferencistas quedaron muy satisfechos, pues lo hicieron perfectamente, de acuerdo con los parámetros que ellos habían enseñado. Todo en general quedó muy claro y la participación de los potenciales para atletas fue vital para el aprovechamiento de esta capacitación tanto en Bogotá como en Medellín.

Como institución nos motivamos muchísimo, por lo que queríamos que se estructurara el deporte en este campo. Así se creó el primer club de deportistas con parálisis cerebral en Colombia llamado Club Águilas Doradas, constituido el 10 de marzo de 2001; es decir, tres meses después del seminario. Este club fue creado por deportistas con parálisis cerebral y algunos familiares ya que algunos de los para atletas requerían de asistencia.

Era fundamental tener en cuenta que estos futuros competidores tendrían la afectación motora, pero no podían presentar ninguna discapacidad a nivel intelectual. De esa manera comenzamos con boccia, fútbol 7 y natación. Empezamos de cero. Incluso tuvimos que ir hasta San Benito, que es un barrio en el que se dedican a la manufactura de cuero, para mandar a hacer las boccias e iniciar los entrenamientos.

Fue así como comenzamos con el apoyo de algunas de las personas que también hicieron parte del seminario. Lo mejor para mí era ver la motivación de la gente. Todo era nuevo y, al no haber más clubes, empezamos a realizar las competencias entre los atletas de nuestro club. Después, el club deportivo ASCOPAR — que era un club para personas con sillas de ruedas, pero no con parálisis cerebral — decidió incluir personas con PC.

Inicialmente nos tuvimos que unir a la organización de los deportistas en silla de ruedas, ya que no teníamos ninguna organización. Gracias a la confianza de Octavio nos abrieron puertas en diferentes organizaciones para que pudiéramos entrar en las actividades con ASCOPAR y en la liga LIDESPORTS. Eso permitía legalizarnos y hacer competencias más serias a nivel nacional e iniciar la ruta a nivel internacional. De esta forma comenzó la práctica del deporte. Nos afiliamos a LIDESPORTS y comenzamos las competencias con ASCOPAR y una serie de torneos realizados con una entidad de Medellín.

Internamente teníamos nuestros torneos como el Promocional Interclubes de Boccia, realizado con Antioquia en octubre de 2001. Luego participamos en los Juegos Nacionales Infantiles organizados por FEDESIR en el Centro de Alto Rendimiento. En septiembre 22 de 2002 fuimos invitados a la Copa América de Fútbol 7 en Chile.

Trabajamos muy duro porque son equipos grandes y los recursos no son fáciles de conseguir. En ese momento ya no era presidente de FEDESIR el señor Octavio, sino el abogado Néstor Hernández, una persona muy trabajadora también. Fue él quien tramitó los pasajes. Infortunadamente, un día nos informaron que no fue posible conseguir los pasajes. Esta noticia fue muy difícil para todos nuestros atletas, ya que el noventa por ciento de ellos eran personas de bajos recursos, que habían viajado de diferentes ciudades para congregarse con el equipo y así viajar a esta copa que era su ilusión del momento. Algunos de ellos jamás habían viajado en un avión o habían participado en un gran torneo. Para nosotros eso fue una catástrofe, fue una experiencia muy dura, pero nos recuperamos y después estuvimos en los IV Juegos Distritales con Discapacidades Física de LIDESPORTS en febrero 2 de 2003.

En 2003 estuvimos en unos juegos con las fuerzas armadas, pues en su club había una agrupación de hijos con parálisis cerebral de oficiales y suboficiales de las fuerzas armadas. Estuvimos en otro torneo de boccia en Bogotá, el 24 de octubre de 2003. Se trataba del torneo interligas nacional, selectivo para los II Juegos Para Panamericanos de Mar del Plata 2003 en Argentina. En este caso, también tuvimos un trabajo muy arduo para poder llevar a los deportistas y, finalmente, fueron a estas justas sólo dos de ellos.

Era la primera vez que viajaban atletas con PC a representar al país a nivel internacional. Fue una experiencia muy interesante para ellos y los demás que vieron lo que sucedía. Previo al viaje debimos gestionar la afiliación del país a la CP-ISRA, acción que llevamos a cabo con el apoyo de FEDESIR, pues si no estábamos afiliados no se nos permitía la participación en este tipo de eventos. Entre otras, debíamos pagar un monto de afiliación y enviar unos documentos que al final permitieron la aceptación de Colombia dentro de dicha organización, quedando la afiliación a nombre de FEDESIR en ese momento, lo que nos permitió la participación libre a partir de allí.

En 2004 tuvimos la Copa de las Fuerzas Armadas que se llevó a cabo en CORFERIAS. La Universidad Manuela Beltrán organizó un evento que llamó olimpiadas para discapacitados, en el cual también participamos. Para nosotros lo importante era que los atletas participaran, se foguearan, que tuvieran experiencia, que se enfrentaran a todos los sentimientos que pueden llegar a suscitarse en el desarrollo deportivo.

También se realizaron los I Juegos Deportivos Paralímpicos Nacionales, que representaron un hito para el desarrollo del deporte para personas con discapacidad. Este evento congregó todas las discapacidades y, por primera vez, PC participaba en un evento de esa talla a nivel nacional. Eso fue una vitrina buenísima, sobre todo para el deporte que más cautiva que es el boccia.

Algunos de nuestros atletas también participaron en disciplinas como el powerlifting, impulsando de manera exitosa la apertura de esas puertas, dada la presencia de dirigentes deportivos de todas las regiones del país que quedaron fascinados con el tema del boccia. A partir de ese momento, empiezó la propagación del deporte para personas con PC. Esto movilizó la creación de clubes, ligas y organizaciones promotoras del deporte. En esa primera edición hubo boccia, fútbol 7, natación y participación en otros deportes. Las regiones participantes fueron Antioquia, Bogotá, Boyacá y Fuerzas Armadas.

Yo fui la coordinadora de boccia en los juegos. Mi esposo resultó siendo el coordinador de juzgamiento de la misma disciplina porque, cuando nos entregaron por primera vez el reglamento estaba en inglés y fue él quien se ofreció a traducirlo. Posteriormente, indagaron acerca de quién podría ser juez de boccia y él voluntariamente se ofreció, para promover la labor de juzgamiento y capacitarlos con el reglamento.

Para que llegara el deporte para personas con parálisis cerebral en Boyacá, dictamos una capacitación y organizaron un evento al que nosotros hicimos acompañamiento.

El 29 de octubre de 2004 se constituyó la Liga Deportiva de Parálisis Cerebral integrada por los clubes ASCOPAR y Águilas Doradas (para ese momento se podía establecer con dos clubes este tipo de ligas). Más adelante se se integraron más clubes. Posterior a los juegos, surgió el auge del desarrollo de los deportes para personas con discapacidad en las demás regiones, gestándose su implementación en Valle, Huila, Santander, Meta y muchos departamentos más. Surgieron más capacitaciones y eventos para ofrecer apoyo mutuo.

En 2005 entre el 15 y el 17 de junio se organizaron los V Juegos Deportivos Distritales Interclubes de LIDESPORTS. En Villavicencio participamos en un interligas con boccia, luego vinieron innumerables eventos nacionales. A nivel internacional participamos en los I Juegos Para Panamericanos Juveniles en Barquisimeto, Venezuela y en una Copa América de Boccia en Canadá.

Todo siempre tenía la misma dimensión económica caótica en la que nos tocaba citar a los atletas a una hora específica en el aeropuerto o lugar de encuentro, sin tener pasajes comprados ni nada asegurado. Eso representaba un desafío muy demandante para mí, pues prefiero tener todo organizado con tiempo, pero en estas circunstancias no era posible. Las condiciones económicas y diplomáticas eran apretadas y no se podían dar las cosas con suficiente tiempo.

El 22 de junio de 2006 Coldeportes aprobó el comité pro-federación de deportistas con parálisis cerebral. Nos reunimos Olga Sáenz, Sandra Rodríguez y yo para consolidar la conformación. Curiosamente, una persona nos había motivado a realizar dicha organización y, cuando llegó el momento de la presentación de los documentos, fue quien nos puso mayores obstáculos en Coldeportes. Por eso tuvimos que acudir al director, el señor Daniel García Arizabaleta, quien estaba muy impactado con el desarrollo de los Juegos Para Nacionales y nos tenía muy en cuenta tanto a mi esposo como a mí. Entonces él nos escuchó y nos ayudó en la agilización del trámite.

Finalmente, obtuvimos la personería jurídica el 30 de mayo de 2008 y también recibimos el reconocimiento deportivo de parte de Coldeportes, convirtiéndonos es una organización independiente, con la capacidad de recibir y manejar nuestros propios recursos, obviamente con todas las vicisitudes que se dan en el ámbito del deporte.

En 2011 había trescientos boccieros en el país. Nos invitaron a un evento para ver el fruto de nuestro trabajo. En ese año llegó nuestra desvinculación al deporte. Surgieron otros líderes, personas como Marcela Ramón del Valle del Cauca, quien lideró el proceso en ese departamento y luego asumió la federación, además de otros líderes en quienes reposó la conducción del trabajo en pro del deporte para personas con parálisis cerebral.

El siguiente documento e imágenes son una contribución de la señora Elvira Murcia de Rojas, escrita junto con su esposo, el señor Ricardo Rojas Garzón. Es una recopilación de sus experiencias y aportes a la consolidación del deporte para personas con parálisis cerebral.

HISTORIA DEL DEPORTE EN PARÁLISIS CEREBRAL EN COLOMBIA

Así nace en Colombia el deporte para personas con Parálisis Cerebral.

A raíz de la promulgación de la Ley 582 en junio 8 de 2000, que define la organización del deporte de la población con discapacidad, el presidente de la Federación Colombiana de Deportes para Personas con Limitaciones

Físicas - **FEDESIR**, el señor Octavio Londoño Giraldo y el Instituto Distrital de Recreación y Deporte IDRD, invitaron a las instituciones que trabajaban con Parálisis Cerebral a participar en los procesos que le permitieran a esta población acceder a los Organismos del Sistema Nacional eInternacional del Deporte. Para ello, convocó a una reunión a mediados del mes de junio del 2000, en la sede de la Fundación Para El Niño Diferente.

Allí extendieron la invitación del Comité Paralímpico Internacional IPC - Región América, encabezado por el señor José Luis Campo, para que Colombia fuera sede de la Copa América de Fútbol 7, en el marco del Festival de Verano de Bogotá, en agosto de ese año y que, simultáneamente, se realizara un Seminario Internacional sobre el Deporte en Parálisis Cerebral.

La invitación no tuvo la acogida esperada por el conjunto de instituciones y solo el **Instituto de Adaptación Física y Educativa - IDAFE** aceptó con mucho optimismo el reto. Esta institución, con sede en Bogotá, fue fundada el 19 de abril de 1964, por la fisioterapeuta Rosa Segura de Murcia. Su propósito era brindar una rehabilitación integral a niños, jóvenes y adultos con Parálisis Cerebral. En la reunión **IDAFE** estaba representada por la educadora Elvira Murcia de Rojas, directora de **Capacitación Escolar de IDAFE**.

Junto con Octavio Londoño acuerdan emprender la organización únicamente del Seminario, pues se concluyó que era muy apresurado para Colombia asumir la responsabilidad de organizar la Copa América de Fútbol 7, considerando la inexperiencia con dicho deporte (anexo 1).

I Seminario Internacional - Deporte en Parálisis Cerebral.

Elvira Murcia de Rojas y su esposo Ricardo Rojas Garzón, en representación de IDAFE y con el apoyo de Octavio Londoño, lideran la importante tarea de realizar el I SEMINARIO INTERNACIONAL - DEPORTE EN PARÁLISIS CEREBRAL, el cual se llevó a cabo en la ciudad de Bogotá los días 4, 5 y 6 de diciembre de 2000, en las instalaciones del Centro Urbano de Recreación CUR de COMPENSAR (anexo 2). En la ciudad de Medellín se replica el seminario, los días 7 y 8 de diciembre, liderado por el señor Gustavo Henao de la institución de rehabilitación SAMADHI.

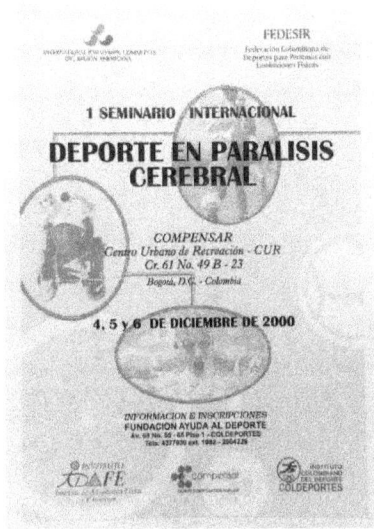

Como todo evento, este significó mucho esfuerzo económico y logístico para su éxito. El interés de sus organizadores era tener un seminario del más alto nivel, con respaldo académico y deportivo de entidades públicas y privadas relacionadas con la atención y el deporte de la población con discapacidad.

Así pues, el seminario contó con el aval de la Universidad del Rosario, el Comité Paralímpico de las Américas APC — quienes apoyaron con la contratación y desplazamiento de los conferencistas procedentes de Argentina e Inglaterra —, COLDEPORTES, FEDESIR, la Red de Solidaridad Social de la Presidencia de la República, la Fundación Ayuda a Deporte, COMPENSAR y del Instituto de Adaptación Física y Educativa- IDAFE.

Al seminario asistieron más de 200 personas de Bogotá y otras ciudades del país, así como participantes de Venezuela; personas con parálisis cerebral y sus familiares, fisiatras, médicos del deporte, terapistas físicos, ocupacionales y de lenguaje, educadores especiales y físicos, entrenadores, jueces deportivos, dirigentes deportivos y personas relacionadas con el deporte tanto convencional como de la discapacidad.

El programa se diseñó con sesiones teóricas y talleres prácticos en los temas de Clasificación Funcional del Deportista con Parálisis Cerebral, dictado por los argentinos Dr. André Sasiain, médico fisiatra, clasificador nacional e internacional de CP-ISRA (Cerebral Palsy International Sport and Recreation Association), y el educador físico Marcelo Sánchez, clasificador internacional de CP-ISRA.

El tema del Fútbol 7 estuvo a cargo del inglés Bob Fisher, director de la Sección de Fútbol de CP-ISRA y del IPC y acompañado de Marcelo Sánchez, clasificador nacional e internacional de CP-ISRA y Técnico Nacional de la selección de Argentina. La Natación por su parte, estuvo a cargo de Emilia Discala y Pablo Videla. Por último, el profesor Oscar de Luca se encargó del deporte BOCCIA.

El seminario se desarrolló con total éxito, recibió reconocimiento especial por parte de las organizaciones deportivas nacionales e internacionales, así como del resto de entidades que apoyaron el evento (anexo 2).

La mayor satisfacción para sus organizadores fue alcanzar su objetivo: que mediante el conocimiento teórico y práctico del deporte en parálisis cerebral, se abriera la puerta para la iniciación del deporte en Colombia para la población con esta discapacidad. Por primera vez en el país se compartió información a la población general, sobre los diferentes deportes que pueden realizar las personas con parálisis cerebral. Además, se identificó una población de personas con parálisis cerebral clasificadas aptas para la práctica de varios deportes, población que nunca había imaginado poder participar en eventos deportivos competitivos (anexo 3).

Primer Club de Deportistas con Parálisis Cerebral en Colombia.

Motivados por lo aprendido en el seminario, el 10 de marzo del 2001, en las instalaciones del Instituto de Adaptación Física y Educativa - IDAFE, se constituye el Club Deportivo Águilas Doradas, primer club exclusivo de deportistas con Parálisis Cerebral en Colombia. La asamblea conformada por deportistas y familiares elige su primer Comité Ejecutivo, integrado por: el señor Luis Eduardo Valderrama, la señora Blanca de Montes y Elvira Murcia de Rojas. Para el Tribunal Deportivo fueron elegidos los señores: Jorge Enrique Reina y Ricardo A. Rojas Garzón. Para el cargo de Revisor Fiscal se eligió al señor Ramiro Alfonso Castro Ladino, contador público (anexo 4).

A partir de su constitución, el Club inicia los entrenamientos de los deportistas en Fútbol 7, Natación y Boccia. Para conseguir los entrenadores, se acudió a los educadores físicos que asistieron al seminario y que se sintieron motivados para trabajar con personas con PC.

Llamó especial atención el juego de Boccia por ser un deporte apto para las personas con mayor compromiso motor y con un buen nivel intelectual, pues este juego se basa más en la estrategia y manejo de sus destrezas que en la fuerza. Por eso mismo, no separa entre modalidades masculina y femenina y, por las características de la discapacidad, tampoco se contempla una clasificación por edad.

Los entrenamientos de Boccia iniciaron contratando a una de las asistentes al seminario que trabajaba con Compensar, la señorita Yolanda Pulido. Se vinculó como entrenadora de los primeros 12 deportistas, para realizar las prácticas en las instalaciones de IDAFE.

Todo era nuevo. Todos teníamos que aprender y poner de nuestra parte. No solo tuvimos que buscar los entrenadores, también tuvimos que buscar la forma de conseguir los elementos deportivos apropiados para las distintas prácticas. Para las bolas de Boccia, que tienen características muy específicas, acudimos a los artesanos en cuero del barrio San Benito en Bogotá, quienes después de varias pruebas, elaboraron las bolas. Así se tuvimos el primer set de bolas para este deporte.

El avance en los entrenamientos de boccia motivó el ánimo competitivo. Para ello, necesitábamos aprender muy bien el reglamento y, como este lo teníamos tan solo en inglés, acudimos a una persona que desde el seminario venía apoyando todo el proceso de desarrollo del deporte, el señor Ricardo Rojas, esposo de Elvira Murcia de Rojas, quien tradujo el reglamento y se convirtió en el primer juez de boccia en Colombia. Además, organizó el primer equipo de juzgamiento. Íbamos avanzando con los recursos que teníamos a la mano y trabajando con mucho optimismo y energía.

En julio del año 2001, los esposos Rojas viajaron a España y consiguieron un juego de la marca Handi Life Sports, fabricado en Dinamarca y vendido por una entidad deportiva en la ciudad de Navarra. Este sería el primer juego de boccias en Colombia homologadas a nivel Internacional.

La mayoría de nuestros deportistas, alumnos de Capacitación Escolar de IDAFE eran aptos para jugar boccia, de acuerdo con su clasificación deportiva. Un porcentaje menor lo eran para fútbol 7 y natación.

Para las clases de natación conseguimos instalaciones apropiadas. El 23 de agosto de 2001 iniciamos la gestión con la Cruz Roja Colombiana para que nos asignaran un carril para las clases de natación. Fue aprobado el 5 de septiembre, comenzando las clases en el mes de octubre con la profesora Cecilia Nieto. Más adelante conseguimos que nos permitieran realizar las clases en la piscina del Club de Suboficiales del Ejército.

Tanto en boccia como en natación, los entrenamientos se desarrollaban en con mucho apoyo de las familias de los deportistas. En powerlifting contamos con un deportista muy activo también en la parte directiva del club, Guillermo Castro. Fue el único, pero dejó en alto al club en diferentes participaciones.

Para conformar un equipo de fútbol, la tarea fue un poco difícil. Tuvimos que aprovechar cuando veíamos una persona con parálisis cerebral o lesión cerebral caminante. La abordábamos para invitarla a jugar fútbol, propuesta que les resultada muy extraña. Sin embargo, lográbamos motivarlos e invitarlos a los entrenamientos en las canchas de fútbol de las instalaciones del ICBF en la avenida 68. Su entrenador, el señor Julio César Arteaga, quien perteneció a las reservas de Santa Fe, entendió muy bien las características de los deportistas y consiguió resultados importantes en poco tiempo. El 7 de julio de 2001 se iniciaron los entrenamientos en este campo. Tanto para los uniformes, como para los balones y demás elementos necesarios para el entrenamiento, contamos con el apoyo de una persona con parálisis cerebral, Nelson Ascencio Murcia, quien todo el tiempo estuvo atento para apoyar a sus compañeros.

En alguna ocasión, a falta de otros equipos de fútbol 7, nuestro equipo tuvo un encuentro con un equipo de fútbol de Sanidad de las Fuerzas Armadas integrado por exsoldados, atletas con discapacidad. Ellos jugaban con muletas, que utilizaban como extensión de su cuerpo para detener el balón en juegos de altura o para "cerrar" el balón e impedir que nuestros jugadores pudieran acercarse a él. Tuvimos que modificar el reglamento en ese juego, buscando igualdad de condiciones.

Cabe resaltar el apoyo y colaboración de Blanca de Montes, Sandra Rodríguez y Luis Eduardo Valderrama, familiares de los primeros deportistas pertenecientes al Instituto IDAFE, pues participaron en las actividades del club, motivando a los deportistas y ayudando en la búsqueda de escenarios para algunas actividades.

Desde el Reconocimiento del Club hasta el de la Federación Colombiana de Deportistas con Parálisis Cerebral.

Con el fin de legalizar el Club, el 5 de julio de 2001 se radicamos los documentos ante el Instituto Distrital de Recreación y Deporte IDRD,. La solicitud fue aprobada mediante la Resolución No. 473 del 13 de agosto del mismo año, otorgando el Reconocimiento Deportivo al Club (anexo 5).

A continuación, con oficio radicado con fecha de 23 de agosto de 2001, se solicitó la afiliación del Club ante la Liga de Deportes para Personas con Discapacidades Físicas de Santafé de Bogotá D.C. - LIDESPORTS, contando en ese momento con 18 deportistas, 10 futbolistas, 11 bocheros, 4 deportistas en natación y uno en powerlifting. Algunos participando en más de un deporte.

El 4 de septiembre mediante Resolución No. 019 de LIDESPORTS, se otorgó al Club la afiliación a esta liga. Con esta afiliación el Club quedó incluido en la Organización Nacional del Deporte, lo que le permitiría más adelante participar en eventos nacionales e internacionales.

Mediante la Resolución No. 183, el 31 de mayo de 2002, la Secretaría de la Alcaldía Mayor de Bogotá le otorga la Personería Jurídica al Club y la DIAN el correspondiente NIT.

En octubre 7 de 2005, y por un término de 5 años, el Instituto Distrital para la Recreación y el Deporte IDRD emite la Resolución No. 531 por la cual otorga Reconocimiento Deportivo y vincula al Sistema Nacional del Deporte al Club Deportivo Águilas Doradas-PC.

La Federación de Deportistas en Silla de Ruedas - FEDESIR acogió, inicialmente a los deportistas con parálisis cerebral. Así como a LIDESPORTS, se le permitió en agosto de 2002 solicitar la inscripción del país en la Asociación Internacional de Deportes y Recreación de Parálisis Cerebral - CP-ISRA-. Mediante comunicación de noviembre 26 de 2002, la Asamblea General de CP-ISRA nos aceptó como Miembros Nacionales de esta entidad (anexo 6).

Con el incremento de deportistas y clubes regionales de deportistas con parálisis cerebral, la señora Elvira de Rojas, junto con Olga María Sáenz — antes miembro del comité ejecutivo de LIDESPORTS — y la terapista ocupacional Sandra Rodríguez promovieron la creación de la Federación Colombiana de Deportistas con Parálisis Cerebral. Así, el club tendría su independencia de FEDESIR y que todos los deportistas con parálisis cerebral tuvieran su propia federación, con sus normas y organización independientes. En junio 22 de 2006 mediante Resolución No. 858, COLDEPORTES aprobó la designación del Comité Pro-Federación Colombiana de Deportistas con PC.

Con el fin de constituir la Liga Deportiva de Parálisis Cerebral de Bogotá, el 29 de octubre de 2007 se reunieron los delegados socios fundadores Guillermo Castro, presidente del Club Deportivo Águilas Doradas PC y Marlene Bejarano, delegada del Club Deportivo de ASCOPAR. Asistieron también varios invitados de entidades comprometidas con el proceso de conformar sus respectivos clubes deportivos para la población con parálisis cerebral a la que atendían y que, además, proyectaban integrarse una vez recibieran su respectivo reconocimiento.

Se escogió el nombre de Liga Deportiva de Parálisis Cerebral de Bogotá - LIDEPACE Bogotá y se aprueban sus estatutos.

Finalmente, el 30 de mayo de 2008 con la Resolución No. 427, el director general del Instituto Colombiano del Deporte COLDEPORTES, otorgó la Personería Jurídica a la Federación Colombiana de Deportistas con Parálisis Cerebral - FECDE PC - y aprobó sus Estatutos. El 16 de junio del año 2008, con la Resolución No. 483, COLDEPORTES otorgó el Reconocimiento Deportivo a FECDE PC.

FECDE PC quedó conformada por los siguientes miembros:

Órgano de Administración:
- Olga María Sáenz Ramírez – presidente.
- Sandra Rodríguez Pachón – secretaria.
- Elvira Murcia de Rojas – tesorera.
- Luisa A Villarraga Bernal - vicepresidente administrativa.
- Camilo Ortega Arellano - vicepresidente deportivo.

Órgano de Control:
- Ruth Mery Castiblanco Aldana - revisora fiscal principal.
- Ruth Ramírez Núñez - revisora fiscal suplente.

Órgano de Disciplina:
- Doris Rojas Urrego.

- Sonia Velasco Palacios.
- Ricardo Becerra Sáenz.

Reconocimiento final.

Es importante resaltar el apoyo, dedicación, entrega desinteresada, y gran labor realizada en todo este proceso por Olga María Sáenz Ramírez (QEPD) y Sandra Rodríguez Pachón. Ellas se dedicaron, con mucho amor y pasión, a apoyar a la población de deportistas y a sacar adelante la organización formal del deporte para las personas con parálisis cerebral en Colombia.

Asimismo, queremos dar un reconocimiento muy especial al papel trascendental que tuvo Octavio Londoño en la historia del deporte para personas con parálisis cerebral en Colombia. Fue la persona que nos dio el impulso inicial y nos siguió acompañando, motivando y apoyando sin descanso, para que deportistas y dirigentes pudieran alcanzar su sueño. Lo hizo como persona y como dirigente de las entidades deportivas que presidia.

En mayo de 2010 Elvira Murcia de Rojas se retiró del Comité Ejecutivo de FECDE PC.

Eventos Deportivos.

Participación en Powerlifting.

El 23 de mayo de 2004, en el marco de la Copa Fuerzas Armadas realizada en las instalaciones de la Feria Exposición de Bogotá, de nuestro Club participó Guillermo Castro, representando a Bogotá en powerlifting, en la categoría de los 56 kg, obteniendo Medalla de Oro.

Ese mismo año participó en los I Juegos Deportivos Paralímpicos Nacionales 2004, en representación de nuestro Club en powerlifting. Guillermo Castro nuevamente obtiene medalla de oro en la categoría de los 56 kg, deporte en el que competían 11 ligas.

También participó en el Primer Campeonato Nacional de Press Banco Abierto y Discapacitados, organizado por la Policía del Valle del Cauca en Palmira (Valle) el 7 de abril, obteniendo medalla de plata en la categoría 67.5 kg. y el segundo puesto por equipos.

Asimismo, participó en el I Campeonato Nacional Interligas LIDESIRHUILA, realizado entre el 12 y el 15 de abril del 2007 (campeonato selectivo para los Juegos Para Panamericanos), ganando medalla de oro en la categoría 56 kg y cupo en la selección Colombia.

Del 27 al 30 de septiembre de 2007 participó en el II Campeonato Nacional Interligas LIDISFA (selectivo para los II juegos Paralímpicos Nacionales en Cali 2008) y ganó medalla de oro en la categoría 67.5 kg.

Participación y Experiencia Deportiva en Fútbol 7.

El primer partido oficial se programó en el I Torneo Promocional Interclubes de Boccia en octubre de 2001, para jugar contra el equipo de la Liga de Antioquia. Finalmente, el equipo de Antioquia no pudo asistir. Se realizó entonces, un partido informal contra el Club Altius dirigido por Hernán Troncoso, ganando nuestro equipo 7 a 0.

En el marco del evento de los I Juegos Deportivos Nacionales Infantil y Junior para personas con Limitaciones Físicas de FEDESIR, se realizaron dos partidos los días 7 y 8 de noviembre de 2002. El primero fue un partido de integración entre nuestro equipo y un equipo mixto conformado por jugadores con Parálisis Cerebral de la delegación del Huila (de quienes se desconocía su edad y venían sin la clasificación reglamentaria) y un grupo de soldados con discapacidad del Ejército de Colombia presentados por el Batallón de Sanidad. El segundo partido, un poco más formal, entre los mismos equipos terminó a favor de nuestro club 7 a 6. Fue un partido informal, pero esa experiencia motivo a los deportistas de Bogotá y a los del Huila.

En el mes de julio de 2002, se recibió la invitación para participar en la Copa América de Fútbol 7, a celebrarse en Santiago de Chile durante el mes de septiembre de ese mismo año. El Club inmediatamente se puso en contacto con FEDESIR, con el fin de coordinar por primera vez la participación de nuestro país en un evento deportivo para personas con Parálisis Cerebral. El presidente de FEDESIR del momento, Néstor Hernández, ofreció la posibilidad de apoyo a los deportistas en lo referente a desplazamiento aéreo, pero que no les era posible cubrir los costos de inscripción y menos aún la afiliación de Colombia a CP-ISRA.

Las directivas del Club se pusieron en contacto con el Club de Medellín, que también contaba con un equipo de fútbol 7 y acordaron trabajar para conseguir los recursos para la afiliación del país a CP-ISRA y para la inscripción del equipo y delegados.

Trabajamos arduamente durante tres meses, consiguiendo los recursos para la afiliación internacional. Asimismo, por la generosidad de Nelson Asensio, uno de nuestros afiliados honorarios y de empresas como Tubos Brandt, Coasmedas, Sabanagro Ltda, Banco Colmena así como un grupo de personas interesadas en apoyarnos, se completaron los recursos para las inscripciones.

A pesar de todo el esfuerzo realizado, a pocos días del viaje COLDEPORTES, negó el apoyo argumentando falta de presupuesto, debido a los ajustes que estaba realizando el nuevo gobierno a esa entidad. Como consecuencia, nuestra selección no pudo viajar, quedando una sensación de frustración, tanto para nosotros como para los deportistas. A pesar de lo frustrante de la situación, el equipo continuó entrenando con miras a participar en otros eventos, los que no pudieron ser posibles al no existir otro equipo con el que pudieran tener encuentros.

El Boccia, juego estrella.

A comienzos de 2001 y con la clasificación de los deportistas del Instituto IDAFE adelantada en el Seminario, empezaron los entrenamientos en boccia en las instalaciones del Instituto. Inicialmente con un juego de bolas artesanales y luego con el juego adquirido por Ricardo y Elvira de Rojas en España.

En agosto de 2001 iniciaron las prácticas con miras a participar en el Primer Torneo Promocional Interclubes de Deporte en Parálisis Cerebral - Boccia y Fútbol 7, al que invitamos al Club Samadhi de la Liga de Antioquia. El evento se desarrolló en el Parque Recreo Deportivo el Salitre PRD el sábado 27 de octubre. Lamentablemente no pudo asistir el equipo de fútbol 7 de Antioquia, realizando únicamente el torneo de boccia.

Se jugó en las modalidades de Parejas BC 3 un partido, Individual BC 2 dos partidos, y Equipos BC 1, BC 2 un partido. El Club Samadhi ganó los partidos por parejas y por equipos mientras que el Club Águilas Doradas ganó los partidos en modalidad individual.

A continuación, se presenta un resumen de los eventos de boccia que se realizaron en los primeros años.

Participación y Experiencia Deportiva en Boccia - Club Deportivo Águilas Doradas PC.
Eventos Locales y Nacionales.

Fecha	Evento	Lugar	Deportes
2001 Octubre 27	Primer Torneo Promocional Interclubes de Boccia. Ligas de Bogotá y Antioquia.	Parque Recreo Deportivo – PRD.	Boccia BC1, BC2 y BC3
2002 Mayo 18	Primer Torneo Interno de Boccia.	Colegio Santa Cristina de Toscana, Bogotá	Boccia BC1, BC2 y BC3
2002 Noviembre 6, 7 y 8	I Juegos Deportivos Nacionales Infantil y Junior de FEDESIR.	Centro de Alto Rendimiento.	Boccia BC1, BC2 y BC3

2003 Febrero 25	IV Juegos Distritales para Deportistas con Discapacidades Físicas de LIDESPORT.	Unidad Deportiva elSalitre.	Boccia
2003 Abril 5	Juegos Demostrativos con el Batallón deSanidad de las Fuerzas Armadas	Batallón de Sanidad, Puente Aranda	Boccia y Fútbol-7
2003 Septiembre 9	II Torneo Interno de Boccia		Boccia BC1, BC2 yBC3
2003 Octubre 24	Torneo Nacional Interligas. Selectivo para los II Juegos Parapanamericanos de Mar del Plata 2003 – Argentina.		Boccia BC1, BC2 yBC3
2004 Mayo 20	Copa Fuerzas Armadas	Corferias	Boccia BC1 y BC2 y Levantamiento de Pesas
2004 Septiembre 23	XX Olimpiadas para Discapacitados Universidad Manuela Beltrán	Unidad Deportiva elSalitre	Boccia BC1, BC2 yBC3
2004 Octubre 23 al 30	I Juegos Deportivos Paralimpicos Nacionales – COLDEPORTES	Centro de Alto Rendimiento	Boccia
2005 Abril 28	V Juegos Distritales Interclubes - LIDESPORT	Bogotá	Boccia BC1 y BC2
2005 Julio 15, 16 y 17	Juegos Interligas - LIDEFMET	Villavicencio	Boccia
2005 Octubre 8 y 9	Mini Olimpiadas Bavaria	Bogotá	Boccia
2006 Marzo 26	Campeonato Nacional Interligas "Pilas Boyacá por la Discapacidad – LIDESBOY 2006"	Sogamoso, Boyacá	Boccia
2006 Abril 13, 14 y 15	Primer Campeonato Nacional Interclubes – Ciudad de Medellín	Medellín	Boccia
2006	I Campeonato Nacional	Villavicencio	Boccia

Septiembre 17 al 19	Interligas – LIDEFMET		
2006 Noviembre 4 y 5	Campeonato Nacional Interclubes	Bogotá	Boccia
2007 Septiembre 27 al 30	II Campeonato Nacional Interligas – LIDEFMET	Villavicencio	Boccia

Eventos Internacionales.

Fecha	Evento	Lugar	Deportes
2003 Diciembre	II Juegos Parapanamericanos	Mar Del Plata – Argentina	Boccia
2005 Octubre 22 y 30	I Juegos Juveniles Parapanamericanos	Barquisimeto – Venezuela	Boccia
2007 Octubre 13 a 15	Copa Mundial de Boccia	Rio de Janeiro – Brasil	Boccia
2009 Octubre 23 a 30	Copa América de Boccia 2009	Montreal - Canadá	Boccia

2003 - Participación en los II Juegos Parapanamericanos. Mar Del Plata. Argentina

Los bocheros participantes, seleccionados del Club Deportivo Águilas Doradas fueron: Carlos Mayo y Fernando Montes, Categoría BC2.

Esta fue la primera vez que Colombia participó con deportistas de esta discapacidad en un evento internacional.

2005 - Participación en los I Juegos Juveniles Parapanamericanos. Barquisimeto, Venezuela.

Los países participantes en la competencia de Boccia fueron Venezuela, México, Argentina y Colombia.

Participaron 6 bocheros colombianos, 5 de ellos del Club Deportivo Águilas Doradas: Ferney Rojas y Felipe Rodríguez categoría BC3; por la categoría BC2, Wilmer Pérez, Edward Díaz y Carlos Mayo, quien trajo para nuestro país medalla de plata.

Imágenes de los I Juegos Juveniles Parapanamericanos de Barquisimeto, Venezuela.

2007 – Participación en la Copa Mundial de Boccia. Rio de Janeiro, Brasil.

Por primera vez Colombia participó en un evento de boccia a nivel mundial, representada por Carlos Mayo del Club Deportivo Águilas Doradas PC.

2009 - Participación en la Copa América de Boccia 2009. Montreal, Canadá.

Participaron cuatro deportistas en las categorías BC 1, BC 2 y BC 3. El país obtuvo una medalla de plata con el deportista José Omar Marín, Clase BC2 en modalidad individual, como resultado de ganar todos sus partidos excepto la final que perdió con el representante argentino.

El equipo de Colombia que participó en la Copa América de Boccia 2009 en Montreal, Canadá.

Resumen de los eventos de Boccia años 2001 a 2005.

PRIMER TORNEO PROMOCIONAL INTERCLUBES. Octubre 27 de 2001.

PARTICIPANTES:

| CLUB SAMADHI - Liga de Antioquia ||||
| Nombre | Diagnóstico | Clasificación ||
^	^	CP	Boccia
SÁNCHEZ ECHEVERRI Juan David	PC	CP 1	BC 3
NOREÑA NARANJO Julián David	PC	CP 2	BC 2
MUÑOZ BETANCOUR Andrés Felipe	PC	CP 2	BC 2
MEJÍA GIL Andrés Felipe	DMP		BC 4
CLUB DEPORTIVO ÁGUILAS DORADAS PC - Liga de Bogotá			
MAYO Carlos	PC	CP 2	BC 1
MONTES Fernando	PC	CP 2	BC 1
RODRÍGUEZ Felipe	PC	CP 1	BC 3
RODRÍGUEZ Francisco	PC	CP 3	BC 2
RUBIO Hernan	PC	CP 1	BC 3
SARMIENTO Leonardo	PC	CP 2 S	BC 2
VILLAMIZAR José J.	PC	CP 2	BC 2

PRIMER TORNEO INTERNO DE BOCCIA. Mayo 18 de 2002.

PARTICIPANTES:

Nombre	Clasificación
Contreras Sandra Milena	BC 2
Díaz Edward	BC 1
Mayo Carlos	BC 1
Montes Fernando	BC 1
Ramírez Maritza	BC 1
Rodríguez Felipe	BC 3
Rodríguez Francisco	BC 2
Rojas Ferney	BC 3
Rubio Hernan	BC 3
Yomayusa John	BC 1

MODALIDADES JUGADAS:
Individual BC 1, BC 2 y BC 3.

RESULTADOS:

Jugadores	Resultado
Carlos Mayo vs. Fernando Montes	7 - 0
Ferney Rojas vs. J. Felipe Rodríguez	5 – 2
Edward Díaz vs. Maritza Ramírez	3 - 2
John Yomayusa vs. Edward Diaz	11 – 0
Carlos Mayo vs. John Yomayusa	3* - 3
José Villamizar vs. Milena Contreras	0 - W
Milena Contreras vs. Francisco Rodríguez	3 - 6
Ferney Rojas vs. Hernan Rubio	4 - 5

Campeón BC 1: Carlos Mayo.

Campeón BC 2: Francisco Rodríguez.

Campeón BC 3: Hernán Rubio

Primeras experiencias competitivas de boccia dentro del Club Águilas Doradas

Primeros Juegos Deportivos Nacionales Infantil y Junior Para Personas Con Limitaciones Físicas. Noviembre 6, 7 y 8 de 2002.

PARTICIPANTES:

Nombre	Categoría	Clasificación
Montes Fernando	Adulto	BC 1
Ramírez Maritza	Júnior	BC 1
Saavedra Paula	Adulto	BC 1
Contreras Milena	Junior	BC 2
Diaz Eduard	Infantil	BC 2

Mayo Carlos	Júnior	BC 2
Rodríguez Francisco	Adulto	BC 2
Sarmiento Leonardo	Júnior	BC 2
Villamizar José	Junior	BC 2
Yomayusa John	Infantil	BC 2
Rodríguez Juan Felipe	Infantil	BC 3
Rojas Ferney	Infantil	BC 3
Rubio Hernán	Adulto	BC 3

MODALIDADES JUGADAS:
Individual BC 1, BC 2 y BC 3 Equipos.

RESULTADOS:

	Rojo	Puntos	Azul	Puntos
Modalidad Equipos	Francisco Rodríguez Fernando Montes José Villamizar	10	John Yomayusa Eduard Díaz Carlos Mayo	2
Modalidad Individual BC 3	Felipe Rodríguez	4	Ferney Rojas	3
	Felipe Rodríguez	5	Hernán Rubio	2
Modalidad Individual BC 1	Paula Saavedra	2	Maritza Ramírez	4
	Fernando Montes	W	John Yomayusa	0
	Maritza Ramírez	2	Fernando Montes	4
Modalidad Individual BC 2	Francisco Rodríguez	9	José Villamizar	0
	Milena Contreras	0	Carlos Mayo	7
	Eduard Díaz	3	Leonardo Sarmiento	5
	Francisco Rodríguez	1	Carlos Mayo	4
	Carlos Mayo	7	Leonardo Sarmiento	2

Campeón Individual BC 1: Fernando Montes.
Campeón Individual BC 2: Carlos Mayo.
Campeón Individual BC 3: Felipe Rodríguez.
Campeón Equipos: Francisco Rodríguez, Fernando Montes, José Villamizar.

IV Juegos Distritales Infantiles Para Deportistas con Discapacidades Físicas. Febrero 25 de 2003.

PARTICIPANTES:

Nombre	Clasificación
Montes Fernando	BC 1
Ramírez Maritza	BC 1
Saavedra Paula	BC 1
Contreras Sandra Milena	BC 2
Díaz Eduward	BC 2
Mayo Carlos	BC 2
Rodríguez Francisco	BC 2
Sarmiento Leonardo	BC 2
Villamizar José J.	BC 2
Rodríguez Felipe	BC 3
Rojas Ferney	BC 3

Modalidades Jugadas:
Individual para las clasificaciones BC 1, BC 2 y BC 3 Equipos BC 1 – BC 2.

RESULTADOS:

Jugadores	Resultado	
Paula Saavedra vs. Maritza Ramírez	6 - 2	
Fernando Montes vs. Paula Saavedra	15- 0	BC 1 Final
Felipe Rodríguez vs. Ferney Rojas	4 - 1	BC 3 Final
Francisco Rodríguez vs. Carlos Mayo	2 - 4	
José Villamizar vs. Leonardo Sarmiento	3 - 2	
Milena Contreras vs. Edwuard Díaz	8 - 0	
Carlos Mayo vs. José Villamizar	5 - 3	
Carlos Mayo vs. Milena Contreras	2 - 3	BC 2 Final
Rodríguez-Montes-Villamizar vs. Mayo-Sarmiento-Saavedra	8 - 3	Equipos Final

Ganadores BC 1:
   Oro: Fernando Montes.   Plata: Paula Saavedra.
Ganadores BC 2:

Oro: Milena Contreras – Carlos Mayo.   Plata: José Villamizar.
Ganadores BC 3:
Oro: Felipe Rodríguez.   Plata: Ferney Rojas.
Ganadores Equipos: Trofeo F. Rodríguez – F. Montes – J. Villamizar.

II Torneo Interno de Boccia. Septiembre 9 de 2003.

PARTICIPANTES:

Nombre	Clasificación
Rodríguez Marco Polo *	BC 1
Ramírez Maritza	BC 1
Saavedra Paula	BC 1
Contreras Sandra Milena	BC 2
Montes Fernando	BC 2
Mayo Carlos	BC 2
Rodríguez Francisco	BC 2
Sarmiento Leonardo	BC 2
Villamizar José J.	BC 2
Rodríguez Felipe	BC 3
Rubio Hernán	BC 3
Rojas Ferney	BC 3

MODALIDADES JUGADAS:
Individual para las clasificaciones BC 1, BC 2y BC 3

RESULTADOS:

Jugadores	Resultado	
Rodríguez Marco P. vs. Ramírez Maritza	6 - 1	BC 1
Rodríguez Marco P. vs. Paula Saavedra	8- 1	BC 1 Final
Rodríguez Francisco vs. Contreras Milena	3 - 2	BC 3 Final
Rodríguez Francisco vs. Villamizar José J.	6 - 3	BC 2
Sarmiento Leonardo vs. Montes Fernando	3 - 9	BC 2
Montes Fernando vs. Mayo Carlos	7 - 2	BC 2
Rodríguez Francisco vs. Montes Fernando	4 - 1	BC 2 Final
Rojas Ferney vs. Rubio Hernán	2 - 11	BC 3
Rodríguez Felipe vs. Rubio Hernán	6 - 1	BC 3 Final

Ganadores BC 1:   Marco Polo Rodríguez
Ganadores BC 2:   Francisco Rodríguez
Ganadores BC 3:   Felipe Rodríguez

Torneo Nacional Interligas. Octubre 24 de 2003
(Selectivo para los 2os Juegos Parapanamericanos - Mar del Plata 2003).

PARTICIPANTES:

Nombre	Clasificación
Ramírez Maritza	BC 1
Saavedra Paula	BC 1
Contreras Sandra Milena	BC 2
Montes Fernando	BC 2
Mayo Carlos	BC 2
Rodríguez Francisco	BC 2
Rodríguez Marco Polo	BC 2 *
Sarmiento Leonardo	BC 2
Villamizar José J.	BC 2
Rodríguez Felipe	BC 3
Rubio Hernán	BC 3
Rojas Ferney	BC 3

Modalidades Jugadas:
Individual para las clasificaciones BC 1, BC 2 y BC 3

RESULTADOS:

Jugadores	Resultado	
Saavedra Paula vs. Ramírez Maritza	6 - 1	BC 1 Final
Montes Fernando vs. Villamizar José J.	8 - 1	BC 2
Rodríguez Francisco vs. Rodríguez Marco	17 - 0	BC 2
Sarmiento Leonardo vs. Rodríguez Francisco	7 - 2	BC 2
Mayo Carlos vs. Contreras Milena	0 - 9	BC 2
Montes Fernando vs. Sarmiento Leonardo	4 - 6	BC 2
Sarmiento Leonardo vs. Contreras Milena	3 - 2	BC 2 Final
Rojas Ferney vs. Rubio Hernán	7 - 2	BC 3
Rodríguez Felipe vs. Rojas Ferney	1 - 8	BC 3 Final

Ganadores

BC 1: Saavedra Paula.

BC 2: Sarmiento Leonardo.

BC 3: Rojas Ferney.

Copa Fuerzas Armadas. Mayo 20 de 2004.

PARTICIPANTES:

Nombre	Clasificación	Club
Cortes José Álvaro	BC 1	FFAA
Saavedra Paula	BC 1	CAD PC
Villarraga Nicolás	BC 1	FFAA
Contreras Sandra Milena	BC 2	CAD PC
Diaz Edward	BC 2	CAD PC
Garzón Oscar	BC 2	FFAA
Martínez Andrés	BC 2	FFAA
Mayo Carlos	BC 2	CAD PC
Montes Fernando	BC 2	CAD PC
Ramirez Maritza	BC 2	CAD PC

Modalidades Jugadas:
Individual para las clasificaciones BC 1 y BC 2

RESULTADOS:

Jugadores	Resultado	
Saavedra Paula vs. Villarraga Nicolas	3 - 1	BC 1 Eliminatoria
Cortes José A. vs. Saavedra Paula	5 - 1	BC 2 Final
Martínez Andrés vs. Mayo Carlos	4 - 3	BC 2 Eliminatoria
Garzón Oscar vs. Diaz Edward	0 - 17	BC 2 Eliminatoria
Ramírez Maritza vs. Contreras Milena	1 - 4	BC 2 Eliminatoria
Montes Fernando vs. Contreras Milena	4 - 8	BC 2 Eliminatoria
Martínez Andrés vs. Diaz Edward	2 - 9	BC 2 Eliminatoria
Diaz Edward vs. Contreras Milena	1 - 6	BC 2 Final

Ganador BC 1: Cortes José Álvaro (FFAA).
Ganador BC 2: Contreras Milena (CAD PC).

XX Olimpiadas Para Discapacitados Universidad Manuela Beltran. Sep. 23 de 2004.

PARTICIPANTES:

Nombre	Clasificación
Nicolás Villarraga - LIDIFA	BC 1
José Álvaro cortés - LIDIFA	BC 1
Oscar Garzón - LIDIFA	BC 1
Saavedra Paula - CDAD	BC 1

Andrés Martínez -LIDIFA	BC 2
Fernando Montes - CDAD	BC 2
Milena Contreras - CDAD	BC 2
Edward Díaz - CDAD	BC 2
Carlos Mayo - CDAD	BC 2
Marco Polo Rodríguez - ASCOPAR	BC 2
Felipe Rodríguez - CDAD	BC 3
Ferney Rojas - CDAD	BC 3
Hernán Rubio - CDAD	BC 3

Modalidades Jugadas:
Individual para las clasificaciones BC 1, BC 2 y BC 3

RESULTADOS:

Jugadores	Resultado	
Nicolás Villarraga vs. José Álvaro Cortés	6 - 0	por W
Oscar Garzón vs. Paula Saavedra	7 - 0	
Nicolás Villarraga vs. Oscar Garzón	3 - 4	BC 1 Final
Andrés Martínez vs. Fernando Montes	5 - 1	
Milena Contreras vs. Edward Díaz	3 - 5	
Carlos Mayo vs. Polo Rodríguez	11 - 3	
Edward Díaz vs. Carlos Mayo	5 - 3	
Andrés Martínez vs. Carlos Mayo	2 - 6	Final BC 2
Felipe Rodríguez vs. Ferney Rojas	4 – 2	
Felipe Rodríguez vs. Hernán Rubio	6 - 0	BC 3 Final

Ganador
BC 1: Oscar Garzón.
BC 2: Carlos Mayo.
BC 3: Felipe Rodríguez.

I Juegos Deportivos Paralimpicos Nacionales. Octubre 23 al 30 de 2004.

PARTICIPANTES:
Categoría BC 1:

Nombre	Clasificación	Club
Cortes José Álvaro	BC 1	FFAA
Saavedra Paula	BC 1	BOGOTÁ
Cely Pablo	BC 1	BOYACÁ
Villarraga Nicolás	BC 1	FFAA

Muñoz Nicolás	BC 1	FFAA

Categoría BC 2:

Nombre	Clasificación	Club
Salazar Teresa	BC 2	ANTIOQUIA
Garzón Oscar	BC 2	FFAA
Díaz Edward	BC 2	BOGOTÁ
Montes Fernando	BC 2	BOGOTÁ
Contreras Milena	BC 2	BOGOTÁ
Bustamante Elena	BC 2	ANTIOQUIA
Mayo Carlos	BC 2	BOGOTÁ
Cárdenas Giovanni	BC 2	BOYACÁ
Martín Andrés	BC 2	FFAA
Bolaños Elmer	BC 2	BOYACÁ

Modalidades Jugadas:
Individual para las clasificaciones BC 1 y BC 2

RESULTADOS:
Categoría BC 1

Nombre	Liga	Resultados			
		24-Oct	24-Oct	25-Oct	26-Oct
CORTES Alvaro	FFAA	5 - 1	3 - 2		11 - 1
SAAVEDRA Paula	Bogotá	1 - 5		4 - 2	6 - 6 *
CELY Pablo	Boyacá	5 - 0			1 - 11
VILLARRAGA Nicolas	FFAA	0 - 5		2 - 4	
MUÑOZ Andres	Antioquia	2 - 3			6 - 6

Categoría BC 2

Nombre	Liga	Resultados					
		24-Oct	24-Oct	25-Oct	25-Oct	26-Oct	26-Oct
SALAZAR Teresa	Antioquia	6 - 0	2 - 7	8 - 1		5 - 2	4 - 3
GARZON Oscar	FFAA	6 - 0	1 - 8	4 - 3	4 - 0	2 - 5	
DIAZ Edward	Bogotá	10 - 0	3 - 2	3 - 4		3 - 4	
MONTES Fernando	Bogotá	7 - 2	8 - 1			4 - 2	
CONTERERAS Milena	Bogotá	12 - 0		4 - 3		2 - 4	
BUSTAMANTE Elena	Antioquia	8 - 2	2 - 3	0 - 4			

MAYO Carlos	Bogotá	6 - 0	2 - 8	1 - 8		
CARDENAS Giovanni	Boyacá	0 - 6	0 - 10			
MARTIN Andres	FFAA	0 - 12		3 - 4		
BOLAÑOS Elmer	Boyacá	0 - 6	0 - 6			

Medallería:

Categoría BC 1

Medalla De Oro:	José Álvaro Cortes – FFAA.
Medalla De Plata:	Pablo Cely – Boyacá.
Medalla De Bronce:	Paula Saavedra – Bogotá.

Categoría BC 2

Medalla De Oro:	Fernando Montes – Bogotá.
Medalla De Plata:	Milena Contreras – Bogotá.
Medalla De Bronce:	Teresa Salazar – Antioquia.

Merece especial mención la designación que COLDEPORTES, en cabeza de la Lic. Ana Edurne Camacho, (directora general de los Juegos), hiciera a Elvira Murcia de Rojas como coordinadora del campeonato de boccia y a Ricardo Rojas G. como coordinador de juzgamiento de boccia.

El campeonato de Boccia se llevó a cabo con excelente calidad en todos sus aspectos, como puntualidad, información de resultados, precisión en el juzgamiento, participación y motivación del público y en su organización general. La dirección general de los juegos celebró este hecho en las reuniones informativas diarias y a la terminación del evento.

OLIMPIADAS / EN BOGOTÁ, EN OCTUBRE DE 2004
Competencias en sillas de ruedas

V Juegos Deportivos Distritales Interclubes – LIDESPORTS. Abril 28 de 2005.

PARTICIPANTES:

Nombre	Clasificación
Paula Saavedra	BC 1
Álvaro Cortés	BC 1
Wilmer Pérez	BC 2
Carlos Mayo	BC 2
Andrés Martín	BC 2
Fernando Montes	BC 2
Oscar Garzón	BC 2
Hernán Rubio	BC 3
Felipe Rodríguez	BC 3
Ferney Rojas	BC 3

Modalidades jugadas:
Individual para las clasificaciones BC 1, BC 2 y BC 3.

RESULTADOS:

Jugadores	Resultado
Paula Saavedra vs. Álvaro Cortés	2 – 6
Álvaro Cortés vs. Paula Saavedra	8 – 0
Wilmer Pérez vs. Carlos Mayo	3 – 4
Andrés Martín vs. Carlos Mayo	2 – 9
Wilmer Pérez vs. Fernando Montes	3 – 1
Edward Díaz vs. Andrés Martín	2 – 8
Oscar Garzón vs. Carlos Mayo	3 – 10
Hernán Rubio vs. Felipe Rodríguez	4 - 1
Ferney Rojas vs. Felipe Rodríguez	6 – 2
Hernán Rubio vs. Ferney Rojas	2 - 4

Ganador
BC 1: Álvaro CortésGanador.
BC 2: Carlos Mayo Ganador.
BC 3: Ferney Rojas.

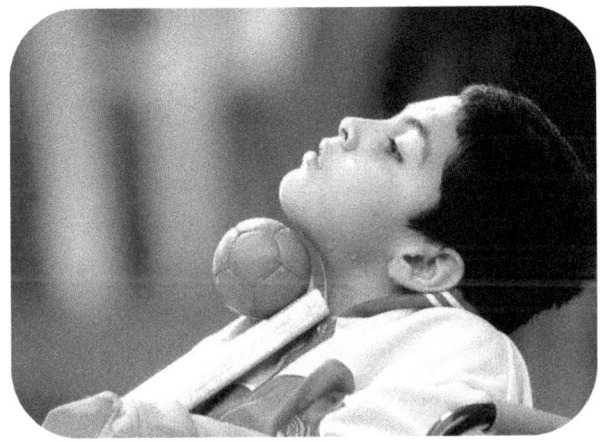

Imagen de Felipe Rodríguez - Modalidad BC 3.

Mini-Olimpiadas Bavaria. octubre 8 y 9 de 2005.

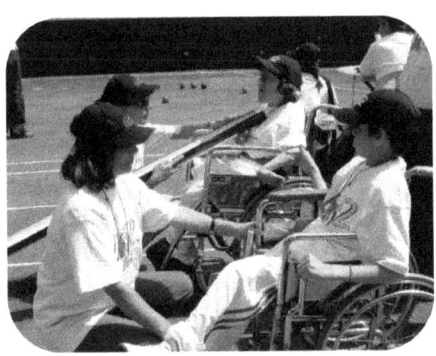 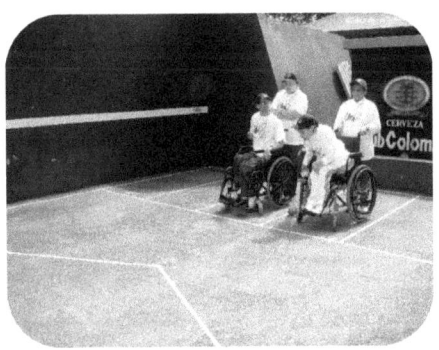

Juegos Interligas De Boccia. Villavicencio, Julio 15, 16 y 17 de 2005.

PARTICIPANTES:

Nombre	Clasificación
Carolina Devis	BC 1
Álvaro Cortés	BC 1
Nicolas Villarraga	BC 1

Wilmer Pérez	BC 2
Edward Díaz	BC 2
Carlos Mayo	BC 2
Guillermo Salamanca	BC 2
Jairo Sosa	BC 2
Oscar Garzón	BC 2
Gregorio López	BC 1
Melisa Aranda	BC 2
Felipe Rodríguez	BC 3
Ferney Rojas	BC 3

Modalidades Jugadas:
Individual para las clasificaciones BC 1, BC 2 y BC 3.
Equipos BC 2:   Bogotá vs. Fuerzas Armadas

RESULTADOS:

Jugadores	Resultado	Categoría
Carolina Devis vs. Álvaro Cortés	1 – 9	BC 2
Carolina Devis vs. Nicolas Villarraga	0 – 9	BC 2
Wilmer Pérez vs. Edward Díaz	3 – 4	BC 2
Edward Díaz vs. Carlos Mayo	1 – 4	BC 3
Carlos Mayo vs. Guillermo Salamanca	6 – 5 Empate	BC 3
Edward Díaz vs. Jairo Sosa	3 – 2	BC 3
Carlos Mayo vs. Oscar Garzón	7 – 3	BC 2
Wilmer Pérez vs. Gregorio López	3 – 1	BC 2
Edward Díaz vs. Melisa Aranda	6 – 0 por W	BC 2
Carlos Mayo vs. Edward López	6 – 1 Empate	BC 3
Felipe Rodríguez vs. Ferney Rojas	0 – 3	BC 3
Ferney Rojas vs. Felipe Rodríguez	1 – 5	BC 4
Felipe Rodríguez vs. Ferney Rojas	1 – 5	BC 4
EQUIPOS		
Fuerzas Armadas: Nicolás Villarraga, Álvaro Cortés, Oscar Garzón	1	BC 4
Bogotá: Carlos Mayo, Wilmer Pérez, Edward Díaz	7	BC 4

Ganador BC 1:   Nicolás Villarraga
2º Puesto BC 1:   Álvaro Cortés Ganador
BC 2:   Carlos Mayo

2º Puesto BC 2:   Edward López Ganador BC 3: Ferney Rojas
2º Puesto BC 3:   Felipe Rodríguez

Ganador por Equipos: Bogotá

Primer Campeonato Nacional Interclubes de Boccia – Ciudad de Medellín. Abril 13, 14 y 15 de 2006.

PARTICIPANTES:

Nombre	Clasificación	Club
Betancourt Maribel	BC 2	Alfime
Bustamante María Helena	BC 2	Alfime
Díaz Edward	BC 2	Águilas Doradas
Montes Fernando	BC 2	Samadhi
Muñoz Andrés Felipe	BC 2	Alfime
Jaramillo Lucas	BC 3	Samadhi
Rodríguez Damián	BC 3	Samadhi
Sánchez Juan David	BC 3	Samadhi
Vanegas Camila	BC 3	Samadhi
Estrada Gustavo	BC 4	Pioneros
Garcés María Eugenia	BC 4	Alfime
Garcés Olga Lucía	BC 4	Alfime
Noreña Julián	BC 4	Pioneros
Salazar María Teresa	BC 4	Alfime

Modalidades Jugadas:
Individual para las clasificaciones BC 2, BC 3 y BC 4.

RESULTADOS:

Jugadores	Resultado	Categoría
Andrés Muñoz vs. Maribel Betancourt	9 – 6	BC 2
Andrés Muñoz vs. Fernando Montes	2 – 5	BC 2
Edward Díaz vs. María Helena Bustamante	5 – 0	BC 2
Damián Rodríguez vs. Lucas Jaramillo	7 - 5	BC 3
Camila Vanegas vs. Juan David Sánchez	5 - 7	BC 3
Camila Vanegas vs. Lucas Jaramillo	0 - 8	BC 3
Fernando Montes vs. Edward Díaz	4 – 5	BC 2
Maribel Betancourt vs. Andrés Felipe Muñoz	4 – 3	BC 2
Maribel Betancourt vs. María Helena Bustamante	4 – 3	BC 2
Damián Rodríguez vs. Juan David Sánchez	2 – 3	BC 3

Lucas Jaramillo vs. Damián Rodríguez	6 – 1	BC 3
Gustavo A. Estrada vs. Olga Lucía Garcés	4 - 6	BC 4
María Eugenia Garcés vs. Julián Noreña	5 – 4	BC 4
María Teresa Salazar vs. Olga Lucía Garcés	3 – 4	BC 4
Julián Noreña vs. Gustavo A. Estrada	5 – 3	BC 4
Julián Noreña vs. María Teresa Salazar	6 - 5	BC 4

Ganador BC 2:   Edward Díaz
2º Puesto BC 2:   Fernando Montes
Ganador BC 3:   Olga Lucía Garcés
2º Puesto BC 3:   Ma Eugenia Garcés
Ganador BC 4:   Juan Davis Sánchez
2º Puesto BC 4:   Lucas Jaramillo

II Juegos Paranacionales Cali. Octubre 24 de 2008.

Hoy se inauguran los II Juegos Paralímpicos en Cali

Hoy se cumplirá en el Velódromo 'Alcides Nieto Patiño' de Cali, la ceremonia inaugural de los II Juegos Paralímpicos Nacionales, a partir de las 6:30 p.m. El acto durará dos hora y media y estarán 48 personas en escena por cerca de 30 minutos. Elkin Serna, plata en Pekín, será el encargado de encender el pebetero.

Juegos Interligas. Cali. Mayo 23 a 25 de 2009.

Campeonato Nacional Interligas de Boccia. Villavicencio. Septiembre 24 a 27 de 2009.

Reseña Fotográfica.

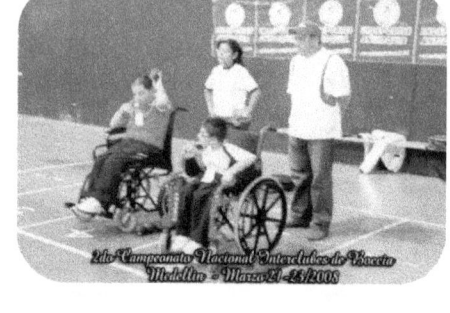

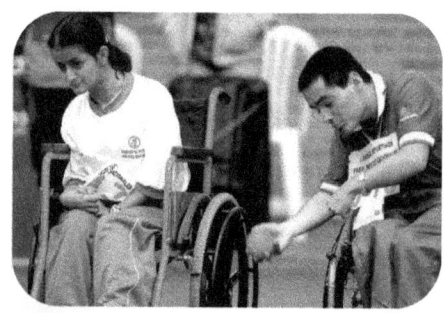
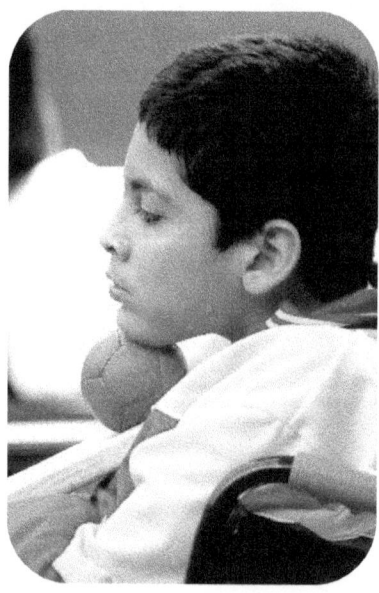

Imagen de Felipe Rodríguez, BC 3. Su estilo de juego con canaleta.

Anexo 1 – Correo de José Luis Campo, FEDAPAC – Argentina y Octavio Londoño. 20 de junio de 2000.

De: FADEPAC <fadepac@lacapitalnet.com.ar>
Para: OCTAVIO LONDOÑO <olondono@polcols.com.co>
CC: bob fisher <bob.cpsoc@tesco.net>; aldo micolis <miccolis@pontocom.com.br>
Asunto: RE: ultimas novedades seminario y copa america
Fecha: Martes 20 de Junio de 2000 01:26 AM

Estimado Octavio:

Te agradezco mucho tu email, y desde ya te felicito por todo tu excelente trabajo en Colombia, lo rápido y ejecutivo que hacés las cosas y eso es realmente lo que nos está haciendo falta en Latinoamerica, este tipo de nuevos dirigentes para poder cambiar la imagen que tenemos, sobre todo que sea en beneficio de los deportistas.

Desde ya las fechas de NOviembre para este año y de Agosto para el año que viene, si son las más cómodas para Uds., están bien y respecto a el curso se podria componer básicamente de los siguientes temas:
1) CLASIFICACIÓN FUNCIONAL DEL DEPORTISTA CON PARALISIS CEREBRAL:
    Perfil de deportista con P.C.
    Explicación Teórica de las 8 categorías de P.C.
    Desarrollo práctico de la clasificación.

2) FUTBOL PARA PARALITICOS CEREBRALES:
    Historia, desarrollo internacional y Americano.
    Reglamentos, caracteristicas, etc.
    Técnicas de enseñanza para jugadores de Fútbol con P.C.

Esto seria tentativo, e igualmente si a ti te parece que se puede hablar de otro tema, como por ejemplo FUTBOL DE AMPUTADOS, etc, por favor hazmelo saber, y ya empiezo a buscar los recursos para pagar los pasajes aereos de 2 o 3 personas como minimo que irian a dictar el curso, que podrían provenir de Brasil y Argentina, pudiendo invitar también a Bob Fisher que es el chairman internacional. Por lo que ya empezamos a trabajar para NOviembre.

Respecto a lo de Iberoamerica, no tuve más información, pero apenas lo sepa te lo digo.

Argentina tiene un Comité Paralimpico pero sin estatuto y también estamos en la construcción de uno, y le estoy pidiendo el modelo a España, así que apenas lo tenga te lo envio.

Bueno, un fuerte abrazo y muchas gracias por tu trabajo.

JOSE LUIS CAMPO

Hola José Luis

Espero que hubiese recibido el E Mail anterior donde le informaba sobre las reuniones que se iban a sostener con instituciones de parálisis cerebral en Bogotá a fin de dinamizar el seminario de PC y la COPA AMERICA DE FUTBOL para el año 2001.

Despues de varias reuniones y establecida la suficiente motivación por parte de 6 organizaciones que trabajan con personas con parálisis cerebral en la capital colombiana, hoy se tomo la decisión de decirle SI al seminario de capacitación y a la COPA AMERICA.

Página 1

El seminario seria para realizarlo a mediados del mes de noviembre del año

Anexo 2 – I Seminario Internacional para Deporte en Parálisis Cerebral.

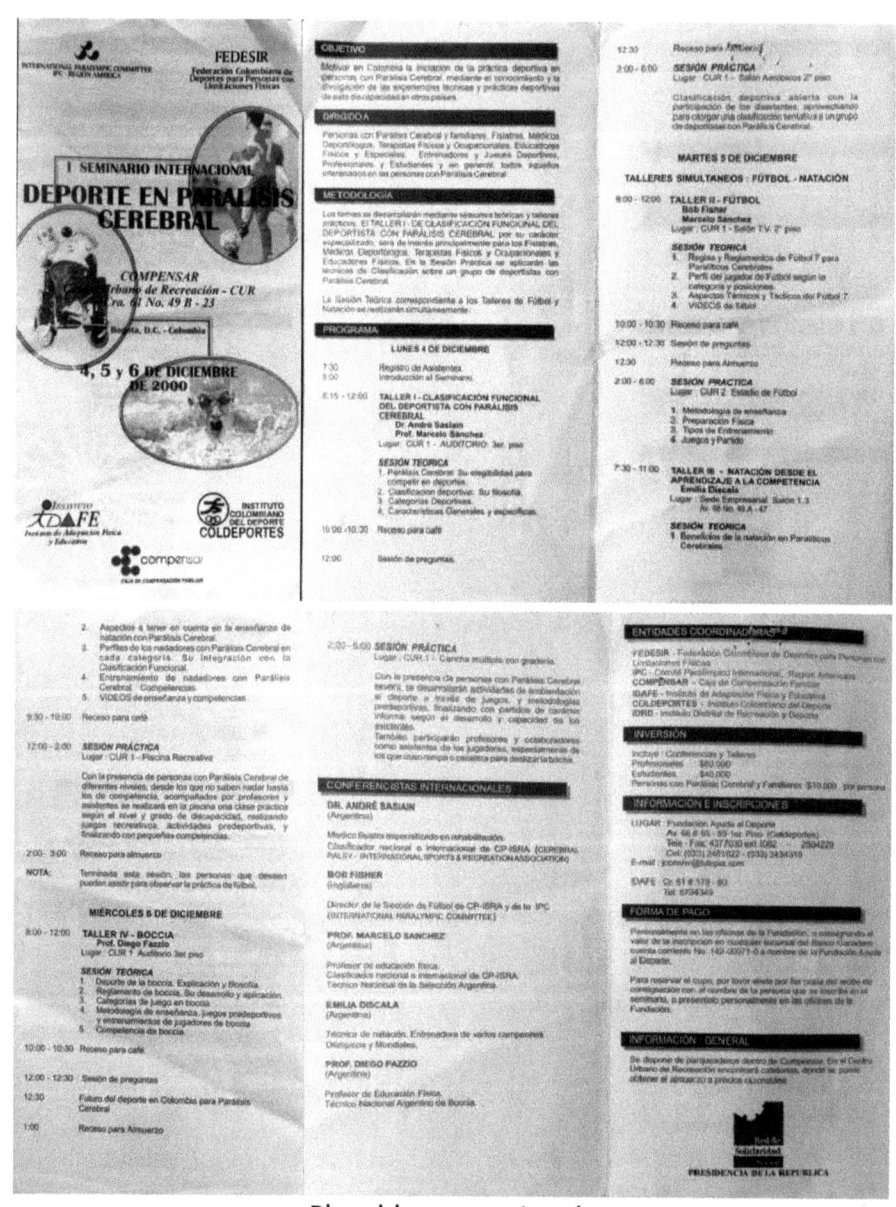

Plegable promocional.

El Tiempo – Diciembre 7 de 2000.

En la Imagen (izq a der): Conferencistas y organizadores del I Seminario.
Prof. Oscar De Luca, Bob Fisher, Dr. André Sasiain, Ricardo Rojas, Octavio Londoño, Prof. Pablo Vidal y Tec. Emilia Discala.

En la imagen (izq a der): Conferencistas y organizadores del I Seminario. Prof. Pablo Videla, Tec. Emilia Discala, Prof. Marcelo Sánchez, Dr. Jorge Parra, Ximena Rojas.

Anexo 3 – Reconocimientos de Bob Fisher y del IDRD – I Seminario para Deporte en Parálisis Cerebral.

```
From: Bob Fisher <bobcpsoc@yahoo.co.uk>
To: Instituto IDAFE <idafecolombia@hotmail.com>
Subject: Re: Thanks and gratitude.
Date: Wed, 13 Dec 2000 21:00:50 +0000 (GMT)

Dear Ricardo and Elvira

Thank you for your kindness and hospitality shown to me on my visit to Bogota. I
am glad that the seminar was successful and the involvement of your family in
this project is appreciated. I am sure that sport will now play an active part
in the lives of CP people in Colombia and I will do all that I can to help. Many
thanks for your organisation of this first seminar for people with CP in
Colombia and I will inform CP-ISRA of its success. For now I am back to the
reality of catching up on outstanding work, but I will keep in touch.
Best wishes for now and many thanks again.

Bob Fisher.
```

RECREACION Y DEPORTE
ALCALDIA MAYOR SANTA FE DE BOGOTA

1400000
Bogotá,

Doctora
ELVIRA MURCIA DE ROJAS
Directora Capacitación Escolar IDAFE
Carrera 61 178-60
Bogotá, D.C.

Apreciada doctora Elvira:

Para el Instituto Distrital para la Recreación y el Deporte fue un honor haber participado en el I SEMINARIO INTERNACIONAL – DEPORTE EN PARÁLISIS CELEBRAL el cual fue de gran calidad y competencia técnica, además nos permitió recibir una retroalimentación importante para nuestro Programa de ATENCIÓN A PERSONAS CON DISCAPACIDAD.

Estamos seguros que esfuerzos tan importantes como el realizado por ustedes contribuye de manera efectiva al crecimiento y fortalecimiento de la atención a la población con discapacidad del Distrito Capital.

Reiteramos nuestro compromiso de trabajo serio en lo que a recreación y deporte compete y esperamos continuar contando con su entusiasta participación y de su institución en las actividades que desarrollaremos en el 2001.

Que la alegría, el bienestar y la paz se irradien en todos los días del año nuevo.

Cordial saludo,

LILIANA ORTIZ DE LA CRUZ
Subdirectora Técnica Deportes y Recreación

Anexo: Calendario año 2001

Copia: Dra. Catalina Mojica V., Secretaria Privada Alcaldía Mayor, carrera 8ª. No. 10-65
1425000, 1425304

Myriam P.
27/12/00

Cll. 63 No. 47-06 Teléfono: 630 3055 Santa Fe de Bogotá D.C. - Colombia

Anexo 4 – Correo de José Luis Campo, FEDAPAC – Argentina y Octavio Londoño. 13 de septiembre de 2001.

```
From    : "Deportes Para Lisiados" <dpl@mafer2000.com.ar>
Para    : "Instituto IDAFE" <idafecolombia@hotmail.com>
Asunto  : Re: Buenas Noticias
Fecha   : Thu, 13 Sep 2001 15:39:09 -0300
```

Querido Amigos Ricardo y Elvira
Me alegra mucho que hayan formado ya su club y tengan su juego de bochas eso quiere decir que la semilla que dejé en Colombia prendió y pronto va a ser árbol con muy buenos frutos.

Espero con mucho gusto que en Diciembre nos podamos ver en Argentina que al renunciar Mejico a la organización de la Copa América de Bochas se haria en Mar del Plata - Argentina, esto es muy nuevo por lo que no tengo fecha exacta pero proximamente les llegará la invitación oficial. De cualquier forma queda hecha la propuesta de un encuentro en Bs.Aires o Bogotá, Aguilas Doradas - D.P.L..

Con respecto a las preguntas les digo que:
La edad mínima es 16 años pero si el técnico considera que su capacidad emocional es buena para soportar la presión de un partido puede hacerlo, no en torneos internacionales.

Seguro que en la pelicula que que dejé puede haber atleta en silla común o menor de 16 años pero por reglamento no se puede jugar si no es en silla de ruedas.
Ahora les hago una pregunta yo con respecto a la bochas:
Cuanto les costó y en que parte de España las consiguieron o que trámite tuvieron que hacer. La pregunta es porque nosotros tenemos que comprar juegos.

Un abrazo grande para toda la familia IDAFE.

Los recuerdo.
Oscar De Luca

----- Original Message -----
From: "Instituto IDAFE" <idafecolombia@hotmail.com>
To: <dpl@mafer2000.com.ar>
Sent: Friday, September 07, 2001 1:08 AM
Subject: Buenas Noticias

> Estimado Oscar:
>
> Recibe un cordial saludo de tus amigos de Colombia. Queremos compartir
> contigo nuestros avances en deportes para personas con PC. Ya contamos con
> nuestro club, CLUB AGUILAS DORADAS PC clubaguilasdoradaspc@yahoo.com y ya
> estamos entrenando Boccia y fútbol, pronto lo haremos con natación.
>
> En julio pasado estuvimos en España donde pudimos comprar nuestro primer
> juego de Boccias Handi Life !!!! Qué felicidad.
>
> Queremos hacerte dos preguntas: 1) Cuál es la edad mínima establecida para
> bocheros en competencias? 2) Observando la pelicula que tu nos dejaste,
> vemos algunos jugadores que no utilizan sillas de ruedas. Pregunta : pueden
> los jugadores no usar sillas de ruedas aún en competencias?
>
> RICARDO Y ELVIRA

Anexo 5 - Resolución IDRD No. 473 del 13 de agosto de 2001.

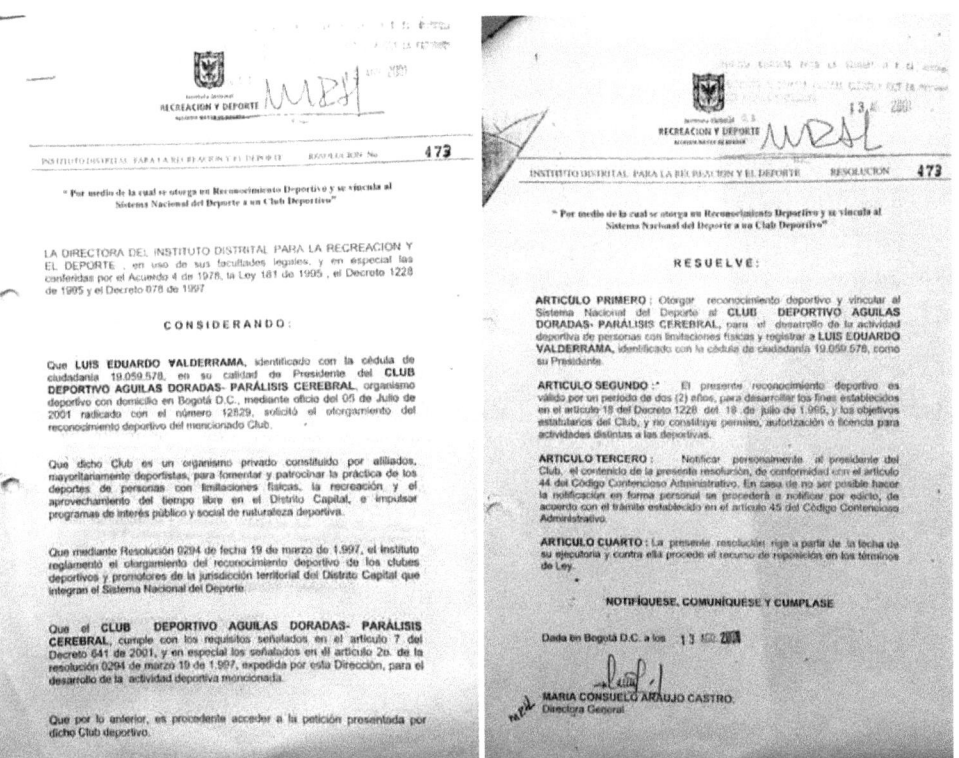

Anexo 6 – Aceptación como Miembro de la CP-ISRA.

CEREBRAL PALSY
INTERNATIONAL SPORTS &
RECREATION ASSOCIATION

November 26, 2002

Dear National Member,

During the 22nd CP-ISRA General Assembly held in Tunis, Tunisia, your application for National Membership was accepted. We are pleased to inform you that the General Assembly has accepted your organisation as the National Member in your country. We are looking forward to continue our pleasant co-operation.

With kind regards,

Trudie Rombouts
Head of the Secretariat

Ciertamente, ha sido un camino lleno de grandes obstáculos, sacrificios, dificultades, anécdotas de todo tipo y un sinnúmero de historias maravillosas que nos llenan de emociones. Por esto, mi más profunda admiración por el enorme compromiso de estos hombres y mujeres valientes, que pusieron todo para que hoy podamos hacer parte del mundo paralímpico en cualquiera de las orillas desde la cual hablemos. Para mí, fue una experiencia maravillosa conocer a algunos, reencontrarme con otros en medio de una cuarentena y un encierro del cual no teníamos referencia alguna, pero que con ellos se hizo emocionante y enriquecedora. Creo que sea cual sea la posición u opinión que el lector se forje a través de estas memorias, todos de alguna u otra forma finalizarán estas páginas con un enorme agradecimiento por esa tenacidad con la que afrontaron los retos y nos mostraron de la fuerte madera de la que están hechos. Lo mejor de todo, es que como colombianos, aún nos falta mucha historia por escribir, así que los veremos en París.

Jenny Ortiz Cárdenas

www.ingramcontent.com/pod-product-compliance
Lightning Source LLC
Chambersburg PA
CBHW042014120526
44592CB00043B/2850